中国社会科学院创新工程学术出版资助项目

世界地区性民族问题研究
当代岛屿争端

刘 泓 等著

中国社会科学出版社

图书在版编目（CIP）数据

世界地区性民族问题研究：当代岛屿争端/刘泓等著. —北京：中国社会科学出版社，2015.12
ISBN 978-7-5161-6532-4

Ⅰ.①世… Ⅱ.①刘… Ⅲ.①岛—国际争端—研究
Ⅳ.①D815.3

中国版本图书馆 CIP 数据核字（2015）第 159977 号

出 版 人	赵剑英
选题策划	郭沂纹
责任编辑	郭沂纹 安 芳
责任校对	王 斐
责任印制	李寡寡

出　　版	中国社会科学出版社
社　　址	北京鼓楼西大街甲 158 号
邮　　编	100720
网　　址	http://www.csspw.cn
发 行 部	010-84083685
门 市 部	010-84029450
经　　销	新华书店及其他书店

印刷装订	三河市君旺印务有限公司
版　　次	2015 年 12 月第 1 版
印　　次	2015 年 12 月第 1 次印刷
开　　本	710×1000　1/16
印　　张	18.25
插　　页	2
字　　数	312 千字
定　　价	65.00 元

凡购买中国社会科学出版社图书，如有质量问题请与本社营销中心联系调换
电话：010-84083683
版权所有　侵权必究

出版说明

本书是由中国社会科学院民族学与人类学研究所世界民族研究室完成的学科基本建设项目，从民族问题的角度对当代岛屿争端进行了阐释，并获得中国社会科学院创新工程学术出版资助。负责全书撰写的作者有：刘泓、张育瑄、于红、邓颖洁、姜德顺、李春虎。

目　　录

引言 …………………………………………………………………… (1)
  一　核心概念 ……………………………………………………… (2)
  二　国内外研究现状 ……………………………………………… (16)
  三　本书的基本结构与主要内容 ………………………………… (24)

上卷　个案研究

卷首语 ………………………………………………………………… (29)

第一章　日本与俄罗斯北方四岛之争 ……………………………… (32)
  一　地区民族 ……………………………………………………… (32)
  二　地区性民族问题长期存在的症结 …………………………… (37)
  三　地区性民族问题与地区间国家关系 ………………………… (42)
  四　北方四岛问题解决的途径及发展趋势 ……………………… (44)

第二章　新加坡与马来西亚岛礁之争 ……………………………… (49)
  一　白礁岛、中岩礁和南礁的概况 ……………………………… (49)
  二　新马岛礁争端的由来 ………………………………………… (50)
  三　新马岛礁争端解决的途径及发展趋势 ……………………… (51)

第三章　伊朗与阿联酋海湾三岛之争 ……………………………… (55)
  一　海湾三岛概况 ………………………………………………… (55)
  二　海湾三岛争端产生的原因及发展历程 ……………………… (56)

三　海湾三岛争端的法理分析及解决途径 …………………… (62)

第四章　也门与厄立特里亚哈尼什群岛之争 ……………………… (66)
　　一　哈尼什群岛概况 ……………………………………………… (66)
　　二　哈尼什群岛争端产生的原因 ………………………………… (67)
　　三　哈尼什群岛争端解决的途径及发展趋势 …………………… (70)

第五章　乌克兰与罗马尼亚兹梅伊内岛之争 ……………………… (81)
　　一　兹梅伊内岛概况 ……………………………………………… (81)
　　二　兹梅伊内岛争端产生的原因 ………………………………… (82)
　　三　兹梅伊内争端解决的途径及发展趋势 ……………………… (84)

第六章　希腊与土耳其伊米亚岛之争 ……………………………… (88)
　　一　伊米亚岛争端的发展历程 …………………………………… (88)
　　二　地区性民族问题长期存在的症结 …………………………… (89)
　　三　地区性民族问题与地区间国家关系 ………………………… (92)
　　四　伊米亚岛争端解决的途径及发展趋势 ……………………… (95)

第七章　西班牙与摩洛哥佩雷希尔岛之争 ………………………… (100)
　　一　佩雷希尔岛争端产生的原因 ………………………………… (100)
　　二　佩雷希尔岛争端的发展历程 ………………………………… (101)
　　三　佩雷希尔岛争端解决的途径及发展趋势 …………………… (103)

第八章　韩国与日本独岛/竹岛之争 ……………………………… (107)
　　一　独岛/竹岛概况 ……………………………………………… (108)
　　二　独岛/竹岛归属的更替 ……………………………………… (109)
　　三　独岛/竹岛争端之焦点 ……………………………………… (112)
　　四　独岛/竹岛之争解决的途径及发展前景 …………………… (117)

第九章　英国与阿根廷马尔维纳斯群岛之争 ……………………… (123)
　　一　马尔维纳斯群岛的地区民族和地理概况 …………………… (123)

二　马尔维纳斯群岛争端的产生原因及发展历程 …………… (124)
　三　马尔维纳斯群岛争端的发展趋势 ……………………………… (130)

下卷　理论思考

卷首语 ……………………………………………………………………… (135)

第十章　殖民主义与种族主义：当代世界岛屿争端探源 ………… (142)
　一　殖民主义的形成及其特性 …………………………………… (142)
　二　种族主义的形成及其特性 …………………………………… (149)
　三　全球化语境下的新殖民主义与霸权主义 …………………… (169)
　四　大国强权与岛屿争端 ………………………………………… (171)

**第十一章　地区民族与领土主权：当代世界岛屿争端中的
　　　　　　民族国家统治行为** …………………………………… (174)
　一　领土主权与岛屿划界的基本原则 …………………………… (175)
　二　民族—国家权力分配与民族关系 …………………………… (182)
　三　民族—国家的战略取向与岛屿争端 ………………………… (185)

第十二章　地区性民族问题与地区安全 ………………………… (190)
　一　族际政治中的安全观 ………………………………………… (190)
　二　民族—国家安全观念的创新 ………………………………… (193)
　三　地区民族与地区安全内容 …………………………………… (196)
　四　民族—国家间的安全合作与地区安全架构 ………………… (198)

第十三章　地区性民族问题与地缘政治 ………………………… (202)
　一　地区性民族问题与地缘政治形式 …………………………… (203)
　二　地区性民族问题与地缘政治关系 …………………………… (205)
　三　地区性民族问题与地缘政治区域 …………………………… (206)
　四　地区性民族问题与地缘政治内容 …………………………… (208)

第十四章　民族主义与地区建构：处理当代世界岛屿争端的理性思考 (212)
- 一　国际体系中的民族国家与地区 (213)
- 二　民族主义与国家利益 (222)
- 三　国家利益与地区建构 (233)
- 四　民族认同与地区认同 (236)
- 五　处理当代世界岛屿争端的途径 (240)

结语 (244)

附录　当代世界残存殖民地概观：以大洋洲为个案 (253)

参考文献 (265)

后记 (282)

引　言

众所周知，民族问题对多民族国家的前途与命运，对民族与民族之间、民族与国家之间以及国家与国家之间的关系，都具有极其深刻而重要的影响。如何从民族问题的角度理解和认识岛屿争端？经典作家和中外学者都未能给出明确的答案。但是，在全球化进程中不时出现的岛屿争端问题，让我们不得不面对和回答下列问题：岛屿争端是特定历史条件的产物，还是地缘政治与国际政治发展的必然趋势？它与地区民族过程特别是民族国家的发展趋势之间的内在联系是什么？在岛屿争端的产生和发展过程中，相关民族和民族国家得到了什么？失去了什么？由此引发的地区内族际力量对比与战略格局的重新组合的态势如何？如果将相关民族群体视为一种民族共同体，它与通常意义上的多民族国家内部的民族共同体有何不同？在全球化语境下，随着民族国家相互依存关系的逐步加深，地区主义重要性的日渐强化，民族国家将如何应对、解决岛屿争端问题？本书试图将岛屿争端置于族际政治、地缘政治的背景下进行研究，并不着重考察相关地区的民族过程，而主要探讨"地区性热点"的形成原因和制造过程，诸"热点"温度难降或不断升温的症结，从而提高人们对现代泛民族主义虚幻性表现和危害性本质的认识以及应对能力，为人们客观认识民族主义古典理论提供事实和理论依据，为我国民族和外交工作提供借鉴，为开拓世界民族学科研究视野做出贡献。

在这篇引言中，我们将对核心概念进行解释，对国内外既有的研究状况加以概述，同时，对本书的基本结构和主要内容做一简要说明。

一 核心概念

(一) 民族

汉语中的"民族"一词作为合成术语最初借自日语,① 其含义相当广泛。它兼有汉字"民"和"族"的基本内涵,指具有共性的一类人,兼备指称历史——文化共同体和政治共同体两种语义功能。它与国家没有必然的联系。从近代开始,"民族"一词开始在我国被广泛使用,但是对其语义的理解却是众说纷纭。

按照《现代汉语词典》所做的界定,一方面,所谓民族"特指具有共同的语言、共同的地域、共同的经济生活和共同文化上的共同心理素质的人的共同体"②。另一方面,民族是指"某一国家的全体人民",如中华民族,即"我国各民族的总称,包括五十六个民族"。③《中国大百科全书》中所提到的以建立"民族—国家"为目标的"民族运动"也从这个意义上使用了"民族"一词。④ 此外,汉语中的"民族"还可指称"狩猎民族""农耕民族"等拥有共同的生产和生活方式的群体;阿拉伯民族等在某一地域内拥有历史文化共性的人们共同体;我国汉民族以外的少数民族,比如"民族学校""民族干部"等。有时,它还被当作形容词来修饰名词,比如民族传统、民族风格等。汉语中的"民族"一词的泛化应用导致其可翻译为不同的英语形式——nation、nationality、peoples、ethnos、ethnicity、ethnic groups 等。需要说明的是,我国法定的55个少数民族则是具有政治地位的族体,因此,在谈及民族区域自治制度及其相关机构时,应使用政治学意义上的复数名词"nationalities"。⑤

---

① 参见韩景春、李毅夫《汉文"民族"一词考源资料》,中国社会科学院民族所1985年版。
② 中国社会科学院语言研究所词典编辑室编:《现代汉语词典》,商务印书馆1998年版,第884页。
③ 同上书,第1627页。
④ 《中国大百科全书》(民族卷),中国大百科全书出版社1986年版,第308、330页。
⑤ 朱伦:《西方的"族体"概念系统——从"族群"概念在中国的应用错位说起》,《中国社会科学》2005年第4期。

自 20 世纪 50 年代以来，"民族"概念问题一直是我国民族研究的重大理论问题之一。① 民族学界的牙含章、杨堃两位前辈为"民族"一词辨义曾形成对阵。② 20 世纪 90 年代以来，学者们又围绕着"民族"的中外文通约问题展开了诸多争辩。③ 斯大林所说的"民族四要素"（共同的语言、共同的地域、共同的经济生活和共同文化上的共同心理素质），④ 曾一统中国大陆"民族"一词语义长达近半个世纪。近年来，学者们已开始对其进行挑战和解构。⑤

英语"nation"（民族）一词是从由拉丁语词根"natio"⑥ 演变的法语词汇（古法语词汇"nation"）发展而来的英语词汇（从古英语词汇"nacioun"发展成为现代英语词汇"nation"）。⑦ 实际上，natio 为所有的罗曼语提供了"nation"这一词汇。它最初是指拥有共同血缘或被当作拥有共同血缘的人民（people）的"种类"（breed）或"类族"（stock）。事实上，它与血缘相关的意义背离了作为动词 nasci（诞生）时 natio 特有

---

① 参见费孝通《民族研究文集》，民族出版社 1988 年版；潘光旦《民族研究文集》，民族出版社 1995 年版；郝时远、阮西湖《苏联民族危机与联盟解体》，四川民族出版社 1993 年版；宁骚《民族与国家》，北京大学出版社 1995 年版；王希恩《民族过程与国家》，甘肃人民出版社 1999 年版；郑凡《传统民族与现代民族国家》，云南大学出版社 1997 年版；马戎《关于民族研究的几个问题》，《北京大学学报》（哲学社会科学版）2000 年第 4 期。

② 参见牙含章、孙青《建国以来民族理论战线的一场论战》，《民族研究》1979 年第 2 期；杨堃《略论有关民族的几个问题》，《云南社会科学》1982 年第 3 期。

③ 参见阮西湖《"民族"一词在英语中如何表述》，《世界民族》2001 年第 6 期；石亦龙《Ethnic Group 不能作为"民族"的英文对译：与阮西湖同志商榷》，《世界民族》1998 年第 2 期；朱伦《论"民族—国家"与"多民族国家"》，《世界民族》1997 年第 2 期；朱伦《"跨界民族"辨析与"现代泛民族主义"问题》，《世界民族》1999 年第 1 期；翟胜德《"民族"译谈》，《世界民族》1999 年第 2 期；周方珠《语境与选词》，《中国翻译》1995 年第 1 期；周丽娜《浅析语境与翻译》，《中国青年政治学院学报》1998 年第 2 期。

④ 《斯大林全集》第 2 卷，人民出版社 1953 年版，第 274 页。

⑤ 参见郝时远《重读斯大林民族（нация）定义——读书笔记之一：斯大林民族定义及其理论来源》，《世界民族》2003 年第 4 期；《重读斯大林民族（нация）定义——读书笔记之二：苏联民族国家体系的建构与斯大林民族定义的再阐发》，《世界民族》2003 年第 5 期；《重读斯大林民族（нация）定义——读书笔记之三：苏联多民族国家模式中的国家与民族（нация）》，《世界民族》2003 年第 6 期。

⑥ 拉丁文名词 nationem 是指"种类"（breed）或"种族"（race），John Hutchinson and Anthony D. Smith（eds.），*Nationalism*，Oxford：Oxford University，1994，p. 38。

⑦ Walker Connor, "Nation is a nation, is a state, is an ethnic group, is a …", *Ethnic and Racial Studies*, (4) 1978.

的本意。早在 1300 年《牛津词典》就给出了 nation 的出处。其中，共同血缘的观念和拥有同一领土的"人民"的观念都出现了。1340 年，在英语《圣经》中，它被用来指称"异教徒"。在西语文献中，早期的诸种用法更多地体现的是"种族观念"（the racial idea）。1390 年的一份资料显示，有人将爱人或高贵的人视作 nation。14—15 世纪，英吉利人（盎格鲁人）被指称为 nation。17 世纪，男学生被指称为 nation。[1] 1996 年版的《牛津词典》对 nation 作出一个大体的定义：民族是指广义的人（persons）的聚集体，它通过共同的血缘、语言或历史被如此紧密地联系在一起，以致形成了某个由人民组成的独特的族体，通常被组织成为独立的主权国家，且占据一定的领土。在西方学者看来，民族有其自身的发展过程和发展条件。战前的西方学者，通常是处于民族主义的影响之下，倾向于在各个时代和各个大陆到处寻找民族。[2] 对大多数战后西方学者来说，民族和民族主义是相当晚近的现象，是在法国大革命过程中产生的。他们倾向于将民族主义看成是近现代的产物和现代特征。认为"'民族'是指其成员共享同一历史疆域、共同的传说、集体、公共文化、独立的经济体和共同的责任和权利的人群"，"是一种特殊的社会和文化的共同体，一个共享历史和文化的地域共同体"。[3] 民族和民族主义被认为是伴随着近现代工业社会的发展而成长起来的，虽然其结果并非尽如人意。[4] 从地域上说，民族（nation）与国家（state）存在着一定程度的重合，国家所代表的主要是政府，nation 的主要特征是政治意义的体现。有学者认为"只有当国家对其主权范围内的领土实施统一的行政控制时，民族才得以存在"[5]。在本尼迪克特·安德森和埃里克·霍布斯鲍姆的"破坏性"模型中，真实或想象的民族地位问题尖锐地对立起来。在霍布斯鲍姆的方法中，大多数情况下人们所看到的民族是由民族符号、神话和适

---

[1] 参见 Steve Fenton, *Ethnicity*, Cambridge: Polity Press, 2003, Introduction。

[2] 参见 Beryl Tipton, *Conflict and Change*, London, Hutchinson, 1973。

[3] Anthony D. Smith, The Nation: Real or Imagined? in Edward Mortimer and Robert Fine, *People, Nation & State: The Meaning of Ethnicity & Nationalism*, London and New York: L. B. Tauris Publishers, 1999, pp. 36 – 42.

[4] 参见 A. D. Smith, *Nationalism and Modernism*, London: Routledge, 1988。

[5] ［英］安东尼·吉登斯：《民族、国家与暴力》，胡宗泽、赵力涛译，生活·读书·新知三联书店 1998 年版，第 144 页。

当裁减的历史构成的一系列"被发明的传统"。①

"民族"是否等同于"族群"？近年来，我国民族问题研究不断深入，学界就很多热点问题进行了较充分的研讨，"民族"与"族群"的概念之争是其中的热点之一。② 有学者坚持认为，"族群"即汉语"少数民族"之意。③ 我们试图从探讨"族群"与"民族"的关系着手对族群做一了解，以期可以对上述问题给出一些解答。

"'族群'是伴随人类社会的产生而出现的，它在人类社会演进的各个阶段中充当着举足轻重的角色。"④ 尽管人们对其在人类历史上所产生影响的广度与深度认识不一，但可以肯定的是，它已经构成了人类结盟和建构共同体的一个基本模式。族群是一个极为复杂的话题，是由不同层次、不同角度的众多题目共同构成的一个"混合体"。

从族群概念演进历程看，在早期具有歧视性内涵，指少数人群体，也有异教群体之义。"ethnic"（族类的）源于古希腊语词汇"ethnos"（族属），是经拉丁语进入英语系统的形容词。该词在现代希腊语中仍然保留了这个意义，同时包括了英语 nation（民族）和 ethnic group（族群）两词的含义。里戴尔和斯考特的《希—英词典》⑤，被西方人誉为"古希腊语用法的权威"，它不仅引证了词语包含的多种意义，并且表明这些意

---

① 参见 Eric Hobsbawn and Terrence Ranger（eds.），*The Invention of Tradition*，Cambridge：Cambridge University Press，1983，Chap.1；Benedict Anderson，*Imagined Communities*，London：Verso，1983。

② 参见郝时远《Ethnos（民族）和 Ethnic Group（族群）的早期含义与应用》，《民族研究》2002 年第 4 期；《美国等西方国家社会裂变中的"认同群体"与 ethnic group》，《世界民族》2002 年第 4 期；《对西方学界有关族群（ethnic group）释义的辨析》，《广西民族学院学报》（哲学社会科学版）2002 年第 4 期；《美国等西方国家应用 ethnic group 的实证分析》，《中南民族大学学报》（人文社会科学版）2002 年第 4 期；《中文语境中的"族群"及其应用泛化的检讨》，《思想战线》2002 年第 5 期。石奕龙、郭志超《文化理论与族群研究》，黄山书社 2004 年版；周大鸣《族群与族群关系》，《广西民族学院学报》2001 年第 2 期；马戎《评安东尼·史密斯关于"nation"（民族）的论述》，《中国社会科学》2001 年第 1 期；纳日碧力格《现代背景下的族群构建》，云南教育出版社 2000 年版；徐杰舜《再论族群与民族》，《西北第二民族学院学报》（哲学社会科学版）2008 年第 2 期。

③ 参见阮西湖《"民族"一词在英语中如何表述》，《世界民族》2001 年第 6 期；马戎《评安东尼·史密斯关于"nation"（民族）的论述》，《中国社会科学》2001 年第 1 期。

④ 刘泓：《解读族群（一）》，《学习时报》2003 年 11 月 22 日。

⑤ 参见 H. G. Liddell and R. Scott，*A Greek-English Lexicon*，Oxford，1897。

义在不同关系中所强调的问题和在古希腊不同的历史时期所发生的诸多变化。根据这本词典的定义,族属是指生活在一起的人民的数量,人的群体;特别是部落;有关动物(禽、兽等)的群体;荷马时期以后的 nation(民族),people(人民);外国的、野蛮的 nations(各民族);非雅典人;《圣经》中的希腊人、非犹太人、异教徒、人的社会等级和部落。它的形容词形式为 ethnikos,其基本含义是民族的、外国的。可见,希腊语 ethnos 所具有的意义已经被引入近代英语词汇之中,如名词 nation(民族),特别是 foreign people(外国人),还有 tribe(部落)和 castes(种姓);形容词 national(民族的)和 foreign(外国的);tribe(部落)可以理解为 ethnic group(族群)。19 世纪,ethnos 可能已经包含了种族①形态,当时它与民族甚至阶级的含义相似。根据 1993 年版的《简明牛津英语词典》的定义:"ethnic"(族类的)是一个形容词,由希腊语"ethnikos"(异教的)一词演变而来的,指具有共同的种族、文化、宗教或语言学特性的,存在于一个较大系统内的种族等集团。虽然希腊语形容词"ethnikos"具有 national(民族的)等"比较中性"的含义,但是英语 ethnic 最初却只引用了其中的"heathen"(异教的)含义。1473 年,"族类的"第一次被引用到书面语中,随之在英语国家流传开来,经常具有"异教的(heathen)和外国的(foreign)"含义。从 19 世纪起,它逐渐失去了这两种含义,成为一个广义化的词语——关于种族特征的或文化(cultural)特征的。从 20 世纪开始,"ethnic"(族类的)逐渐成为术语"race"(种族)的"替代品"。②

---

① "种族"(race)作为人类主要分界线的特殊意义,是在 19 世纪出现的生物学和人类学所给予的。事实上,种族类型是不能仅仅通过以生物或遗传方法为基础的学术体系进行诠释的,它们是人类思维的产物,是人们对在特定历史和社会状态下,对彼此各异的族类集团所做的一种"类别"界定。当代西方社会倾向于将世界人口划分为黑种人、白种人、亚裔人和其他种类人四大人种,实际上是将人类刻意地划分成不同等级的种群。参见 Anne McClitock, *Imperial Leather*: *Race, Gender, and Sexuality in Colonial Contest*, London: Routledge, 1995; Tzvetan Todorov, *On Human Diversity*: *Nationalism, Racism and Exoticism in French Thought*, Cambridge, MA: Harvard University Press, 1993; Paul Weindling, *Health, Race and German Politics between National Unification and Nazism*, 1870 – 1945, Cambridge: Cambridge University Press, 1989; Ann Laurer Stoler, *Race and the Education of Desire*: *Foucault's History of Sexuality and Colonial Order of Things*, Durham, NC, and London: Duke University Press, 1995。

② 参见 Steve Fenton, *Ethnicity*, Cambridge: Polity Press, 2003, Introduction。

可见，同汉语"民族"概念相比，族群的含义更加宽泛，更具有伸缩性，可表达历史—文化群体概念、种族群体概念和按社会标准区分的社会—文化集团，但与"民族"的含义并不是完全吻合的。汉语"民族"一词在西方理念中的确有"国家地位""民族分立"的含义。为了弱化具有国家内涵的民族概念对国家统一的侵蚀和威胁，美国率先用"族性"（ethnicity）① 一词区别民族与族群，族群基本上是指一种非正式的组织，尚未成为一个国家内部的正式政治—经济权力构架中的组成部分。有的学者认为，当族群被正式确认为自治领或其他政治单位时，则可称为"族群"（ethnic group，ethnicity）或"民族"（nation，nationality）。② 斯大林时期取代具有国家内涵的民族认同概念，将"族群"的内涵由仅仅表达种族转向强调历史—文化内涵，并强化了对"文化吸纳"的研究，以寻求"多元"与"一体"的"和谐"。斯大林去世后，苏联学术界根据本国的实际情况，开始对具有国家含义的民族进行反思，首先从名词术语中将具有国家含义的民族改为"族群"。这一变化虽然没有直接否定有关民族自决、独立成立国家的权利规定，但是弱化了民族与国家的联系。"族群"是一个由民族和种族自发集聚而结合在一起的群体。"这种

---

① "ethnicity"（族性）是一个比较新的词汇。它最早出现在 20 世纪 50 年代的美国，70 年代在欧洲流行起来。当时，欧洲（特别是西欧）国家在战后从土耳其、北非等地招募了很多外籍工人，这部分人大多愿意在欧洲定居而不希望重返故土，由此给政府带来了一系列问题，核心是如何对大批移民实现整合。于是，研究美国在处理移民问题方面的经验，为本国政府提供可借鉴意见，成为欧洲社会科学家们的工作重点。"族性"一词在这个过程中被从美国的有关文献中直接搬用到欧洲的出版物上。这个概念的关键特征是对某一种群体或者人们类别作以隐或显的对比。在使用时会牵涉"我们—他们"的"标准"。人们研究族性的目的是可以标示和对比某一群体存在的基础及其发展变化。族性具有动态性和多层次性。它有时可以被理解为民族性，有时应该从"群体认同""我群意识""群体意识同一性"等方面来理解其内涵。实际上，人们已经从不同角度使用这一概念，比如历史、文化群体（部落、民族、移民、难民、外籍工人等）方面，国家意识形态基础方面，文明、文化同质性方面，等等。参见 Thomas H. Briksen, *Ethnicity and Nationalism*, London: Pluto Press, 1993, pp. 3 – 7; R. Cohen, "Ethnicity: Problem and Focus in Anthropology", *Annual Review of Anthropology*, 7 (1978), pp. 379 – 404; Fredrik Barth, "Introduction" and "Pathan Identity and its Maintenance", in Fredrik Barth (ed.), *Ethnic Group and Boundaries: Social Organization of Cultural Difference*, Boston: Little Brown, 1969; Charles Taylor, *Multiculturalism and "The Politics of Recongnization"*, Princeton: Princeton University Press, 1992; Ted Gurr and Barbara Harff, *Ethnic Conflict in World Politics*, Boulder Col.: Westview Press, 1994.

② Abner Cohen, *Custom and Politics in Urban Africa*, Berkeley: Berkeley University Press, 1969, p. 199.

结合的界限在其成员中是无意识的承认，而外界则认为他们是统一体。也可能是由于语言、种族或文化的特殊而被原来一向有交往和共处的人群所排挤而集居。"① 从历史上看，族群在演进过程中可能会遭遇政治性的破坏，也可能经历与其他族群文化结合失败的打击。族群的基本含义是指在语言、文化、历史、血统、族源上有共性的群体或次群体，与汉语"民族"所表达的广义和狭义概念是一致的，但是不具有"国家"的内涵，未有"分立性"的含义。"民族"一词在西方理念中的确有"国家地位""民族分立"的含义。"族群"的含义虽宽泛，但与"民族"的含义并不是完全吻合的。在大多数情况下，用族群来表述我国某个"民族"或"各民族"是可以被接受的，但是，它不可以用来表达"中华民族""法兰西民族""美利坚民族"等类型的"民族"。

综上所述，民族是历史的产物，是以差异为基础的人们共同体。它与现代民族，与主权国家一脉相承。资本主义的出现与发展是现代民族形成的基本条件。在现代民族的形成过程中，其族裔性和国民性相互交织。在不同群体被权益所驱使而建构成诸多民族的同时，以民族为主体构建现代国家的模式也在不断延伸。民族认同与国家认同在相互矛盾、相互促进过程中，在国家政治层面得到统一，形成国家民族认同。正如斯大林所言："民族不是普通的历史范畴，而是一定时代即资本主义上升时代的历史范畴。封建制度消灭和资本主义发展的过程同时就是人们形成为民族的过程。"② 民族是由众多被动员起来的个人组成可分为的群体，民族成员具有共同的群体符号及其由此而产生的差异性和独特情感，它们共同建构起民族的基础，并以此作为保护其成员利益的前提。"一旦人们失去了曾经的民族性所给予他们的权利和保护，他们会更加迫切地坚持自己的民族性。"③ 从国内层面上说，民族主要表现形态为政治民族（一种"想象的共同体"，"同时也享有主权"④）和文化民族；从国际层面上说，其表现形态主要为地区民族（regional na-

---

① A. D. Smith, *National Identity*, London: Penguin, 1991, Chap. 1, Chap. 4.
② 《斯大林全集》第 2 卷，人民出版社 1953 年版，第 300—301 页。
③ Ead., *The Origins of Totalitarianism*, Andre Deutsch, London, 1986, p. 300.
④ ［美］本尼迪克特·安德森：《想象的共同体：民族主义的起源与散布》，吴叡人译，上海人民出版社 2003 年版，第 5 页。

tion）和世界民族（world nation）。

（二）民族—国家

所谓民族—国家（nation-state）是指将生活在一国领土之内、统一于一个政府和一种制度之下的全体人民组织成为统一族体的国家。它最初出现于近代欧洲，是与"多民族国家"（polyethnic state，或 multi-ethnic state）相对应的一种国家观念。事实上，现代意义上的"民族—国家"不止包含一个民族成分，其含义类似于"中华民族"中所隐含的国家观念，而不是单一民族国家。①

区分民族和民族—国家的概念是很重要的。民族—国家是法律和政治概念，可被界定为"在一个确定的疆域内自治、有生杀予夺强制权力的公共机构，而绝非等同于社团"。美国学者哈斯认为，国家是"具有实行中央集权的专门化政府的社会"②，特别强调国家是代表各种社会结构的综合体，以及统治机构在国家中的作用。

关于民族—国家的起源，学界有很多解释。学者们能够基本达成共识的是，民族—国家在17世纪就已存在，现代民族国家体系的出现始于1648年的《威斯特伐利亚和约》，民族—国家是威斯特伐利亚会议前500年间发生的政治、经济、社会文化等各种过程共同作用的结果，主要通过专制君主国转型和封建帝国解体而来。在民族—国家兴起的过程中，"民族"发挥了整合国民认同、赋予国家合法性的作用。

在关于民族—国家的研究中，"主权"（Sovereignty）概念是一个核心的问题。16世纪，法国政治思想家让·博丹（Jean Bodin）开始明确使用"主权"概念，他认为，主权是"不受法律约束的、对公民和臣民进行统治的最高权力"③，它是永久的、绝对的、不可分割的、至高无上的，除了受神法和自然法的约束外，不受任何权力和法律的限制。17世纪，荷兰学者格劳秀斯开始强调对外主权。他在《战争与和平法》一书中

---

① ［荷］尼科·基尔斯特拉：《社会经济政策与族群性概念》，翟胜德译，《世界民族》1997年第1期。
② ［美］乔纳森·哈斯：《史前国家的演进》，罗海纲等译，求实出版社1988年版，第3页。
③ ［美］萨拜因：《政治学说史》（下册），罗海纲等译，商务印书馆1990年版，第462页。

指出,"所谓主权,就是说它的行为不受另外一个权力的限制,所以它的行为不是其他任何人类意志可以任意视为无效的"①。卢梭政府论中所蕴含的主权在民、限制政府权力、保障人权等原则成为被压迫、被奴役人民争取自身解放、争取平等权利的最强大的思想武器,影响了全世界的近现代民主运动史。卢梭指出:"一切问题在根本上都取决于政治,而且无论人们采取什么方式,任何民族永远都不外是它的政府的性质所使它成为的那种样子;因此我觉得什么是可能最好的政府这个大问题,就转化为如下的问题:什么是适合于形成一个最有德、最开明、最睿智并且从而是最美好的民族的那种政府的性质。"他在《社会契约论》中断言,"正如自然赋予了每个人以支配自己各部分肢体的绝对权力一样,社会公约也赋予了政治体以支配它的各个成员的绝对权力。正是这种权力,当其受公益所指导时……就获得了主权这个名称"②。1648 年,西欧主要国家签订的《威斯特伐利亚和约》不仅正式承认了荷兰和瑞士的独立,还从法律上承认了神圣罗马帝国境内近 300 个诸侯国的主权地位,进而在实践上肯定了国家的主权身份,为主权国家抵制外来干涉和侵略,对内平定封建分割势力提供了法律依据。《威斯特伐利亚和约》的签订标志着人民、领土、政府和主权成为造就近代意义国家的四个要素,其中最能反映国家本质特征的是主权。19 世纪,随着欧洲殖民主义在世界各地的扩张,主权概念也传播开来。第一次世界大战结束后,西方殖民帝国开始瓦解。美国总统威尔逊提倡民族自决论受到广泛认同。众多亚洲、非洲、拉丁美洲殖民地开始脱离殖民帝国获得独立,主权国家的形态在相关非西方国家中因此获得进一步的确立。

随着民族—国家的出现及其全球扩展,族际政治日益发展成为影响多民族国家未来走向和民族政治发展的重要变量。基于族际政治问题研究而形成的族际政治理论,主要内容包括族际政治是民族国家族际关系的本质、冲突与整合是族际政治互动的两种基本形态、族际政治的特征和具体形式,以及政党在族际政治中发挥着重要作用等。民族自决权作为国际法的一项基本原则,曾经在世界反殖民主义运动中起到过积极作

---

① 转引自王哲《西方政治法律学说史》,北京大学出版社 1988 年版,第 105 页。
② [法]卢梭:《社会契约论》,罗海纲等译,商务印书馆 1987 年版,第 43 页。

用。但是冷战结束后，民族自决权理论却陷入了困境，在理论上对民族自决权难以形成统一的看法；在实践中也被所有反现存制度的势力作为其要求独立的依据。这与其固有的概念模糊性有关，导致了其在国际实践中适用的任意性。这种对民族自决权理论的误读给国家的领土完整与世界的和平稳定带来极大的威胁。现代国家理论虽然"各领风骚"，但各种理论对国家及其内部成员的民族性均给予了关注。现代国家建立的现实基础依然是民族，以民族为代表的群体权利彰显的核心内容依然是民族政治与国家认同。

全球化时代同时也是民族主义复兴的时代。尽管以全球公民社会取代民族—国家的呼声似乎越来越大，但是，民族—国家仍是全球体系中的主角。

（三）地区

所谓"地区"是地区性问题分析中的基本概念。地区识别的主要工作是对某一特定的区域构成明确实体的程度做出多维的估测或评判。新功能主义认为相互依赖的程度是界定"地区"的重要标准。一般来说，在国际范畴里，"地区"是指"国际地区"（international region），而不是民族—国家内部的地区（region within a nation-state）。

"地区"是一个比较宽泛的概念，有人因此称为"模棱两可"的概念。① 在汉语中人们容易将此概念与"区域""地方"等混同。

对"地区"的定义，学术界的看法不尽相同。约瑟夫·奈认为，国际关系中的"地区"是指"由地缘关系和一定程度的相互依赖性聚合起来的数量有限的国家"②。卡尔·多伊奇认为，"地区"可以视为在广泛的不同层面具有显著的相互依存关系（经常但非永远是通过区分不同国家集团的经济、政治交往和社会交流范式表现出来）的国家群体。③ 布鲁斯·拉希特认为，可以根据如下标准来划分"地区"：一是成员在社会与

---

① Norman D. Palmer, *The New Regionalism in Asia and Pacific*, Lexington Books, 1991, p. 6.
② Joseph S. Ny (ed.), *International Regionalism: Readings*, Boston: Little Brown & Co., 1968, p. 5.
③ Karl W. Deutsch, "On Nationalism, World Region, and the Nature of the West", in Per Torsvik (ed.), *Mobilization, Center-Periphery Structures and Nation-Building: A Volume in Commemoration of Stein Rokkan*, Bergen: Universitetsforlager, 1981, p. 54.

文化（即内部属性）方面的相似性；二是成员对外行为（如在联合国的投票立场）的相似性；三是成员在政治上相互依赖；四是成员在经济上相互依赖；五是成员在地理上彼此接近。① 威廉·汤普森认为，"地区"或"亚地区"存在的必备条件如下：一是行为体的互动关系体现了某种规律性和强烈性；二是行为体彼此接近；三是行为体和外部观察者认同其相关体系为其明确的"行动平台"；四是相关体系理论上应包含至少两个行为体。② 戴维·赫尔德认为，"地区"所指的民族国家群体"处于同一地域，共同关心某些问题，这些共同关心的问题可能使它们通过成员资格在特定的组织（欧洲联盟）实现彼此间的合作"③。B. 赫特纳将"地区"划分为以下几种类型：一是"中心地区"（包括北美、欧盟区和东亚），特点为政治稳定、经济繁荣；二是"中间地区"（包括中欧、拉丁美洲和加勒比地区、东南亚和南太平洋地区等），特点为正处于被整合进"中心地区"的过程中；三是"边缘地区"，特点为政治动荡，经济停滞。④ 庞中英认为，"地区"是"一个多种共同因素塑造出来的有着地缘色彩的国际政治经济概念"，是"国际体系中现实存在的和正在出现的一种以经济合作和共同解决共同问题（如市场、发展、安全和生态）为中心的区域性次级国际体系"。⑤

地区化在当代的发展并没有在根本上构成对主权国家的挑战。地区化从政策角度看只是国家的一种政策选择，是维护和扩展国家利益的一种体现，地区合作只能是以国家和国家利益为基础的，成员国参加地区一体化是以国家利益为出发点的。

可以说，"地区"不是一个绝对的概念，而是一个具有相对性的概念。地区政治通常体现为一个聚合体和国家利益的协调体。虽然，学者们对"地区"概念的论述不尽相同，但是，总的来说，国际层面

---

① Bruce M. Russett, *International Regions and the International System: A Study in Political Ecology*, Chicago: Rand & Mcnally & Copany, 1967, p. 11.
② William R. Thompson, "The Regional Subsystem", *International Quarterly*, Vol. 17, No. 1, March 1973, p. 101.
③ ［英］戴维·赫尔德：《民主的模式》，燕继荣等译，中央编译出版社1998年版，第448页。
④ Bjorn Hettne, "The New Regionalism", in Bjorn Hettne, Inonai Andras and Osvaldo Sunkel (eds.), *National Perspectives on the New Regionalism in the South*, Finland: UNU/WIDER, 2000.
⑤ 庞中英：《地区主义与民族主义》，《欧洲》1999年第2期。

上的"地区"大致具有以下基本特征：一是地理位置的接近性；二是在政治、经济和文化等方面拥有某种程度的认同感；三是彼此间存在相互依赖关系；四是"区域"成为民族—国家与国际机制之间的重要"媒介"。

在族际关系语境中，"地区"是一个具有政治、历史和文化意义的实体。地区性族际关系的建构一般是地域内民族—国家减灾内外背景的影响下互动的结果。

（四）地区民族

如前所述，民族是由众多被动员起来的个人组成可分为的群体，民族成员具有共同的群体符号及其由此而产生的差异性和独特情感，它们共同建构起民族的基础，并以此作为保护其成员利益的前提。"地区民族"是民族在国际层面上的表现形式之一。

如何界定"地区民族"？学界对此尚未达成共识。事实上，使用该概念的著述还不多见。本书所谓的"地区民族"是指跨越国家疆界而居住的民族，通常由"历史民族"经历了若干质的变化后，发展、分化而形成。这类族类群体既包括跨界民族（people across national boundaries），居住在岛屿争端发生地区的民族，也包括居住在残存殖民地的民族。

"'历史民族'的分化归因于民族发展不平衡，以及强势民族的国民—国家运动。所谓国民—国家运动，从政治上看就是已凝聚为民族的人民（people）独立建国的运动。每个民族都想建立自己的独立国家，但并非每一个民族都能实现这种愿望，只有少数强势民族能够把别人的地盘纳入本国的版图。弱小民族则无机会建立自己的国家。他们或被包裹在某一强势民族的国家之中；或被相邻的某个或几个强势民族分化成两个或两个以上的不同部分。"[①]

从理念上说，除个别情形外，"历史民族"的分化是不公正的，但这种"不公正"已是无法挽回的历史。随着时间的推移，"历史民族"之间的分野越来越大。在现实世界中，地区性民族之间的差异性很大。其主要原因在于他们各自已经逐步接受了所在国家的主体民族的影响，彼此

---

① 朱伦：《"跨界民族"辨析与"现代泛民族主义"问题》，《世界民族》1999年第1期。

之间的同一性在不断减少，共同的民族意识已日渐淡化。他们已经或正在向着不同民族的方向演化。基于共同的社会经济生活中形成的政治统一性和领土一体性在"地区性民族"之间是不存在的。不仅如此，"地区性民族"在历史上长期形成的某些共性特征，如共同的语言、文化等，也随着不同的政治、经济生活而发生质变。

民族分化在历史上是屡见不鲜的。不承认或接受民族分化现象，并从思想上和行动上力图再造"地区性民族"实现统一的思想和行动，可称为"现代泛民族主义"，即以"地区性民族"为基础、以建立新的"民族国家"为目标的非现实的和反历史的政治民族主义。

"地区民族"是在人类社会文明进程中，人们共同体的民族过程与人类社会的国家过程普遍发生的一种叠合现象。近代以来的族际政治格局的基本特点在于，一是世界上绝大多数国家为多民族结构；二是相当一部分民族被国家政治疆界所分隔，成为特殊的族体，即地区性民族。这是无法也不应回避的事实。

从政治人类学角度看，"地区民族"基本限定于那些因传统聚居地被现代政治疆界分割而居于毗邻国家领土、领海岛屿的民族。"地区性民族"的基本特征有二，一是原生形态民族本身为政治疆界所分隔；二是该民族的传统聚居地为政治疆界所分割。① 值得注意的是，应将"地区性民族"与散居的移民区分开来。例如，英国北爱尔兰地区的爱尔兰人、跨厄瓜多尔、秘鲁和玻利维亚三国国界而居的克丘亚人、科索沃地区的阿尔巴尼亚人以及跨西班牙和法国国境而居的巴斯克人等，② 均可视为"地区性民族"，而散居东南亚各国城镇地区的大批华人则不属于"地区性民族"，而属于"移民群体"。

---

① 参见胡起望《跨境民族探讨》，《中南民族学院学报》1994年第4期。
② 参见 S. J., Connolly, *The Oxford Companion to Irish History*, Oxford University Press, 2002; T. W. Moody, F. X. Martin, *The Course of Irish History*, Weybright and Talley, 1967; M. Tymoczko, *Translation in a Postcolonial Context*, Stjerome. Co. Uk, 1999;［西］萨尔瓦多·德·马达里亚加《西班牙现代史论》，朱伦译，中国社会科学出版社1998年版; F. E. Mallon, The Promise and Dilemma of Subaltern Sudies: Perspectives from Latin American History, *The American Historical Review*, 1994, jstor. org; J. G. Castañeda, *Utopia Unarmed*: *The Latin American Left after the Cold War*, Vintage, 1994。

（五）地区性民族问题

所谓"民族问题"通常是指民族从形成、发展直到消亡之前的各个历史阶段，不同民族间在社会生活的各个领域发生的各种矛盾。"民族问题"可视为一种社会政治问题，属于一定的历史范畴。它随着人们形成不同的民族而发生，也将随着民族差别的消失而消失。

自"冷战"结束后，多民族国家内部民族问题"增多趋强"的态势十分明显。在一些国家里，民族问题经常成为引发社会动乱和政治危机的重要因素；而在六七十个国家里，仍存在民族分裂主义组织；包括当今国际社会严厉打击的恐怖主义，也大多与民族分裂主义有关；在一些国家的民主化浪潮下，民族问题常成为反对派举事的缘由；西方一些国家以防止人道主义灾难为名对他国内政的干涉，也常借民族问题做文章，甚至故意挑起民族冲突。民族问题的重要性、复杂性、长期性、普遍性和国际性特点，越来越为人们所认识和重视。

而"地区性民族问题"可以理解为地域范围涉及两个或两个以上主权国家的民族问题。

在人类社会文明进程中，由于作为人们共同体的民族形成过程与人类社会的国家发展过程的交错重叠，造成了国家疆界与民族分布地域的普遍不一致。当今世界上，同一民族生活在若干国家，一个国家包括若干民族的现象相当普遍。正如恩格斯所言："没有一条国家分界线是与民族（nationalites）的自然分界线，即语言的分界线相吻合的。"[①]

作为一种特殊的人们共同体，"地区民族"的自治或独立诉求通常指领土主权、领海主权等国家的重要物质基础。"地区性民族问题"大都与国家疆域争议相伴随，不仅关系到主权国家的国防建设与国家安全，而且始终对相关诸国所在地区的和平与稳定具有极其深刻而重要的影响。

"地区性民族问题"的形成是近代列强划分势力范围的结果，众多民族因被强行划分到不同的国家而形成了日后以领土为核心的争端。伴随着冷战后地缘政治和地缘经济的再度活跃，与国家主权和民族结构紧密相连的地区性民族问题，在当代国际政治中成为一种敏感多样、影响日

---

① 《马克思恩格斯全集》第16卷，人民出版社1964年版，第176页。

益凸显的现象。

民族问题作为因民族这个载体的存在而产生的纠纷、摩擦和冲突，存在于世界上绝大多数国家和地区，但是，由于各个国家、地区存在着差异，使得民族问题呈现出不同的内涵和表现形式，相应解决民族问题的方式和方法也就各具特点。

二 国内外研究现状

在当今国际政治生活中，岛屿争端问题是一个普遍存在的社会政治问题。随着因岛屿争端引发的地区性的摩擦和暴力冲突的频频出现，世界局部性的动荡与紧张的加剧，人们已普遍认识到，岛屿争端已从不同程度破坏甚至摧毁了有关地区的和平与发展环境，间接影响了整个世界的发展环境，同时，增添了大国关系中的隐患，威胁到了整个世界的和平与稳定。一段时间以来，岛屿争端已经成为世人关注的热点。但是，将岛屿争端作为地区性民族问题加以研讨的学术成果，在国外尚不多见，在国内至今还未见有同类著述问世。

（一）国外研究现状

今天，全球化研究已经成为冷战后国外学者的研究热点。但是，他们未把地区性民族问题当作全球化中的重要环节加以研究，只是将之视作国际关系、国际秩序所涉及的一种现象，完成了有关的部分个案考察，地区性民族的自身诉求并未受到关注，地区性民族问题的特质、发展规律等方面的理论探讨未被充分展开。具体表现如下：

其一，从某种程度上看，民族问题研究与地区性问题研究是相互脱节的。民族问题研究的视角基本上被限定在国内维度上，学者们在不同程度上忽略了地区性民族问题的国际维度，通常将民族问题视为多民族国家内部的问题。民族问题属于跨学科的综合性研究，因此，不同学科的学者往往容易从自己熟悉的角度进行研究，随之而产生的片面性、倾向性也在情理之中。比如，对北爱尔兰问题的研究，学者们关注的是爱尔兰联合主义的发展历程、特点和性质，英国殖民统治的经济动因及其影响，爱尔兰文化和宗教的特殊性等，而对北爱尔兰地区英格兰和爱尔兰两民族自身的要求、北爱尔兰问题的性质和发展规律等并未给予足够的重视。其中比较具有代表性的著述如 D. 博伊斯和 A. 戴联合主编的《联盟的防卫者：1801 年以来的不列颠和爱尔兰联合主义概观》，P. 贝撰写的《意识形态与爱尔兰问题：奥斯特联合主义与爱尔兰民族主义，1912—1916 年》等。①

其二，对民族问题的研究所采取的是政治的、经济的、历史的或文化的学术视角。国家制度、经济生活和文化认同等是其关注的焦点。地区性民族问题是涵盖民族、国家、国内利益集团、国际背景和地区互动的非常复杂的活动，仅仅从上述学术视角加以研讨，则难以对问题做出客观性、全面的分析。比如对达尔福尔问题的研究，国外学者大都从西方殖民统治的角度，考察问题发展的历史进程和特征，而在论及相关问题时，对该地区各族体本身的形成、诉求等往往一带而过或避而不谈。其中比较具有代表性的著述像 A. J. 阿克尔撰写的《1821 年之前的苏丹历史》，海伦·蔡平·米茨主编的《苏丹：国家研究》等，② 对亚洲的地区

---

① 参见 D. G. Boyce and A. O'Day (eds.), *Defenders of the Union: A Survey of British and Irish Unionism Since* 1801, London: Routledge, 2001; P. Bew, *Ideology and the Irish Question: Ulster Unionism and Irish Nationalism, 1912 – 1916*, Oxford: Clarendon Press, 1994; A. Aughry, *Under Siege: Ulster Unionism and the Anglo-Irish Agreement*, Belfast: Blackstaff Press, 1989; P. Teage (ed.), *Beyond the Rhetoric: Politics, the Economy and Social Policy in Northern Ireland*, London: Lawrence and Wishart, 1987; E. Birnie and P. Roche, "The Celtic Pussy Cat", *Ulster Review*, Spring 1997, Issue 22; R. Ryan (ed.), *Writing in the Irish Republic: Literature, Culture, Politics 1949 – 1999*, Basingstoke: Macmillan, 2000; C. Coulter, "The Origins of Northern Ireland Conservative", *Irish Political Studies*, Vol. 16, 2001. M. Elliott (ed.), *The Long Road to Peace in Northern Ireland: Peace Lecture from the Institute of Irish Studies at Liverpool*, Liverpool University Press, 2002; D. Godson, *Himself Alone: David Trimble and Ordeal of Unionism*, London: Harpercollins, 2004。

② 参见 A. J. Arkell, *A History of Sudan from the Earliest Times to 1821*, Greenwood Press, 1973; Abdalla Ahmed Abdalla, "Environmental Degradation and Conflict in Darfur: Experience and Development Options", in *Environment Degradation as A Cause of Conflict in Darfur*, Conference Proceedings (Khartomun, December 2004); Africa Progress of University for Peace, Addis Ababa, 2006; Helen Chapin Metz (ed.), *Sudan: a Country Study*, Federal Research Division, Library of Congress, 1991; Dustan Wai, The African - Arab Conflict in Sudan, New York: African Publishing Company, 1983; James Morton, *A Darfur Compendium*, HTSPE Limited, Hemel Hempstead, UK, 2005; C. Townshend, *Northern Ireland's Troubles: The Human Costs*, Clarendon Press, 1983; T. F. O'Rahilly, Early Irish history and mythology, Dublin Institute for Advances Studies, 1976; S. Howe, *Ireland and Empire: Colonial Legacies in Irish History and Culture*, books.google.com, 2000; T. W. Moody, The Course of Irish History, Weybright and Talley, 1967; S. J. Connolly, *The Oxford Companion to Irish History*, Oxford University Press, 2002。

性民族问题的研究也存在相似的问题，如对斯里兰卡僧泰冲突的分析，国外学者关注的通常是僧、泰两族引发冲突的宗教问题或政府政策，而对僧、泰两族特质、其冲突的发展态势等方面的理论探讨未充分展开。其中比较具有代表性的著述像唐纳德·钱德拉特纳撰写的《斯里兰卡：观察冲突决议》，B. 皮莱·巴斯琴撰写的《现代斯里兰卡共同体冲突纵览》等。①

其三，关于岛屿争端的研究并未得到应有的重视。国外学者对岛屿争端的研讨大都从国际政治、国际法的角度着手，围绕领土划分、主权争端等主题展开。要么以殖民主义等说明岛屿争端产生的成因，要么以国际秩序、"制度"状态等分析岛屿争端的性质，或以经济发展水平表述相关地区存在的问题。其中既有个案研究，也不乏理论论述。个案研究方面的著述比较多，我们所见到的比较具有代表性的大致包括如下内容。比如，对东中国海划界问题的研究，其中比较具有代表性的著述像海伦什·尼农恩德撰写的《国家权限限度内的海域》等；② 对福克兰群岛（马尔维纳斯群岛）冲突的研究，其中比较具有代表性的著述像 G. 爱德华、S. 斯塔夫瑞狄斯与 C. 希尔联合出版的《外交政策的国内根

---

① 参见 Donald Chandraratna, *Sri Lanka: Perspective on Resolution of Conflict*, University of Western Australia, 1993; B. Pillai Bastiam, *Survey of Conflicts among Communities in Sri Lanka in Modern Times*, Center for South and South-East Asian Studies, Madras University, 1995; Rohan Guanratna, "Al-Qaeda: The Asian Connection", *The Strains Times*, 4 January 2002; Fred R. Von Der Mehden, *Tow World of Islam: Interaction Between Southeast Asia and the Middle East*, University Press of Florida, 1993; Aspects of Islam in Thailand Today, http: //www.isim.nl/newsletter/3/3regional/4.html; Abdullah Ahmad Badawi, *Islam Hadhari*, MPH Group Publishing Sdn Bhd, 2006; Soliman M. Santos, *The Moro Islamic Challenge*, *Constitutional Rethinking for the Mindanao Peace Process*, University of the Phillippines Press, 2001.

② 参见 K. O. Emery (et.), "Geological Structure and Some Water Characteristics of East China Sea and Yellow Sea", UNECAFE/CCOP Technical Bulletin, Vol. 2, 1969; Hiroshi Niinoand K. O. Emery, "Sediments of Shallow Portions of East China Sea and South China Sea", *Geological Society of America Bulletin*, Vol. 72, 1961; "Sea Area within the Limits of National Jurisdiction", *Working Paper Submitted by the Chinese Delegation*, UNDoc. A/AC. 138/SC. II/L. 34 (1973), Seabed Committee Report, Vol. 3, 1973/InternationalLegalMaterials, Vol. 12, 1973; Wei-chin Lee, "Troubles Under Water: Sino-Japanese Conflict of Sovereignty on the Continental Shelf in the East China Sea", *Ocean Development and International Law*, 18, 1987.

源:欧洲与马尔维纳斯群岛争端》等;① 对南沙群岛主权争端的研究,其中比较具有代表性的著述如 D. 斯卡尔撰写的《太平洋岛屿历史:暗礁的王国》等②。在相关理论研究方面,既包括法学理论,也不乏国际政治理论。其中比较具有代表性的著述如 M. 莫里西和 M. 史密斯联合出版的《后殖民背景下的转化》等。③

(二) 国内研究现状

多民族国家内部问题一直是国内学者关注的焦点。迄今为止,有关地区性民族问题的研究相对较为薄弱,已有的相关成果大都是将该问题作为国际政治的一个现象加以分析的,而将岛屿争端作为地区性民族问题加以研讨的学术成果,至今尚未见到。具体表现如下:

其一,国内学者将地区性问题作为国际政治的一个现象加以分析,其选取的切入点是"跨界民族"。

---

① 参见 G. Edwards, S. Stavridis and C. Hill, *Domestic Sources of Foreign Policy*: *Europe and the Falkland Islands Conflict*, Berg Publishers, 1996; R. M. Logan, "Geography and Salmon: The Noyes Island Conflict, 1957 – 1967", *Journal of the West*, 1969; Trickett, P., UKRep and the Falkland Islands Conflict Driving the Machine, http://hdl.handle.net/10068/397228, United Kingdom, 05 Humanities, Psychology and Social Sciences, 1999.

② D. Scarr, *The History of the Pacific Islands*: *Kingdoms of the Reefs*, Palgrave MacMillan, 1990; Orent and Qeinch: "Pacific Ocean Islands. Sovereignty", *American International Law Magazine*, Vol. 35, 1941; The Clippertton Island Arbitration Case, 1932, UN Reports of International Arbitration Awards, Vol. 11; *International Court of Justice Reports*, 1969, Papers; The Conference Records of Proceeds, US State Dept Publication, December 1952; Orent and Qeinch: "Pacific Ocean Islands. Sovereignty", *American International Law Magazine*, Vol. 35, 1941; M. Leifer, *The Security of Sea-Lanes in South-East Asia*, Routledge, 1983; L. Jae-Hyung, *Contemporary Southeast Asia*, 2002; M. S. Samuels, *Contest for the South China Sea*, Methuen, 1982.

③ 参见 M. Morrissey and M. Smyth, *Translation in a Postcolonial Context*, Pluto, 1999; D. K. Fieldhouse, *The Colonial Empires*, London, 1982; Derek W. Urwin, *Western Europe Since 1945*, New York, 1989; C. S. Stavirianos, *Global Rift*, New York, 1981; Marc Ferro, *Colonization: A Global History*, London, 1997; Feliks Gross. *The Civic and the Tribal State: the State, Ethnicity and the Multi-ethnic State*, Green Wood Press, 1998; J. R. V. Prescott, *The Maritime Political Boundaries of the World*, Methuen, 1985; Jonathan I. Charney and Lewis M. Alexander, *International Maritime Boundaries*, www.books.com.tw/exep/prod/booksfile.php?item = F010776812; Paul R. Hensel, Charting a Course to Conflict: Territorial Is-sues and Interstate Conflict, 1816-1992, http://garnet.acns.fsu.edu/~phensel/Research/chart98.pdf。

这类研究从时间上一般可以划分为两个阶段：一是20世纪30年代中期至80年代中期；二是20世纪80年代后期以来的二十余年。

20世纪30年代中期，中央研究院历史语言研究所研究员凌纯声等边政学者在研究中国的"边政问题"过程中开始关注到了跨国界而居的族体及其相关问题，其相关代表作有《边疆民族》《中国边疆文化》等论文。[①] 到20世纪50年代中后期，学者们对中国周边跨国而居的一些族体已开始有了一些比较系统的认识。[②] 20世纪70年代末，"跨界民族问题"正式被国家列入世界民族研究的范畴。[③]

从20世纪80年代中后期开始，随着第三次世界民族主义浪潮的兴起，跨界民族的理论研究开始不断深入，相关的学术专著和论文纷纷问世，从内容上看，相关成果大致可分为两个部分：一是理论研究；二是问题研究。

在理论研究方面，国内学者做了一些工作，其中评述性的工作占有相当比例，为世界民族学科的发展打下了坚实的基础。主要表现在两个方面：一是通过翻译、整理西方著述的形式对西方有关理论和观点进行专门介绍，比如，李毅夫等编译的《世界各国民族概览》，葛公尚主编的《当代政治与民族》等。[④] 二是在研究民族问题或国际经济政治的过程中，对国内外相关的理论、观点进行评述或研究，比如葛公尚撰写的《当代国际政治与跨界民族研究》《试析跨界民族的相关理论问题》《当代政治与民族问题》，宁骚撰写的《民族与国家：民族关系与民族政策的国际比较》，李毅夫、赵锦元主编的《世界民族概论》，周星撰写的《民族政治学》，王逸舟撰写的《当代国际政治析论》，胡起望的《跨境民族

---

① 参见凌纯声《中国边疆民族与环太平洋文化：凌纯声先生论文集》，联经出版社1979年版。
② 参见石钟健等编著《有关中缅国境线上少数民族的专著及论文索引》，中央民族学院研究部1953年版。
③ 参见马曼丽、张树青《跨国民族理论问题综述》，民族出版社2005年版。
④ 参见李毅夫等编译《世界各国民族概览》，世界知识出版社1986年版；葛公尚主编《当代政治与民族》，中央民族大学出版社1995年版。

初探》，等等。①

　　与此同时，学界在"跨界民族"概念的内涵和使用上也产生了一些至今难以消除的分歧。学者在相关研讨中各抒己见，甚至出现了针锋相对之势。②有人认为，"跨界民族""跨境民族""跨国民族"这三个意义十分接近的词汇为正确理解这类群体带来了困难，而后来还出现了"跨界人民""历史民族""无国家民族"等容易混淆；基本概念的多样复杂，对于基本概念认识的模糊，不仅不利于理论研究的深入，而且在指导实践时会带来更大的麻烦。③

　　在问题研究方面，学者们对中国周边的相关问题给予了诸多的关注。比如金春子、王建民联合出版的对我国跨界民族介绍较为系统的专著《中国跨界民族》，申旭、刘稚合作出版的《中国西南与东南亚跨境民族》，由赵廷光主编的《中国跨界民族问题研究》《云南跨境民族研究》等。④

　　其二，从历史学、地理学、政治学、法学和经济学等角度，对一些岛屿争端，特别是发生在我国周边地区的岛屿争端进行的分析，其成果包括专著、论文和资料汇编等多种形式。

　　历史类的著述如吴天颖所著的《甲午战前钓鱼列屿归属考》，吴士存所著的《南沙群岛争端的由来与发展》，杨仲揆所著的《琉球古今谈：兼论钓鱼台问题》，许森安所著的《东海大陆架划界中的一些问题》，李金

---

　　①　参见葛公尚《当代国际政治与跨界民族研究》，民族出版社2006年版；葛公尚《试析跨界民族的相关理论问题》，《民族研究》1999年第6期；葛公尚《当代政治与民族问题》，中央民族大学出版社1995年版；宁骚《民族与国家：民族关系与民族政策的国际比较》，北京大学出版社1995年版；李毅夫、赵锦元主编《世界民族概论》，中央民族大学出版社1993年版；周星《民族政治学》，中国社会科学出版社1993年版；王逸舟《当代国际政治析论》，上海人民出版社1995年版；胡起望《跨境民族初探》，中国社会科学出版社1995年版。

　　②　参见刘稚《跨界民族的类型、属性及其发展趋势》，《云南社会科学》2004年第5期；范宏贵《中越两国跨境民族》，《西南民族历史研究集刊》1984年第5期；黄惠焜《跨界民族研究论》，《云南民族学院学报》1997年第1期；胡起望《跨境民族探索》，《中南民族学院学报》1994年第4期；姜永兴《我国南方的跨境民族研究》，《广东民族学院学报》1988年第10期。

　　③　参见丁延松《"跨界民族"概念辨析》，《西北第二民族学院学报》2005年第4期。

　　④　参见金春子、王建民《中国跨界民族》，民族出版社1994年版；申旭、刘稚《中国西南与东南亚跨境民族》，云南民族出版社1988年版；赵廷光主编《中国跨界民族问题研究》，《云南跨境民族研究》，云南出版社1998年版。

明所著的《论马来西亚在南海声称的领土争议》等。①

地理类的著述如鞠继武所著的《大自然杰作珊瑚虫伟绩——南海、南海诸岛的形成》等。②

政治学类的著述如杨金森、高之国编著的《亚太地区的海洋政策》，王玉玮所著的《岛屿在国际海洋划界中的作用》，袁古洁所著的《国际海洋划界的理论与实践》，陈克勤所著的《中国南海诸岛》，刘清才、孔庆茵所著的《亚太地区领土争端的成因及其解决方法》，王国富所著的《论日俄之间的领土争端》，韩占元所著的《试析解决领土主权争端的有效控制原则——兼论我国的无人岛屿主权争端问题》，沈立新、刘超美所著的《领土争端阴影中的俄日新型关系》，陈鸿斌所著的《亚洲·大洋洲 日本右翼势力挑起钓鱼岛领土争端》，王志坚所著的《日本军事法制变革对南海局势的影响》，杨金森所著的《钓鱼岛争端和日本的海上扩张》，宋燕辉所著的《近期南海情势发展之观察与分析》，梁京涛所著的《中日钓鱼岛之争》，高飞所著的《简评中国处理领土争端的原则及理念》等。③

法学类著述如李兆杰所著的《国际法中的时际法原则》，高健军所著

---

① 参见吴天颖《甲午战前钓鱼列屿归属考》，社会科学文献出版社1994年版；吴士存《南沙群岛争端的由来与发展》，海洋出版社1999年版；杨仲揆《琉球古今谈：兼论钓鱼台问题》，台湾商务印书馆1990年版；许森安《东海大陆架划界中的一些问题》，《中国边疆史地研究》1999年第4期；李金明《论马来西亚在南海声称的领土争议》，《史学集刊》2004年第8期。

② 参见鞠继武《大自然杰作珊瑚虫伟绩——南海、南海诸岛的形成》，海洋出版社1996年版。

③ 参见杨金森、高之国《亚太地区的海洋政策》，海洋出版社1990年版；王玉玮《岛屿在国际海洋划界中的作用》，《河南省政法管理干部学院学报》2002年第2期；袁古洁《国际海洋划界的理论与实践》，法律出版社2001年版；陈克勤《中国南海诸岛》，海南国际新闻出版中心1996年版；刘清才、孔庆茵《亚太地区领土争端的成因及其解决方法》，《东北亚论坛》2003年第3期；王国富《论日俄之间的领土争端》，《渤海大学学报》（哲学社会科学版）1993年第12期；韩占元《试析解决领土主权争端的有效控制原则——兼论我国的无人岛屿主权争端问题》，《太原师范学院学报》（社会科学版）2008年第3期；沈立新、刘超美《领土争端阴影中的俄日新型关系》，《俄罗斯研究》1997年第12期；陈鸿斌《亚洲·大洋洲 日本右翼势力挑起钓鱼岛领土争端》，《国际形势年鉴》1997年第1期；王志坚《日本军事法制变革对南海局势的影响》，《延边大学学报》（社会科学版）2005年第2期；杨金森《钓鱼岛争端和日本的海上扩张》，《中国海洋报》1996年9月3日；宋燕辉《近期南海情势发展之观察与分析》，《东南亚研究》2008年第2期；梁京涛《中日钓鱼岛之争》，《大众文艺》（理论）2009年第1期；高飞《简评中国处理领土争端的原则及理念》，《外交评论》（外交学院学报）2008年第10期。

的《论国际海洋划界中的等距离/特殊情况规则》，聂宏毅所著的《国际法院在解决领土争端中的作用及困境评析》，桐声所著的《关于中国东海的钓鱼岛、专属经济区和大陆架问题的法律分析》，赵理海所著的《海洋法问题研究》，刘文宗所著的《中国对钓鱼列岛主权具有无可争辩的历史和法理依据》，吴辉所著的《从国际法论中日钓鱼岛争端及其解决前景》，连春城所著的《大陆架划界原则的问题》，邵津所著的《国际法院的北海大陆架判决与大陆架划界原则》，陈德恭所著的《现代国际海洋法》等。①

经济类著述如李金明所著的《南沙海域的石油开发及争端的处理前景》，崔笑愚所著的《南中国海"油气外交"升温》，赵理海所著的《海洋法问题研究》等。②

资料类的著述比如海洋国际问题研究会主编的《中国海洋邻国海洋法规和协定选编》，孙谈宁编写的《钓鱼台群岛资料》，北京大学法律系国际法教研室编写的《海洋法资料汇编》，国家海洋局政策法规办公室编的《中华人民共和国海洋法规选编》等。③

此外，不应忽视的还有中国港台地区出版的一些学术文献和政论性

---

① 参见李兆杰《国际法中的时际法原则》，法律出版社1989年版；高健军《论国际海洋划界中的等距离/特殊情况规则》，博士学位论文，北京大学，2002年；聂宏毅《国际法院在解决领土争端中的作用及困境评析》，《河北法学》2009年第1期；桐声《关于中国东海的钓鱼岛、专属经济区和大陆架问题的法律分析》，《日本学刊》2003年第6期；赵理海《海洋法问题研究》，北京大学出版社1996年版；刘文宗《中国对钓鱼列岛主权具有无可争辩的历史和法理依据》，《法制日报》1996年11月1日；吴辉《从国际法论中日钓鱼岛争端及其解决前景》，《中国边疆史地研究》2001年第3期；魏敏《海洋法》，法律出版社1987年版；连春城《大陆架划界原则的问题》，法律出版社1983年版；邵津《国际法院的北海大陆架判决与大陆架划界原则》，《北京大学学报》（哲学社会科学版）1980年第2期；陈德恭《现代国际海洋法》，中国社会科学出版社1988年版；陈致中《国际法案例》，法律出版社1998年版；李华《论解决领土争端的有效控制原则》，《和田师范专科学校学报》2006年第3期；张爱宁《国际法原理案例解析》，人民法院出版社2000年版；朱利江《试论解决领土争端的国际法的发展与问题》，《现代国际关系》2003年第10期。

② 参见李金明《南沙海域的石油开发及争端的处理前景》，《厦门大学学报》（哲学社会科学版）2002年第4期；崔笑愚《南中国海"油气外交"升温》，《国际金融报》2009年1月25日；赵理海《海洋法问题研究》，北京大学出版社1996年版。

③ 参见海洋国际问题研究会主编《中国海洋邻国海洋法规和协定选编》，海洋出版社1984年版；孙谈宁编《钓鱼台群岛资料》，（香港）明报出版社1979年版；北京大学法律系国际法教研室编《海洋法资料汇编》，人民出版社1974年版；国家海洋局政策法规办公室编《中华人民共和国海洋法规选编》，海洋出版社2001年版。

著述。它们从历史学、法学和政治学等方面对相关问题的探讨，为我们进一步认识、理解我国周边的岛屿争端问题提供了重要的参考。如俞宽赐所著的《南海诸岛领土争端之经纬与法理——兼论东海钓鱼台列屿之主权问题》，张启雄所著的《钓鱼台列岛岛屿主权归属问题》，丘宏达所著的《钓鱼台列屿问题研究》，马英九发表的《从新海洋法论钓鱼台列岛与东海划界问题》，陈鸿瑜编著的《东南亚各国海域法律及条约汇编》等。①

三 本书的基本结构与主要内容

本书的目的在于通过考察民族主义与种族主义现象在全球化时代的特征、作用及其与地区主义的互动关系，阐释现代泛民族主义的内涵与特性，揭示民族—国家理念的症结所在，总结当代世界族际政治实践，分析人类民族过程的未来发展趋势，构建多族体结构下的族际政治准则，发展多民族国家理论，加强现代多民族国家框架下族际政治的理论基础，丰富族际政治思想。努力为发展马克思主义民族理论、促进多民族国家族际政治关系的和谐演进"贡献智慧"，为建设具有我国特色的民族政治学"积累学术成果"，为人们客观把握族际政治的演进规律及其与地缘政治的互动关系提供理论参考。

我们的基本研究思路是，选取具有"地区性"特征的岛屿争端问题综合梳理，在此基础上进行理论总结。从马克思主义民族理论的基本理念和方法出发，借鉴地区主义、功能主义、政府间主义等国际政治学理论和研究方法，通过研读文献资料（主要是外文资料），从人类学与民族学的视角，探讨上述问题。

从学理上说，残存殖民地问题也应属地区性民族问题的研究范畴，

---

① 参见俞宽赐《南海诸岛领土争端之经纬与法理——兼论东海钓鱼台列屿之主权问题》，"国立"编译馆 2000 年版；张启雄《钓鱼台列岛岛屿主权归属问题》，台湾《"中央研究院"近代史研究所集刊》1993 年 6 月第 22 期下；丘宏达《钓鱼台列屿问题研究》，载于台湾《政大法学评论》1972 年第 6 期；马英九《从新海洋法论钓鱼台列岛与东海划界问题》，台湾正中书局 1986 年版；陈鸿瑜编著《东南亚各国海域法律及条约汇编》，台湾三民书局 1997 年版。

受篇幅所限，本书舍去了相关内容。为弥补此举带来的缺憾，本书在附录部分，对当代世界残存殖民地情况以大洋洲为视角进行了概述，希望多少可以有所裨益。

全书的主要理论观点如下：其一，在全球化时代，民族间的同一性在不断减少，共同的民族意识日渐淡化，基于共同的社会经济生活而形成的政治统一性和领土一体性已难以存在，民族利益的真正实现成为其理性的奋斗目标；同时，以地区民族为基础、以建立新民族国家为目标的现代泛民族主义，使后冷战时代充斥着族际政治和安全关系的不确定。其二，以破坏现有主权国家边界为代价、追求地区性民族的政治统一与地域一体，是地区性民族问题的基本共性。其危害性表明，语言、文化同质的民族不一定能够整体结合为政治上统一的民族；不同的国家并不都是以不同民族为基础建立的；民族国家理论不是适用于一切族体的真理。其三，地区性民族相关国家如对其政策得当，可促进地区安全与合作，反之亦然。建立起超越族体的"新的族裔认同"，是全球化时代维护本民族生存和本地区安全的基本前提。其四，殖民主义、种族主义和大国争霸是地区性民族问题产生和发展的根本原因。

（刘泓）

上 卷

个案研究

卷 首 语

在第二次世界大战结束以后的半个多世纪中，世界政治格局发生了重大变化。20世纪60年代兴起的殖民地独立运动，80年代末90年代初出现的苏联解体和东欧剧变，均对世界政治版图产生了直接的影响。进入21世纪后，国际形势总体趋于缓和，和平与发展成为主流，世界逐步走向信息化、全球化和多极化。与此同时，区域性民族冲突和局部动荡依旧此伏彼起。

地区性民族问题的形成错综复杂，有历史背景、地理、民族原因，也有现实利益的驱使。这是此类问题难以解决的根源所在。比如，阿根廷人和英吉利人因马尔维纳斯群岛（英国称福克兰群岛）的归属问题而发生的争端。马尔维纳斯群岛，简称马岛，位于南美大陆南端的麦哲伦海峡东部，距阿根廷大陆东岸约480公里。马岛由约200个岛屿组成，面积为1.6265万平方公里，首府为阿根廷港（英国称斯坦利港）。马岛自然资源十分丰富，战略地位十分重要。它扼守南大西洋和南太平洋的航道要冲。英国和阿根廷围绕马岛主权归属争论了几个世纪。1982年4—6月，两国围绕马岛的主权之争爆发了一场著名的海空大战，最终阿根廷战败，英国控制了马岛。目前，双方围绕马岛的争端还在继续。尽管阿、英马岛之争，还有日、俄北方四岛之争，印、巴克什米尔问题，巴勒斯坦地区问题，以及西撒哈拉地区问题等一直都未能彻底解决，但是，仍有一些以岛屿争端形式表现出来的地区性民族问题，通过有关各方的积极努力取得了比较令人满意的结果。比如，也门与厄立特里亚对于大哈尼什岛争端的解决就是一例。大哈尼什岛位于红海东南端，临近曼德海峡，战略位置十分重要。1995年年底，也门与厄立特里亚就大哈尼什岛的归属爆发武装冲突。次年10月，双方在巴黎签署了《关于哈尼什群岛争端的国际仲裁协议》。1998年，国际仲裁法庭裁定哈尼什群岛归属也门。也门对仲裁结果表示欢迎，厄立特里亚表示接受裁定。1999年，国际仲裁法庭就也门与厄立特里亚海上边界问题做出最终裁决，裁定也、厄海上边界以两国海岸到水域的中间线为准。两国的领土争端至此得以和平解决，两国关系恢复正常。再如，巴林和卡塔尔两国对于海瓦尔群岛主权问题的解决。巴林和卡塔尔之间就油气资源蕴藏丰富的海瓦尔群岛主权归属问题一直存在争议，这是阻碍该群岛油气勘探开发进展的主要问题。1991年，卡塔尔首次向海牙国际法庭提起诉讼，要求通过国际仲裁来解决这一争端。1996年，巴林同意由海牙国际法庭来解决两国领土争端。2001年3月，国际法庭裁定海瓦尔群岛归属巴林，其中有两个小岛则划归卡塔尔，使争议问题终于得到解决。

除岛屿争端外，一些地区性民族问题还反映在对于同一个地理区域的不同称谓上，如近年来日韩间围绕"日本海—东海"的名称之争，伊朗和阿拉伯国家关于"波斯湾—阿拉伯湾"的名称之争等。这些争端无不牵涉民族心理、历史渊源、经济利益和政治意义等诸多因素。而里海沿岸国家关于里海法律地位（即是湖还是海）的争执，更直接关乎有关各国对于里海蕴藏丰富的石油天然气资源的划分。从这个层面来说，这些地理名称的确定不仅仅是一个技术问题，而且还是一个政治或经济问题。相关个案受篇幅和内容所限我们在此不再赘述。

冷战结束后，国家间爆发战争的可能性趋于减小，而由两极格局的失衡导致的民族纠纷激化，因历史和现实原因造成的各种宗教矛盾尖锐，以及对资源和战略要地争夺的加剧等，构成了地区性民族问题产生的主要原因。地区性民族问题通常是历史上遗留下来的问题，但又反映着现实中政治力量的变化。通过协商和平解问题，可以促进国家关系的改善与地区和稳定与和平，反之，也会引发族际间、国家间冲突乃至战争。

文化认同是人类对于文化的倾向性共识与认可，"跨文化认同"是指超越各种文化差异、基于人类共性和人类文化普同性基础上的认同。而所谓地区性文化认同，即特指在某一特定区域范围内各国及其人民对于本地域文化的认同。应从这一概念入手，探讨其在与岛屿争端相关的各国间存在的现实可能性、实现方式及其意义。

冷战后区域主义和全球主义的发展，对传统的国家主义提出了挑战，但区域化和全球化仍然是国家主权选择的结果，区域主义和全球主义难以排斥国家主权的中心作用。希望通过对岛屿争端这一地区性民族问题的探讨，能够加深对当代国际关系现实结构和发展趋势的理解，也有利于对区域主义的深入认识，促进区域主义的实践活动。

在当今的世界政治构造中，一方面，国家主权受到了日益严重的侵蚀与削弱，国家传统功能的履行常常被非国家行为体局部替换，超国家共同体、准国家共同体、跨国共同体、亚国家共同体对国家及其主权提出了一系列挑战；另一方面，主权国家仍将长期充当世界政治的主角，以国家主权原则为首要规范的国家间体系仍作为全球国际体系的中枢或首要成分而存在，国家在同侵蚀其权能和权威的非国家共同体的关系中仍占上风，主权国家及其国际体系仍可大体上维持国际安全，并实现经济、社会和生态环境等方面的合作。只要主权国家不消亡，其疆界将会处于不断变化之中，地区性民族问题也会因此久存难消。

（刘泓）

第一章

日本与俄罗斯北方四岛之争

　　北方四岛是指日本北海道东北部和俄罗斯千岛群岛之间的齿舞、色丹、国后和择捉四座岛屿，总面积4996平方公里，日本称为"北方四岛"，俄罗斯称为"南千岛群岛"。日、俄领土争端是指齿舞、色丹、国后和择捉岛的归属之争。这四岛原是日本领土，第二次世界大战时被苏联占领，至今仍在俄管辖之下。历史上，日、俄两国因领土争端而引起的战火连连，积怨颇深。1855年，日俄双方决定，千岛群岛南部归日本，北部属俄国，库页岛归属问题暂时搁置。1875年，两国签订《桦太与千岛群岛北部互换条约》，将日占库页岛南部与俄占千岛群岛北部相互交换。1905年日俄战争后，日本夺回换给俄罗斯的库页岛南部，并夺得沙俄在远东的大部分权益。1945年苏联出兵东北，不仅收复库页岛南部，还夺取千岛群岛全部。1945年《雅尔塔协定》规定，千岛群岛需交与苏联，于是四岛在战后被划归苏联。长期以来，日俄在四岛归属问题上互不让步，导致两国至今未签署和平条约，严重影响了两国关系。

一　地区民族

　　北方四岛地区资源丰富，地理位置优越。四岛位于冷暖流交汇处，渔业发达、水产丰富，是世界上三大著名渔场之一。这里地下矿产丰富，已探明的和正在开采的矿产有金、银、铜、铝土、硫黄等200余种。四岛扼守"黄金水道"，附近水域是俄罗斯出入北太平洋的捷径之一，也是俄罗斯往返堪察加和楚克奇以及北美各口岸的必经之路。四岛占据天然良港，比较有名的有择捉岛上的年荫港和天宁港，色丹岛上的斜古丹港。这些港口港阔水深，可长年停泊大型船舶。

直到清末，北方四岛都还是无主地。当地的原住民是阿伊努人（也就是日本人所说的虾夷人）。阿伊努人曾经统治现在东京以东的一半日本领土。在相当于中国唐朝以后的千年时间里逐渐被日本征服，最后只保有北海道的一部分。明治维新以前，日本对北海道的统治还只限于南半部，北部并不能完全控制。把阿伊努人全部征服后，日本才控制北海道全境。长期以来，日本的幕府将军都被称为"征夷大将军"，所谓的"夷"就是指阿伊努人（Ainu）。阿伊努人又称"虾夷"，是日本列岛最古老的民族，属蒙古人种和赤道人种的混合型。身材较日本人稍矮，皮肤为浅褐色，头发色黑、质硬并呈波状，胡须和体毛十分发达，脸面扁平而宽大，颧骨凸出，眼球呈褐色。旧石器时代后期至新时期时代早期，曾广泛分布于日本列岛（甚至在堪察加半岛、库页岛和千岛群岛也有分布）。而后，由于其他族体的移民自东亚大陆和马来群岛迁入日本，阿伊努人大都受到同化，并被融合进大和民族，未被同化的阿伊努人的分布地区日益缩小。3世纪，大和朝廷建立，阿伊努人被视为不服从"中央政令"的"未开化民"。7世纪后半期起被蔑称为"虾夷"。14世纪中叶改称为"阿伊努"（在该族语言中是"人"的意思）。中世纪末期，阿伊努人中出现了阶级分化，形成大酋长—酋长—普通成员的等级关系，曾为反抗大和民族压迫展开过几次大规模抗争活动，在因势单力薄失败后所受歧视和排挤更加深重，加之异婚现象的不断出现，纯血统的阿伊努人日益减少。阿伊努人原来主要靠渔猎为生，以鸟兽鱼肉为食，以鸟羽、鱼皮和兽皮为衣，居住在木架茅屋之中。自18世纪末期以来，阿伊努人的衣、食、住、行都发生了变化，许多人开始过定居的农耕生活，并以谷类为主食。阿伊努人无文字，语言有口语和雅语之分。现在，阿伊努人还保留自己的节日和祭祀，信仰多神，以隆重的祭熊仪式而闻名。其生活情趣也比较多样，喜欢在圆木上雕刻熊等动物，日本人称为"阿伊努雕"。阿伊努人喜刺绣，能歌善舞，有口传的民间故事和叙事诗。现今的阿伊努人大都通用日本语，旧有的民间风俗和特征正在逐渐消失。[①]

[①] 参见李毅夫、赵锦元主编《世界民族大辞典》，吉林文史出版社1991年版，第354页。

俄国人与该地区的渊源始于17世纪,大约在中俄《尼布楚条约》签订前后。之前,俄罗斯人在东亚是没有领土的。其后,俄国人和日本人都在岛上建立了一些非政府性的殖民点。据苏联1984年出版的《18世纪上半叶俄罗斯在太平洋北部的探险》一书所述,沙皇探险队从17世纪后期开始在太平洋北部的活动情况,俄国人第一次登上千岛群岛是在1691年,此后还"第一次"了解到了岛上阿伊努人的情况。①

19世纪后期,日本与俄罗斯签订了一系列明确边境的条约。条约的签订使日本获得了对整个千岛群岛的统治权。这些条约是在日俄战争之前通过外交渠道协商而成的。日本为此放弃了一些利益,比如占领库页岛的权力。

1945年以前,北方四岛的居民主要还是日本大和民族,大都以捕鱼为生。在第二次世界大战结束时,苏军占领了千岛群岛。一些岛屿先在苏联、后在俄罗斯的管辖之下。之后,日本人只对南千岛群岛提出主权要求。在苏联占领后,1.7万日本渔民被驱逐回日本。现在北方四岛隶属萨哈林州,居民绝大多数是来自苏联各地的移民。民意调查显示,有73%的俄罗斯人坚决反对将北方四岛交还日本,特别是俄罗斯东部地区的俄罗斯居民。在北方四岛,有90%的岛民的信条是"寸土不让"。② 俄罗斯人认为,所谓"北方四岛"已为1945年苏、美、英三国签署的《雅尔塔协定》解决。该协定规定,作为苏联参加对日作战的条件,在战争结束后,"日本1904年背信弃义进攻破坏的俄国以前的权益须予以恢复,即萨哈林及附近一切岛屿须交苏联";"千岛群岛须交予苏联"。当时美国总统罗斯福明确指出,把库页岛南部及千岛群岛在战争结束后归俄国,无论如何是不会有困难的。③

北方四岛是千岛群岛的一部分,总面积5036平方公里,其中择捉岛面积最大,有海湾十余处,可停泊大型舰船;齿舞岛最小,只有俄罗斯边防军驻扎。北方四岛资源丰富,大陆架煤气资源储量约16亿吨、黄金储量约1867吨、银9284吨、钛397万吨、铁2.73亿吨、硫1.17亿吨。

---

① 《18世纪上半叶俄罗斯在太平洋北部的探险》,莫斯科科学出版社1984年版,第46页,转引自何月香《俄日领土纠纷难以解决原因分析》,《当代亚太》2003年第3期。

② 资料来源:http://news.qq.com/a/20041202/000539.htm。

③ 《德黑兰雅尔塔会议记录摘编》,上海人民出版社1981年版,第58页。

另外，择捉岛还盛产比黄金还贵重的铼，其储量高达36吨。齿舞和色丹岛的主要价值在于其丰富的生物资源，海产品年产量80万吨，能带来20亿美元的预算收入。据估计，四座岛屿蕴藏着近460亿美元矿产。第二次世界大战时，择捉岛上的单冠湾曾是日海军最重要的兵力集结地之一，偷袭珍珠港之战中日本联合舰队的出发地。时任联合舰队指挥官的山本五十六和少数高级军官下令将突袭珍珠港的突击编队的集结地，选在北部千岛群岛的择捉岛单冠湾，突击编队选择了远离商船航道的航线，实施严格的无线电静默，成功保证了袭击的突然性。俄罗斯军方在北方四岛的国后、择捉有5个空军基地，驻有米格—23和"逆火"轰炸机。俄在太平洋基地甚少，美在此却有167个基地，形成一个多层次的防御网，俄军方显然认识到，丧失北方四岛将使海军太平洋舰队失去出入太平洋的重要通道，使千岛群岛防御链条断裂，影响俄堪察加半岛上的战略导弹潜艇的安全。虽然从面积上来说，北方四岛仅为俄罗斯面积的0.029%，但是一旦丢失，其损失俄罗斯将很难承受。此举意味着，鄂霍次克海成为"死海"，俄罗斯远东地区面向世界的大门将被关闭。

　　日俄双方都声称对北方四岛拥有主权。日本人认为北方四岛是其"固有领土"。俄罗斯国内一部分人认为，北方四岛是俄罗斯的固有领土，以俄罗斯人首先发现和开发了千岛群岛为依据，证明俄罗斯对北方四岛拥有所有权。1975年，欧安会在苏联力主下通过了战后边界不可侵犯的原则，使苏联在第二次世界大战期间获得的领土从政治上和法律上得到了确认。据此，俄罗斯人一再坚持第二次世界大战后形成的边界不可改变的主张。在北方四岛问题上，国际舆论基本都是向日本"一面倒"的声音。人们大多认为北方四岛是日本固有的领土，俄罗斯应把非法占有的土地归还，这从国际社会对北方四岛的名称态度上就可以看出来。俄罗斯对北方四岛称为南千岛群岛，认为其属于千岛群岛，国后、择捉自不必说，至于齿舞和色丹岛，据《苏联军事百科全书·军事地理》卷载，也属于千岛群岛的一部分，"千岛从苏联堪察加半岛南端延伸到日本北海道，全长1200公里，中间被许多千岛海峡分割，大岛中包括齿舞和色丹岛"。日本则认为北方四岛不属于千岛群岛，是被俄罗斯非法占有。根据1875年《库页岛千岛群岛交换条约》，千岛群岛只包括得抚岛以北的18座岛屿。当前国际社会显然是不赞成俄罗斯的看法的，南千岛群岛的提法也没有被国际社会所采纳。就连俄罗斯在 1992 年与日本共同编写的《关于日俄领土问题的历史文献资料汇编》中也承认了日本在北方四岛上的历史所有权。

　　据俄新社报道，2004 年 11 月 14 日，俄罗斯外交部部长拉夫罗夫于在莫斯科接受独立电视台采访时宣布，为解决俄罗斯和日本的领土争端问题，可以采取所谓的对半原则，给予日本北方四岛中南边的齿舞、色丹两岛，并在此基础上划分俄日国界。拉夫罗夫指出，根据苏联时期发表过《1956 年宣言》中的第 9 款之规定，要把最南边的齿舞和色丹岛转让给日本，并在此基础上划分国界。由于各种原因，宣言中的一些条款未能继续实施。如果视俄罗斯为苏联的合法继承者的话，那么这一宣言的精神也应得到遵守。此前，俄外交家已多次声明，俄准备承认《1956 年宣言》，包括第 9 款，并准备在此文件基础上与日本签署和约。不过，要实现这一倡议，需要双方的共同努力，至于具体如何做，任何人任何时候也没有提起过。然而，普京紧接着做出的表示，则不能不引起人们的关注。2004 年 12 月 23 日，据新华网驻莫斯科记者报道，俄罗斯总统普京在记者招待会上指出，日本没有理由要求俄罗斯归还千岛群岛中的四座岛屿。普京指出，根据《1956 年宣言》，在苏联归还日本两座岛屿前两国必须缔结和平条约，条约的签署则意味着领土争端的彻底解决。此外，宣言只是说苏联准备归还两座岛屿，但并没有说明在什么条件下归还，什么时候归还，谁将对这些岛屿拥有主权。这正是需要俄日双方共同认真研究和解决的问题。普京还说，目前俄日关系发展不错，双边贸易额不断增长，两国坚持定期政治交流。他重申缔结和平条约符合俄日双方的利益。日本首相小泉纯一郎随即强调，如果不明确北方四岛的归属问题，就不会与俄罗斯签署和平条约，日本的这一方针不会改变。小泉同时表示，北方四岛是日本的领土，对于俄罗斯为什么不一并归还北方四岛，日本感到不可理解。日本外相町村信孝也发表谈话指出，日本在解决北方四岛归属问题之后才与俄罗斯签订和平条约的立场不会改变。此前，日本自民党重要人物、国会对策委员长中川秀直在广岛县发表演讲，关于普京希望在日本北方四岛问题上以归还齿舞、色丹两岛进行解决一事，他表示："在归还两岛直到四岛全部归还之间应该得出一个政治性结论，如果能为剩余的两岛（国后、择捉）设定一段时间，作为特别区域，哪怕是共同区域，最终使之归属于日本，这才是上上之策。"这表明他认为可以接受俄方分阶段归还四岛，但是，小泉的讲话似乎打消了这种可能性。拉夫罗夫外长的讲话发表后，萨哈林州杜马就外长讲话召开紧急会议，通过一项决议，要求联邦当局放弃为与日本签署和约而放弃南千岛群岛的想法。州议员波诺马列夫宣布，萨哈林州绝不允许把自己的领土交给别人。俄罗斯国家杜马"祖国运动"党团领袖罗戈津表示，坚决反对把两座岛屿交给日本。该党团委员会已专门就俄外长电视讲话召开会议，讨论备受关注的领土问题，决定向国家杜马提交一份谴责这一讲话的议案。俄新民主党派"我们的选择"领袖哈卡马达认为，俄日争议领土问题应当解决，但当局应当首先向人民、向社会解释自己的决定。俄媒体普遍认为，拉夫罗夫外长的这番讲话是在探究日方是否会在领土问题上做出让步。《消息报》指出，俄外长讲话事实上没有任何轰动之处，赫鲁晓夫和叶利钦时期，苏、俄曾准备把这两座岛交还日本，问题在于日方不同意这个方案。事实上，无人居住的齿舞岛和面积较小的色丹岛根本无法与国后、择捉两岛相提并论。日本官方立场十分坚定：要么全部交还四座岛屿，要么不签署任何和约。2004年11月，据萨哈林当地一家报纸报道，萨哈林岛住民自发组织的民兵组织主要都是由一些年轻的右翼爱国主义者组成，他们声称随时准备拿起武器，以反对千岛群岛领土"被占领"。由萨哈林右翼爱国主义者组织的这支民兵组织名为"北方四岛防卫中队"，其成员的平均年龄是25岁，他们当中的很多人都自称是在校学生。其中一名中队志愿者表示："我对俄罗斯政府的决策前景感到担心，我所担心的不是那个离我们很遥远的俄罗斯神秘国度，而是担心俄罗斯在这里的领土，就在我们家门口的这片领土。"[①]

二 地区性民族问题长期存在的症结

近几十年来，北方四岛归属问题一直是俄罗斯与日本关系中的绊脚

[①] 资料来源：中新网《俄岛屿住民反对回归日本 自发组军"保卫"国土》，http://news.qq.com/a/20041117/000249.htm。

石,以至于在第二次世界大战结束后,俄日至今尚未签署和平条约。根据1956年《苏日联合宣言》,苏联同意在缔结和约后将齿舞和色丹两岛归还日本。但由于多种原因,该宣言没有得到实施。1993年,俄日两国领导人签署了表示尽快缔结和平条约和解决领土问题的《东京宣言》,但因双方在关键问题上意见分歧且互不相让,俄日关系一直徘徊不前。俄方坚持先缔结和平条约再解决领土问题的立场,且只考虑归还齿舞、色丹两岛;而日本的态度是,签署和平条约之前,俄必须将四岛归还日本,且要四岛一并归还。俄日领土争端严重制约着两国关系的进一步发展。仅从俄罗斯方面来说,北方四岛归属问题上的立场不肯动摇的原因是北方四岛的地理位置具有重大战略意义。

纵观日、俄岛争的演进历程,我们可以看到北方四岛地区民族问题长期存在的症结主要包括如下几方面的内容:

其一,近代以来民族国家的存在和资本主义发展间的内在矛盾的不断激化的结果。对近代的俄罗斯人和日本人来说,只有建立"疆域辽阔的帝国",才能解决对俄罗斯和日本现实与未来至关重要的问题,即民族国家的存在和资本主义发展间的内在矛盾问题。民族国家和资本主义是近现代强势民族历史框架的两大支柱,[1] 民族国家的建立为欧洲资本主义的产生和发展提供了巨大的动力,资本主义的产生和发展给日、俄两国带来令人注目的社会进步。但两者间也充满了难以调和的矛盾。[2] 一方面,日、俄两个民族国家从本性出发需要不断追求至高无上的"国家主权",同时在现实中又难以摆脱彼此间的经济关系而独立发展;另一方面,依赖于民族国家的资本主义若想求得发展又难以不削弱民族国家体系。这种矛盾集中地体现为民族国家体系与地区安全和发展之间的冲突。民族情感的利己性和排他性,决定了近代出现的民族国家的宗旨是"增

---

[1] David P. Calleo, "A New Era of Overstretch?" in *World Policy Journal*, Vol. 15, No. 1, Spring 1998.

[2] David P. Calleo, "Restarting the Marxism Clock: The Economy Fragility of the West", in *World Policy Journal*, Vol. XIII, No. 2, Summer 1996;参见 Robert L. Heilbroner, *Marxism, For and Against*, London, 1980。

强自身的力量",① 其外在表现就是最大限度地向外扩大利益,剥夺其他民族的生存权和发展权。② 对它们来说,"维持稳定的最佳途径是准备战争",③ 大国的争霸由此形成。1721—1917 年俄罗斯帝国的不断扩张、1804—1814 年法兰西第一帝国制造的局部控制、1804—1918 年奥地利帝国的重心东移和演变,以及 1933—1945 年德意志第三帝国的恶性膨胀与垮台,无一例外。

其二,民族主义排他性的不断彰显。民族主义的演进历程大体可划分为四个阶段,即组成国家形态阶段、强制消灭其他民族阶段、重新发现自我阶段和自然消亡阶段。一般认为,第二次世界大战后欧洲民族主义处于民族主义发展的第四阶段。该阶段的民族主义已非原来意义上的民族主义,而是处于向洲际主义转化之中的民族主义。而洲际主义既削弱了民族国家的民族主义,又在洲际范围内继承了民族主义的排他性。④ 这就从客观上对欧洲民族国家的发展道路提出了新的要求。欧洲民族主义的发展历程表明,欧洲民族国家的民族主义情感已开始走向衰退,其功能已开始出现衰落的势头。事实上,主导欧盟前进的欧洲主义正是这种民族主义。

民族主义排他性在对外关系上的表现通常为侵占其他民族和国家,实行扩张主义。俄国人的历史表现尤为典型。俄罗斯人的历史是不断向外扩张版图的历史。俄罗斯人的祖先是东斯拉夫人。9—10 世纪,俄罗斯人建立了以基辅(现为乌克兰首都)为中心的古罗斯国家。14—16 世纪,以莫斯科为中心的俄罗斯中央集权合并了东北和西北罗斯的全部领土。16—17 世纪,占据了伏尔加河下游、乌拉尔、北高加索和西伯利亚广大地区,俄罗斯成为多民族国家。17 世纪中叶之后,俄罗斯先是同乌克兰合并,后来领土又扩展到西乌克兰、白俄罗斯、波罗的海沿岸、外高加索、中亚、哈萨克斯坦和远东地区。到沙皇后期,俄罗斯领土面积由 15

---

① G. R. Potter, *The New Cambridge Modern History I*, Cambridge University Press, 1971, pp. 445 - 447.
② M. J. Bonn, *The Crumbling of Empire*, London, 1938, pp. 15 - 16.
③ Klaus E. Knorr, ed., *British Colonial Theories*, London, 1963, pp. 4 - 9.
④ Kenneth N. Waltz, "The Emerging Structure of International Policy", in *International Politics*, Vol. 18, No. 1, Fall 1993.

世纪的不到 280 万平方公里扩大到了 2000 多万平方公里。苏联时期，领土面积达到了 2240 万平方公里。现在的俄罗斯，其领土面积为 1710 万平方公里（是世界领土面积第二大国加拿大面积 998 万平方公里的 1.7 倍），比 15 世纪末俄罗斯建成统一中央集权国家时的面积多出了 1430 万平方公里。2004 年，俄罗斯罗米尔监测研究就如何解决"千岛群岛问题"进行的民调显示，俄罗斯人希望把这一问题留给后代来解决。62% 的人建议推迟解决这一问题；5% 的受访者表示同意把四座岛屿全部交还给日本以换取俄日和平条约的签署；13% 的人同意根据 1956 年苏日联合声明，仅向日本交还齿舞、色丹两岛；还有 21% 的人认为这一问题难以回答。调查中心分析处负责人认为，千岛群岛从来就不是舆论的重要话题：多数人对千岛群岛的事态并不感兴趣。另外，从过去和现在的资料中更可看出，俄罗斯人对移交岛屿的消极态度。这是十分自然的，因为俄罗斯人有着传统的"大国"情结。

　　与俄罗斯人相比，日本人的民族主义思想的强烈和扩张主义政策的强硬并不逊色。20 世纪初，日本侵占了朝鲜半岛，使其成为殖民地。在第二次世界大战期间，日本发动了对中国、东南亚及其他一些亚洲国家的战争。今天，日本民族主义的现实表现更为突出，比如对我国台湾地区的觊觎，歪曲历史的教科书的出笼，政府要人参拜供奉有第二次世界大战甲级战犯的靖国神社，鼓吹修改和平宪法、行使集体自卫权，鼓吹"中国威胁论"，等等。

　　其三，外交资源与谈判主动权的长期错位。如前所述，北方四岛是日本的固有领土，俄罗斯只是在第二次世界大战后才对其实施管辖权。从理论上说，日本在俄日领土谈判中，主动权非它莫属。然而事实并非如此，由于日本外交资源不及俄罗斯丰富，谈判主动权始终在俄罗斯一方。日本人与俄罗斯人在外交资源方面上的差异主要表现如下：一是从经济上看，在相当长的时间里，俄罗斯在俄日领土谈判中的地位会保持呈上升趋势，日本将呈下降趋势。俄罗斯与日本的经济还有一个明显的不同，那就是俄罗斯自然资源丰富，日本的原材料几乎完全依靠进口，一旦世界特别是日本地区局势发生动荡，日本经济将比俄罗斯经济受到更大的冲击。自 20 世纪 90 年代后期以来，俄罗斯经济一直处于上升态势，而日本经济在中短期内出现较大幅度增长的可能性较小。自 1999 年起，俄罗斯经济开始了恢复性增长，1999—2001 年国内生产总值分别增长 3.2%、9.0% 和 5.5%。据估计 2002—2015 年俄罗斯经济年均增长，2015 年的国内生产总值约为 2.15 万亿美元，在世界上的份额将由目前的 2.7% 上升至 3.2%。与之形成对照的是，在中短期内日本经济出现较大幅度增长的可能性较小，据估计 2015 年其国内生产总值在世界总量中的比重将由目前的 7.4% 下降到 5.8%。二是从军事方面看，俄罗斯较日本更占有优势。俄罗斯继承了苏联的核打击力量，其能力与美国难分伯仲。军事力量在平时是一种威慑力量，在冲突加剧的情况下是国家安全和施加外交影响的强大支柱。三是从国际地位上看，日本属于二流国家，俄罗斯属于有影响力的大国。日本没有独立的外交，唯美国为尊。在海湾战争、"9·11" 事件后的反恐战争、20 世纪 90 年代初西方支持俄罗斯改革，以及在 2002 年八国峰会援助俄罗斯销毁核武器等问题上，日本都追随美国，为美提供支持和援助。而俄罗斯是联合国安理会常任理事国，在国际事务中包括美国在内的世界其他大国都不能忽视他的存在。"9·11" 事件后，俄罗斯凭借其核技术以及靠近中亚、高加索和中欧的优势，由美国的核敌人变成了美国的战略伙伴，甚至在导弹防御研究方面与美国进行合作。即使世界多数国家认为北方四岛是日本的固有领土，也没有哪个国家公开表态支持日本的立场。为了西方的整体战略，美国和西欧国家不顾日本盟友的身份，在 20 世纪 90 年代初指责日本对俄罗斯的 "政经不可分" 原则，要求日本避开领土问题，向俄罗斯提供经济援助。

其四，解决岛屿争端在谈判的内容、所依据的法律、机制等方面具有其独特性。岛屿争端不同于陆地领土争端，在日俄双方谈判过程中，我们可以看到北方四岛谈判的特殊性。比如，在海岛谈判中，地质结构法是谈判双方的重要引证之处。海岛属于哪块大陆架？在地质结构上和哪里共架？这些不仅可以给岛屿谈判提供证据（特别是那些无人小岛），还关系到大陆架和海疆划分结果。这样，谈判国家都会加强对海底地质结构的研究。日本一直认为从海洋地质学上看，齿舞和色丹岛显然是位于北海道根室半岛延长线上的北海道附属岛屿。俄罗斯则坚持北方四岛属于千岛群岛的一部分，是萨哈林州的组成部分。为促进海洋权利谈判取胜，日本的海洋地质学已扩展到整个太平洋。俄罗斯从苏联时期就一直进行 "南部海洋地质" 和 "北部海洋地质" 两大勘探计划。

其五，周边地区地缘政治的复杂性，加剧了解决问题的难度。东北亚地区有当今世界四大强国的力量存在，即美、俄、中、日，这四个大国组成六对双边关系（美俄、中美、中俄、中日、美日、日俄）和四对三角关系（中美俄、中美日、中日俄、美日俄）。在这错综复杂的地缘政治关系中，任何一组关系或力量对比的变化都会牵动其他关系与力量的变化。在上述的六对双边关系中，美日同盟关系是最紧密，也是最不对称的，即"美主日从"。作为冷战产物的美日同盟，不仅没有随着冷战格局的崩溃而消失，反而得到了加强。美国加强美日同盟是"要将日本的发展限制在美国能够容许的范围内，使日本继续为其全球战略服务"[①]。据外电报道，2004年12月，美国国防部长拉姆斯菲尔德在华盛顿与日本环境大臣小池百合子会晤时称，在这四个有争议的岛屿问题上，他"理解日本的立场"。他承诺，未来一旦有机会，美国将在与俄方的会谈中"从战略立场出发"探讨这一问题。小池百合子目前负责日本与俄罗斯国界定界问题。因此，日俄关系的接近必将受到美国的严重关切，美国绝不希望看到他的"小兄弟"与其长期以来的战略敌人俄罗斯"过从甚密"。简而言之，美国不会容忍日本为追求自主大国外交而淡化美日同盟关系。中国对日、俄的接近也是抱有疑虑和警惕的，尤其是近年来中日两国在俄罗斯远东能源方面的竞争日趋白热化的条件下。

三 地区性民族问题与地区间国家关系

俄日之间的北方四岛主权归属问题，是两国在短期内无法解开的死结。近年来，日本为了让俄归还北方四岛，通过采取不断加强经济合作来推进四岛主权归属问题得以解决的策略，但是俄方不为所动。相反，俄罗斯在此问题上不仅未做出任何承诺，反而采取了只谈经济援助与合作，不谈领土问题的对策。因此，如何解决四岛主权归属问题是俄日颇

---

① 固山：《小泉作秀视察北方四岛 给日俄关系带来新变数》，http：//www.sina.com.cn. 2004 - 09 - 03。

为头疼的一个问题。

北方四岛是阻碍俄日关系根本改善的核心问题。1956年10月，苏联和日本签署了"联合宣言"，规定双方停止战争，恢复了外交关系，并就缔结和平条约继续进行谈判。根据这个"联合宣言"，苏联同意在缔结和约后将齿舞和色丹两岛归还日本，至于国后岛和择捉岛的归属，该宣言没有提及。对此，日本一直耿耿于怀。后来由于多种原因，该宣言没有得到实施。苏联解体后，日本利用俄罗斯经济困难、急需外资援助的有利时机，积极推动北方四岛问题的解决。1993年，俄日两国领导人签署《东京宣言》，俄罗斯承认北方四岛是一个整体，并称可以协商整体解决方案。但终因双方在关键问题上意见相左且互不相让，俄日关系一直徘徊不前。

长期以来，俄日两国在南千岛群岛的归属问题上互不让步，致使作为两国关系基础的和平条约迟迟不能签署，从而制约和影响了两国关系的全面发展。俄方坚持先缔结和平条约再解决领土问题的立场，而且只考虑归还齿舞、色丹两岛；而日本的态度是，签署和平条约之前，俄必须将这四岛归还日本，而且要一并归还。俄日领土争端严重制约着两国关系的进一步发展。据《解放军报》报道，2004年11月15日俄罗斯总统普京在政府会议上表示，俄罗斯可以根据苏联与日本1956年签署的"联合宣言"，将南千岛群岛（日本称北方四岛）中的齿舞群岛和色丹岛归还日本，并以此结束两国之间长期悬而未决的领土问题。但是，普京同时指出，俄在领土问题上将履行同日本达成的有关协议。目前，由于俄日双方对1956年签署的协议有不同理解，双方就有关协议的理解仍无法达成共识。

俄日北方四岛之争由于其涉及国家权益的重要性和地理位置与我国的临近性，北方四岛争端的谈判过程和未来走向都会对世界海洋权利争夺，对东北亚海洋权利争夺，具有深远的意义。我国的海洋发展战略也将直接或间接地受到影响。

四　北方四岛问题解决的途径及发展趋势

自 20 世纪 60 年代以来，日、俄围绕北方四岛的归属问题进行了激烈的交锋。两国政府和学术界都力图从不同的角度来证明各自立场的合法性和正当性。但从双方论战所运用的观点、依据及其相关实践看，双方言语都有偏颇之处，行动上都缺乏一定的诚意和力度。比如，在关于领土问题是否已经解决的问题上，日本人认为，"两国政府关于领土问题除齿舞、色丹外未能达成协议，因此作为结束战争状态的形式，不是采取和平条约，而是采取联合宣言的形式处理的，所以领土问题在日苏之间并未解决"。对于日本提出的领土要求，俄方矢口否认双方存在领土争议，坚持领土问题已经由一系列国际协定解决完毕。虽然在 1956 年 10 月签署的《苏日联合宣言》中，苏联曾同意把齿舞、色丹移交给日本，但却以缔结双方和约为前提条件。1955 年 6 月，双方在伦敦进行复交谈判之初，日本政府代表提出了七条备忘录作为谈判的基础。其中第三条有关"北方领土问题，日本代表建议日苏就齿舞、色丹、千岛群岛和南库页岛的归属问题坦率地交换意见"[①]。1956 年，双方签署的《苏日联合宣言》对齿舞、色丹岛做了如下说明："苏维埃社会主义共和国联盟为了满足日本的愿望和考虑到日本的国家利益，同意把齿舞群岛和色丹岛移交日本，但经调解，这些岛屿将在日本和苏维埃社会主义共和国联盟之间的和约缔结后才实际移交日本。"[②] 但这一规定并没有付诸实施。

日、俄两国清醒地认识到，过分追求国家利益的结果必然导致驾驭彼此间关系能力的丧失，没有任何一个民族国家能够对其他国家保持长久的霸权地位。日、俄双方长达半个多世纪的争端历程表明，使对方完全放弃对"北方四岛"主权要求的"一刀"的办法是行不通的，因为它明显有损对方的国家主权利益与民族感情。因此，在"北方领土"问题

---

① [日] 吉泽清次郎主编：《战后日苏关系》，叶冰译，上海人民出版社 1977 年版，第 15 页。

② 同上书，第 104 页。

上笔者主张寻求折中之道,即搁置主权、共同开发。随着当今经济全球化的日益发展,国家之间也越来越寻求经济发展的互补性。在实现国家利益最大化的途径当中,并非只有领土占有的形式,也就是说,通过与外界的经济交流与融合同样能实现国家利益的最大化与促进国民生活水平的提高。作为当今区域合作的典范,欧盟从探索中得出的结论是,战后欧洲的国家体系具有内在的不稳定性,需要一种地区性的上层机构来维持和平,否则,欧洲的秩序就不得不借自外部霸权的力量。[①] 他们希望通过从政治上重新架构欧洲来消除国家间的利益对抗,实现民族国家的个体利益与保障欧洲诸民族共同利益的协调一致,进而消除战争爆发的根源。同时,随着全球化的发展,导致人类相互争斗与残杀的"国家主权"与"民族观念"势必逐渐淡化。

近年来,在日俄关系中长期备受关注的北方四岛问题,再次成为热点话题。2003年1月,日本首相小泉访俄时与普京签署了联合行动计划,表示两国今后将致力于加强两国关系各个领域的交流与合作。该计划"内容广泛,是两国关系史上从未有过的全方位发展双边关系的文件"[②]。为此,俄日除了首脑互访,发展经济、技术方面的合作外,双方也提到了要签署规范两国关系的法律条约。2004年11月,俄罗斯外长在接受电视台采访时暗示俄可能归还日本北方四岛中的两座岛屿。然而,就在同年10月,俄外长在接受媒体采访时曾断然否认俄日正就领土问题进行谈判。俄外长态度的转变并非心血来潮。俄外交官曾经不止一次称俄罗斯将承认1956年所签署的和平条约,其中包括归还齿舞和色丹两岛,并准备在这一条约基础上与日本签署新的和平条约。这显示俄政府有意解决北方四岛问题,但囿于国内压力,俄日领土争端一直处于僵持状态。分析人士指出,俄领导人屡屡表达早日解决俄日领土争端的愿望,是有其深远意图的。俄不仅想通过解决领土问题来改善俄日政治关系,而且希望借此吸引日本的资金和技术,对经济滞后的西伯利亚和远东地区进行开发。此外,俄目前重提俄日领土问题与两国领导人即将举行会晤也不无关系。2005年是俄日建交150周年。在这些双边重大活动来临之际,

---

① 参见 David Ricardo, *Principles of Political Economy and Taxation*, Prometheus Books, 1996。
② 资料来源:http://www.asaha.com, 2004-11-22。

俄方希望营造良好氛围，推动两国关系的发展。然而，日本在俄日领土问题上的现实行动似乎并未出现松动迹象。日本内阁官房长官细田博之强调，缔结和平条约的前提是解决四岛而不是两岛的归属问题，领土问题不解决，日俄就不可能缔结和平条约。2004年9月，小泉纯一郎顶住俄方的外交压力，作为日本现任首相第三次在海面上瞭望了"北方四岛"，他之所以选择通过海上瞭望，是因为"空中视察无法携带众多记者，起不到宣传效果；海上视察则可以有更多的记者随行，使宣传更加充分"[①]。2004年11月，普京在APEC日俄首脑会晤中的开场白就是"明年对我们的关系来说是特别的一年，正值两国建交150周年。因此必须考虑与这一年相适应的事情"。舆论认为，俄领导人将俄日领土问题重新提上了两国领导人的对话日程。但是"冰冻三尺非一日之寒"，俄方的这一举动未必能使俄日关系中的这一历史问题取得突破性进展。就目前看，俄日双方都不会轻易在争议岛屿问题上做出大的让步。

在日本地图上，北方四岛被标注为"北方领土"，日本一直在想办法将其纳入版图。日本政府方面还从法律层面确定北方四岛为日本固有领土。近年来，要求俄方归还北方四岛的日本协会和集团数量不断增加，对俄罗斯的态度也日趋强硬。2008年，日本非商业性组织"国际关系论坛政策委员会"就建议日本内阁，应当对俄持强硬立场，不必担心两国关系可能会恶化。2009年6月，日本众院通过了《关于加强解决北方领土特别措施修正案》。《修正案》明确规定，北方四岛为日本"自古以来的领土"，并要求日本国家机构为北方领土"尽快归还"付出最大努力。2011年2月，非政府组织"大日本效忠者团体"和"收复北方领土团结联盟"的成员走到俄驻日本大使馆门前，高喊反俄口号，并用被撕毁和布满涂鸦的俄罗斯国旗去扫人行道。俄方要求对这些人追究刑事责任，但日本警方不认为这是亵渎国旗的行为，拒绝追究。同时，日本外务省新闻发言人佐藤悟在莫斯科表示，日本反对俄罗斯邀请第三国对北方四岛（俄称南千岛群岛）进行任何投资。日本愿意在无损日方有关北方四岛的法律立场的前提下，与俄罗斯在北方四岛周围海域进行合作，但反对俄方在未经日本同意的情况下开发北方四岛。2012年年初，日本外相

---

① 林晓光：《世纪之交的日俄关系》，《日本学刊》2001年第5期。

玄叶光一郎在日本海岸队的舰艇上，眺望了北方四岛。据日本媒体报道称，玄叶光一郎此举是为了表明，自己对解决久拖未决的领土问题感兴趣。日本始终要求收回四座岛屿，而俄罗斯的原则性立场也并未改变——使领土磋商取得进展，也希望仅归还齿舞、色丹两岛。2012年7月，针对俄领导人梅德韦杰夫前往北方四岛所进行的"工作访问"，日本表示强烈抗议，认为此举是对日本的"侮辱"，伤害了日本国民的感情。[①] 日本政府不能接受这样的视察行为。对日方而言，如果接受俄罗斯先归还齿舞、色丹两岛，那么择捉和国后两岛很可能要不回来；如果坚持四岛共同解决，则难以看到希望。

事实上，在争议岛屿问题上，俄罗斯向来我行我素。近年来，俄方领导人多次表示，南千岛群岛具有战略意义，是俄罗斯不可分割的领土，应采取一切措施加强俄对这一地区的控制。同时，俄罗斯不顾日方的反对，一直坚持邀请外国企业参与开发南千岛群岛。普京曾表示，"俄罗斯没有一寸领土是多余的"。这或许意味着俄罗斯在领土问题上不会有丝毫妥协。俄罗斯科学院远东研究所副所长卢佳宁说："日本的'北方领土日'总是伴随着丑闻。但这次在俄大使馆门前践踏俄罗斯国旗，可谓卑鄙至极……有资料表明，日本政府准备增加一贯歪曲历史的极端激进组织的预算开支。"[②] 2012年3月，普京在接受日本《朝日新闻》的采访中表示，俄方曾准备履行被戈尔巴乔夫否决的《日苏共同宣言》，但日本方面却要求归还全部的四座岛屿，因此让一切又回到了起点。在打击日本渔民"越界"问题上，俄罗斯的态度也十分坚决。2012年6月，俄国境警备局在国后岛附近海域扣押了两名日本人乘坐的船，船上发现了大量干海参。俄方通报称，该船在国后岛西北海域无视俄巡逻艇的停船命令，向北海道知床半岛方向逃逸，之后在日俄中间线附近被扣押。2012年8月，俄罗斯国防部宣布，俄太平洋舰队战舰支队将于8月25日至9月17日在萨哈林岛（即库页岛）及千岛群岛举行军事纪念活动，纪念第二次世界大战苏军登岛战役及牺牲水兵。2012年12月，在安倍晋三重新当选首相之日，俄罗斯出动了新型侦察机，连续两天绕日本飞行。俄罗斯总

---

① 资料来源：http://news.xinhuanet.com/world/2011-02/12/c_121066968.htm。
② 资料来源：http://news.ifeng.com/mil/4/detail_2012_07/05/15802366_1.shtml。

统普京还建议将日俄争议岛屿改名为"普希金岛"以宣誓主权。

  日俄北方四岛之争在历史上有一个长期的演变过程,现实的两国国内政治以及周边国际地缘政治环境复杂、多变,这些因素均决定了"北方领土"问题的解决必将是一个曲折与长期的过程。尽管领土主权问题在今后相当长的时期内依然未决,但随着日俄两国在政治经济领域内相互渗透不断加深,日俄北方四岛之争最终也将形成搁置主权、共同开发"北方领土"的局面。

(刘泓)

第二章

新加坡与马来西亚岛礁之争

2008年5月23日,海牙国际法庭以12票赞成,4票反对,对新加坡、马来西亚两国之间的白礁岛、中岩礁及南礁争端做出判决。判决白礁岛主权归属于新加坡,马来西亚政府则取得中岩礁和南礁的主权。判决书下达后,新加坡、马来西亚两国均对判决书内容表示接受,至此,新马两国的岛礁争端得到解决。

一 白礁岛、中岩礁和南礁的概况

白礁岛(Pedra Branca)位于新加坡海峡与南中国海的交汇处,距新加坡东岸约24海里,距马来西亚南部的柔佛州大约7.7海里,低潮时面积约8560平方米。该岛是一个无人居住的荒岛,因岛上覆盖着层层鸟粪而得名。中岩礁(Middle Rocks)和南礁(South Ledge)是临近白礁岛的两座岛屿。中岩礁在白礁岛南部约0.6海里处,由相距约150米的两块礁石构成,处于海平面之上0.6米。南礁,距白礁岛西南南部约2.2海里,只有在低潮时才露出海面。

虽然白礁岛周边没有石油资源可供开采,但白礁岛所处的地理位置决定了其战略价值和航运价值不容忽视。白礁岛处南海进入马六甲海峡的咽喉要道,每天往来船只达到900多艘。而新加坡在地理上被马来西亚以及印度尼西亚环绕,如果白礁岛被马来西亚控制,那么新加坡的进出船只必须得到马来西亚的首肯才能通过,因此作为新加坡经济的支柱产业——海港业将会受到严重影响。在白礁岛的主权被判决给新加坡后,其向西可以直扼马六甲海峡，向东可以守住通往南海的航道，这让新加坡的军事战略地位大大加强。

二 新马岛礁争端的由来

对于白礁岛的文字记载，最早见于1583年荷兰航海家林斯霍滕所著的《早期东印度的葡萄牙航行者》一书。明朝郑和下西洋时所画的航海图中也对白礁岛的位置做过标注。

16世纪，柔佛苏丹国（现马来西亚柔佛州）将白礁岛纳入管辖。1824年8月，柔佛苏丹侯赛因·沙阿在《克劳福条约》（Crawfurd Treaty）中将新加坡岛连同新加坡沿海10英里的邻近海域、海峡和岩礁割让给了英国东印度公司。1851年英国人在白礁岛上修建了霍士堡灯塔（Horsburgh Lighthouse），并将其交给英属海峡殖民地①进行维护和管理。在此后的100余年里，白礁岛一直由新加坡实际控制和管辖。而柔佛苏丹国和后来的马来西亚政府都对此没有表示过抗议。

1979年马来西亚出版的"马来西亚领水与大陆架边界"地图将白礁划归马国领土。1980年2月14日，新加坡向马来西亚政府提出抗议，并要求马方对该图进行更正。同时为了加强对白礁岛的控制，1986—1991年，新加坡在该岛上装置了一套雷达系统，兴建了一座两层楼的建筑物、直升机降落坪及军事通信设备，同时派出三艘军舰巡逻驻守白礁岛海域，阻止马来西亚渔民在附近海域捕鱼。

1993年，时任新加坡总统的吴作栋在与马来西亚进行双边会谈时提出了白礁岛的主权争议问题，但没有取得任何进展。1994年，新马两国签署特别协议，共同宣布将白礁岛、中岩礁及南礁主权争端交由海牙国际法庭进行仲裁，并交换了证明各自主权的相关文件。但实际上，由于马方政府对判决结果犹豫不决，新马岛礁争端因此继续被搁置。

---

① 海峡殖民地（Straits Settlements），是英国在1826—1946年对于马来半岛的三个重要港口和天定马来群岛各殖民地的管理建制。最初由新加坡（星加坡）、槟城和马六甲（麻六甲）三个英属港口组成。

21世纪初，新马两国的岛礁争端喧嚣尘上，两国关系不断恶化，矛盾不断升级。2002年12月，马来西亚国家青年团喊出了"浴血保卫领土完整"的口号，公开宣称白礁岛及其周边岛礁属于马来西亚的领土。新加坡政府立即做出反应，指出：白礁岛主权争议关乎每一个新加坡人，因为它是新加坡的领土，新加坡人要捍卫自己的国土。

2003年年初，时任马来西亚外长的赛哈密表示，新加坡有两个选择，如果它拒绝妥协，将只好开战。与此同时，马来西亚派出了军舰、警艇到白礁岛水域巡逻。面对这种严峻的情况，时任新加坡外长的贾古玛依然表示：领土主权对任何一个国家来说，都是至关重要的，对新加坡这样一个小国来说，更是如此；新加坡目前的领土面积是在1965年确定的，我们要珍惜每一寸土地，并且将不惜代价捍卫自己的领土。

尽管局面似乎即将崩溃，但新加坡和马来西亚两国毕竟在地理上唇齿相依，经济上紧密联系，人员交流频繁。因此，使用战争手段解决白礁岛主权争端对于两国而言都是不明智的选择。在两国高层的积极推进下，两国在1994年的共识被重新捡起。2003年2月6日，新马两国签署特别协定，同意把白礁岛、中岩礁和南礁的主权争端一并提交国际法院仲裁。并且，新马双方均表示愿意接受国际法院的判决，不会再因白礁岛主权的争端影响双边关系。

三　新马岛礁争端解决的途径及发展趋势

1. 马来西亚的主张

根据马来西亚的观点，从历史的角度上分析，柔佛王国自古就拥有白礁岛的原属权（original title）。1655年，荷兰在一份外交文件中就已经将白礁岛纳入柔佛的管辖范围。在柔佛王国时代，白礁岛附近捕鱼的海人（orang laut）都效忠于柔佛王国。尽管根据《克劳福条约》的规定，英国取得了新加坡岛和周边海域的控制权，但在英国人修建霍士堡灯塔之前，曾经向柔佛王国提交过申请。按照柔佛王国的文献记载，柔佛苏丹和天猛公于1844年致信给英属海峡殖民地政府的总督巴特卫，表示允许英国在柔佛领土"罗马尼亚角"（Point Romania）附近建设灯塔。按照英国人信中所表达的意思，英国人只要求建设灯塔，并未要求占领白礁岛。因此，新加坡并不能作为英属殖民政府的权利继承人合法继续控制白礁岛，如果说"权力继承"，也只能作为霍士堡灯塔管理权的"权力继承人"，而对白礁岛并不构成"主权继承"。

从现代国家行为角度分析，白礁岛的地理位置距离柔佛州海岸只有14公里，距离新加坡城市樟宜则有40公里，马来西亚早在1969年就根据《联合国海洋公约法》的相关规定颁布法律，将其领海由之前的3海里（约为5.5公里）扩大为12海里（约22公里），照此计算，白礁岛位于马领海区域之内，而新加坡政府当时就此并未提出异议。因此，马来西亚在1979年版的地图中将白礁岛列为马国领土是具有合法性的。尽管新加坡就该事件表示抗议，但直至1995年新加坡才第一次公开宣布将白礁岛列为新加坡领土。

此外，马来西亚政府还表示，如果国际法院的判决结果将白礁岛的主权归属于马来西亚，马来西亚将允许新加坡继续管理霍士堡灯塔。

2. 新加坡的主张

对于马来西亚的观点，新加坡政府在提交的材料中提出了颇多异议。首先，新加坡坚称，白礁岛在1847年之前是无主权地，并未被任何国家并入辖区。马方称白礁岛是柔佛王国的"历史领土"是不符合史实的。在历史上，柔佛王国的政局向来不稳，其领土范围也经常发生变化，在当时，王国领土的"主权"是依照人们的效忠宣誓而获得的，而并非明确地划定领土范围。因此，要确凿地证明柔佛王国在历史上曾拥有白礁岛的主权，是不可能的。而仅从占有的意向和英属海峡殖民地政府在白礁岛的活动这两点来看，已足以说明英国在1847年到1851年，实际上已经合法地占有白礁岛的主权。同时，作为英殖民政府的"权利继承人"，新加坡政府一直"公开、连续而又众所周知"地占有白礁岛。在1979年之前，从未有任何国家对此提出过异议。

其次，按照马方的现代国家行为的逻辑，1953年，当时柔佛王国依然是自主国时，新加坡殖民地秘书曾以公职身份致函柔佛苏丹的英国咨询官，直接询问有关白礁岛的岩石的信息，以确定殖民地领海界限。该秘书请求告知有无任何文件表明该岛曾被租赁或授权给他方，或曾经被柔佛州政府割让，或以任何形式处置。在1953年9月21日柔佛王国的回函中明确写道:"柔佛政府没有主张过对白礁岛的所有权（owner ship）。"在柔佛王国官方回函否定了柔佛王国对白礁岛的"所有权"的情况下，马方政府一再坚称柔佛王国拥有白礁岛主权的观点，是不成立的。同时值得注意的是，1962—1975年，马来西亚先后出版了6份将白礁岛划入新加坡版图的地图，而新加坡从未出版过任何把白礁岛划入马来西亚版图的地图。

最后，从法理的角度上看，马来西亚一直称本案是关于"拥有权"，而不是"有效行使主权"的争论。这也是不成立的。在马方拿不出确凿的历史证据证明白礁岛属于柔佛王国的情况下，英属殖民政府从1847年取得该岛主权后，新加坡政府作为其"继承人"一直实际控制白礁岛，并对岛上设施进行建设和维护，这一系列的行为已经清晰地证明了新加坡政府直到今日都拥有白礁岛主权。

3. 国际法院的判决

2007年11月6日，海牙国际法院开庭审理了此案。达甘德（Christopher John Robert Dugard）和彭马拉朱（Sreen ivasa Rao Pemm araju）分别被马来西亚和新加坡指定为该案的专案法官。经过半年的调研和分析，2008年5月23日，国际法院对该案正式做出判决。

国际法院认为，新马两国争端的焦点为以下两项：一是白礁岛在1847年之前的主权归属；二是新加坡能否通过其19世纪在白礁岛上建造灯塔等行为获得对白礁岛的合法占有。

在1847年之前白礁岛的法律地位的问题上，国际法院通过对历史资料和地理范围的分析认为：虽然在柔佛王国的历史文献中并没有关于白礁岛的记载，但柔佛王国的领土范围包括新加坡海峡周边所有岛屿是没有异议的。并且在1847年之前，柔佛王国对该地区的主权没有受到任何国家的挑战。这符合"持续并和平的显示领土主权完整"的条件。基于以上分析，国际法院做出了1847年之前白礁岛主权属于柔佛王国的判定。

在1847年之后白礁岛的主权归属问题上，1953年的函件及对其解释为白礁岛的主权确定起到关键性作用。法院认为，根据柔佛当局的回函显示，柔佛政府承认了白礁岛已在《克劳福条约》中割让给了英国东印度公司，并据此反映了当时的柔佛政府承认自己不拥有白礁岛的主权。

根据国际法中的"禁止发言"① 原则,该国不能再主张白礁岛的主权。

而在1953年之后,英国殖民政府及其权利继承国新加坡在白礁岛海域通过一系列如调查沉船、审核马来西亚相关人员在白礁岛附近海域进行科学研究、在岛上插军旗、安装军用电台、围海造地提案等行为宣示对白礁岛的主权,但柔佛王国及其权利继承国马来西亚对这些行为均未表示任何异议。法院认为,这种外交上的不作为加强了1953年回函中柔佛政府默许的态度。因此可以认定,在1847年到1979年白礁岛争端明朗化的一百多年里,白礁岛的主权归属的确从柔佛王国转移到新加坡手中。

2008年5月23日,国际法院对该案正式做出判决。法院认定,白礁岛的主权归新加坡政府所有;中岩礁的原始权利归马来西亚所有;由于南礁处于马来西亚大陆、白礁岛以及中岩礁的重叠海域,而本案的委托裁决范围并未包括对两国争端水域进行划界,因此南礁的主权归属为拥有其所在海域的国家。

国际法庭的判决书下达后,新马两国对判决结果均表示接受。正如马来西亚外交部副部长所说:"大马国民会冷静地接受这项判决,我们也不希望因为这次的判决而影响大马和新加坡的关系,虽然我们知道国人对这次的判决感到难过";"尽管面对失去领土的伤痛,大马仍必须遵从国际法庭的裁决,若不接受裁决,这将违背我们要尊重国际法庭裁决的誓言及信誉"。新加坡同时表示会继续与马来西亚保持充分的合作。综合来说,新马两国关系是政治第一,经济次之的外交关系。尽管马来西亚国内还有一些异议,但总的来说,对新马两国而言,白礁岛问题已不复存在。

(张育瑄)

---

① 禁止发言原则是国际法中的重要原则,即不允许一方当事人通过违背其先前所做允诺的行为而造成对另一方当事人的权益损害。

第三章

伊朗与阿联酋海湾三岛之争

海湾三岛①指位于霍尔木兹海峡入口处的阿布穆萨岛、大通布岛和小通布岛。伊朗与阿拉伯国家关于海湾三岛的争端由来已久。海湾三岛问题曾是引发两伊战争的重要因素。两伊战争结束后，海湾三岛问题并未得到解决，长期影响伊朗与阿拉伯国家关系的发展。

一 海湾三岛概况

阿布穆萨岛地处波斯湾东南部邻近霍尔木兹海峡的水域，距离霍尔木兹海峡仅160多公里；向南距离阿拉伯联合酋长国的沙迦75公里，向北距离伊朗的伦格港95公里。该岛整体呈长方形，长7公里，宽5公里，面积约为35平方公里。四周的海岸比较平缓，是一个天然的优良避风港。② 自古以来，波斯湾沿岸的居民常到这里捕鱼。岛上地形以平原为主，其中央有一山丘，高约600英尺，是该岛的最高点。岛上气候宜人，土地肥沃，有利于农业发展，不但盛产羚羊和野兔，还有丰富的水产资源。据2010年数据显示，阿布穆萨岛现有居民2038人，其中大多数人为来自沙迦的阿拉伯人，也有一些伊朗人和受聘于伊朗政府的外国人。其居民多从事畜牧业、渔业、采珠业和商业活动。岛上建有清真寺、学校、

---

① 国际上通行将阿布穆萨岛、大通布岛、小通布岛统称为海湾三岛，下同。
② 张良福：《波斯湾还会有一场风波？——关于阿布穆萨岛的争端》，《世界知识》1992年第20期。

海关办事处、医院和警察局等,还有港口和机场设施。阿布穆萨岛不仅蕴藏丰富的赤铁矿,据勘测,其周边海域分布着储量可观的油气资源。现今阿布穆萨岛及其周边的大小通布岛均处于伊朗的实际控制之下,归属于霍尔木兹省管理。①

大通布岛地处霍尔木兹海峡入口处,距离伊朗最大岛屿格什姆岛的西南约 27 公里,距阿布穆萨岛约 50 公里。该岛大体呈圆形,面积约有 8 平方公里,其南部海岸是一个理想的渔船天然停泊处。岛民约有 500 人,大都为阿拉伯人。岛民主要以放牧和捕鱼为生。

小通布岛距离大通布岛约 8 公里。该岛呈三角形,面积将近 3 平方公里。岛上地势北高南低,没有淡水资源、植被稀少,但海鸟和蛇居多。岛上现无人居住,偶尔有猎人登岛从事狩猎活动。

阿布穆萨岛与分别位于其左右两边的小通布岛和大通布岛在地势上构成了一个不等边的三角形,扼守着波斯湾的入海口——霍尔木兹海峡。霍尔木兹海峡作为世界上最重要的海上通道之一,是由波斯湾进入印度洋的入口。波斯湾沿岸产油国的石油绝大部分以海运的方式出口到全世界,因此,霍尔木兹海峡就是装载着这些石油的邮轮的必经之路。据统计,全球 40% 的石油需要经过霍尔木兹海峡运输,因此,霍尔木兹海峡对于世界的重要性是不言而喻的。

正是由于海湾三岛如此重要的战略价值,因此位于霍尔木兹海峡两岸的阿拉伯联合酋长国与伊朗围绕三岛的主权归属展开了旷日持久的争夺。其他波斯湾沿岸的阿拉伯国家和西方国家处于自身利益和地区安全角度考虑,对海湾三岛争端也十分关注。

二 海湾三岛争端产生的原因及发展历程

历史上,波斯帝国、阿拉伯帝国和奥斯曼帝国曾先后统治过海湾三岛。据史料记载,公元 12 世纪,海湾三岛便处于霍尔木兹王国的统治

---

① 武书湖、沈惠珍:《伊朗和阿联酋关于阿布穆萨岛的争端》,《政党与当代世界》1993 年第 3 期。

下。1507年,葡萄牙人入侵波斯湾,占领了三岛。1622年,由波斯人建立的亚里巴王朝崛起,将葡萄牙势力赶出波斯湾,并宣布其对波斯湾沿岸的所有岛屿的主权。

18世纪,亚里巴王朝日渐衰微,此时居住在阿拉伯半岛东南部的阿拉伯人的一支——卡西姆人崛起,势力不断扩大。到18世纪中期,卡西姆人的舰队已经取代亚里巴王朝成为波斯湾最强大的海军力量。此时卡西姆人以自身强大的实力为保证,向波斯湾沿岸大量移民,不但在沙迦地区和哈伊马角建立军事基地,并且从亚里巴王朝手中夺取了海湾三岛的控制权。[①] 18世纪末19世纪初,卡西姆人建立了卡西姆王国,至此,阿布穆萨岛和大、小通布岛即分别处于卡西姆王国中的沙迦酋长国和哈伊马角酋长国管辖之下。今日阿布穆萨岛上的阿拉伯人大多是当年移居到岛上的沙迦阿拉伯人的后裔。

19世纪初,英国东印度公司的商业活动扩展到中东地区。卡西姆人的海运贸易活动损害了东印度公司的贸易利益。于是,卡西姆人和英国人之间不可避免地发生了多起冲突。

1805年,卡西姆人袭击了英国两艘名为"珊农号"和"整修者号"的双桅商船。后经多次协商,双方于1806年2月达成一致并签署协议,卡西姆人同意归还东印度公司的财产以及"整修者号",停止对英方船只的海盗活动。1808年4月,卡西姆人再次向英国发起袭击,英国的纵帆船"轻捷号"遭到四艘阿拉伯船的袭击。同年9月,卡西姆人夺走了属驻巴士拉驻扎宫萨姆尔·梅尼斯蒂的一艘名为"密涅瓦女神"的船只。不久后,英国驻波斯湾全权公使哈福特·琼斯乘坐的"海中仙女号"离开孟买去海湾,同行的"窈窕淑女号"船只在海湾入海口遭到卡西姆人的袭击。[②] 卡西姆人的袭击令英国大为光火,在印度总督和东印度公司董事会的支持下,英国舰队在1809年11月11日向卡西姆人发动攻击,卡西姆人战败,同意停止海盗活动。然而,在沉寂了两年后,卡西姆人又开始海盗活动。1812年,卡西姆人在马斯喀特截获了一艘英属印度船只,

---

[①] Mohammed Abdullah Al-Roken, "Dimensions of the UAE-Iran Disput over Three Island", in Ibrahim Al-Abed & Peter Hellyer eds., *United Arab Emirates: A New Perspective*, London: Trident Press Ltd, 2001, p. 180.

[②] 黄振编著:《列国志·阿拉伯联合酋长国》,社会科学文献出版社2003年版,第43页。

1816 年 1 月，卡西姆人抢走了东印度公司的武装船只 "德里亚·道路特号"。不久后，卡西姆人的海盗活动扩大了攻击范围，又袭击了美国、法国以及东印度公司的船只。面对卡西姆人变本加厉的海盗活动，为保护英国的海上贸易和利益，英国展开了全面反击。1819 年 12 月，英国舰队对哈伊马角发动总攻，迅速攻占该城。随后，英军乘胜追击，摧毁了卡西姆人在乌姆盖万、阿治曼、沙迦、迪拜等地的要塞，并将卡西姆人舰队中较大吨位的船只尽数摧毁。

为了深化和巩固英国在中东的海上利益，以及彻底制止卡西姆人的海盗行为，英国分别于 1820 年、1835 年、1853 年和 1879 年与波斯湾沿岸的各个阿拉伯酋长国签订了一系列不平等条约：《停止掠夺和海盗行为的总和平条约》《首次海上休战协定》《海上永久休战协定》《特鲁西尔阿曼——英国引渡协定》，从此将海湾诸酋长国纳入英国的 "保护" 之下。①

1880 年，波斯的恺加王朝将其国土范围扩展到波斯湾沿岸；1887 年，恺加王朝出兵占领锡里岛。同年，恺加王朝向英国发出照会，要求卡西姆王朝的诸酋长国归还阿布穆萨岛和大小通布岛。该提议遭到英国政府拒绝，英国政府通过驻德黑兰大使向波斯政府表明："这些岛屿属阿拉伯酋长管辖，他们与英国签有条约，因此受英国保护，并由英国负责他们的外交事务。"②

进入 20 世纪后，英国为了加强自身在波斯湾地区的影响力，决定对霍尔木兹海峡周围海域具有战略价值的岛屿进行实际控制或占领。因此，海湾三岛成为英国谋求波斯湾利益的首要目标。

1903 年，在英属印度政府的支持下，沙迦酋长国在海湾三岛升起沙迦国旗，以示自己拥有三岛的主权。1912 年，英国与沙迦签订协议，双方合作在大通布岛上建立灯塔，以确保该岛的主权不被侵犯。对于沙迦酋长国和英国采取的这些争夺三岛主权的行动，波斯政府极为不满。1904 年 3 月，波斯政府的海关人员乘船登上阿布穆萨岛，降下沙迦国旗，

---

① 黄振编著：《列国志·阿拉伯联合酋长国》，社会科学文献出版社 2003 年版，第 43—49 页。

② 赵克仁：《海湾三岛问题的由来》，《世界历史》1998 年第 4 期。

升起波斯国旗,并在岛上驻兵。这一行动立即遭到沙迦酋长国的强烈抗议,英国政府则公开表示支持沙迦,要求波斯立即停止对阿布穆萨岛主权的侵害行为。次月,在英国政府的压力下,波斯终于同意降下国旗并从阿布穆萨岛上撤兵。[1] 就在波斯从阿布穆萨岛撤兵三天之后,沙迦酋长国就派兵登岛并升起国旗,尽管波斯政府强烈抗议,但英国默认了沙迦的行为。通过以上行为可以看出,在英国对波斯湾沿岸国家施行"保护"期间,英国一直支持沙迦酋长国对海湾三岛的主权。

1935年,波斯改国名为伊朗,积极发展海军力量。伊朗政府通过大幅提高海军开支,向意大利等国家购买军舰,迅速成为波斯湾地区极具影响力的军事力量。随着国力及军事实力的不断强大,伊朗政府开始积极谋取对海湾三岛的主权。根据1935年1月英属印度政府的一份报告中称,伊朗政府实际控制了海湾三岛中的大通布岛,并开始在岛上征收关税。同年5月,伊朗向英国发出照会,希望能和英国在国联大会上公开讨论三岛问题,如果英国愿意支持伊朗对三岛的主权要求,伊朗愿意承认巴林的独立以及英国与诸酋长国之间签订的一系列条约,但英国政府拒绝了这一建议,并声称支持沙迦和哈伊马角对海湾三岛的主权。但由于第二次世界大战的爆发,海湾三岛争端被暂时搁置下来。

第二次世界大战结束后,由于战后经济低迷,英国的国家实力和国际影响力也随之下降。同时由于亚非拉地区民族独立运动兴起,加之要应对来自苏联的军事威胁,英国政府不得不于1968年宣布,英国军队将于1971年年底之前全部撤离波斯湾。这一消息一经宣布就在阿拉伯世界和伊朗国内产生巨大的反响。

首先,战后伊朗大力发展海外贸易促进经济的复苏,经济的发展为伊朗军事实力的提升提供了保证。通过大笔的军费投入用以建设现代化海军、空军力量,因此在20世纪60年代,伊朗已经变成了海湾地区不能被忽视的军事强国。

其次,由于战后以色列的建国,以及两次中东战争的破坏,阿拉伯世界本就不强的军事实力再一次被削弱。英国势力从波斯湾撤离对于波

---

[1] Waleed Hamdi, *The Dispute between the United Arab Emirates and Iran over the Islands of Abu-Musa Greater and Lesser Tunbs: British Documents 1764 – 1971*, London: Darul Hekma, 1993, p. 31.

斯湾沿岸的诸酋长国意味着，持续了一百余年的来自英帝国的"保护伞"不复存在（尽管最开始这种保护是英国强加给他们的），他们将不得不独自面对伊朗这个强大的对手。而在伊朗看来，英国的撤离将彻底打开伊朗前进的桎梏，这将是其在波斯湾扩大影响、增强实力的大好机会。

在这样的情况下，伊朗首先提出海湾三岛是伊朗的"历史领土"，在近代被英国强行占领，因此应当将三岛的主权归还于伊朗；阿拉伯国家则称三岛是沙迦和哈伊马角的固有领土，在主权归属上不存在任何异议；而英国政府希望能保持其在波斯湾的影响力的前提下顺利撤军。因此，关于三岛的主权归属问题，以及海湾地区其他相关问题的殖民地安排便迅速提上了议程。

1968年8月，在英国的调解下，伊朗与哈伊马角酋长国正式开始谈判，但由于双方分歧较大，谈判没有取得任何实质性成果。1970年7月，英国派遣特使威廉·卢斯前往海湾地区为解决三岛的主权问题向各国斡旋，先后与各当事国领导人进行了多次磋商。他劝告沙迦和哈伊马角积极与伊朗谈判解决三岛归属问题，并表示如果伊朗在英国军队撤离后武力占领三岛，英国对此将不会有任何回应。

英国具有倾向性的态度让伊朗在三岛主权问题上更加积极和直接，1970年12月27日，伊朗外长札赫迪重申伊朗在三岛主权问题上决不妥协，称"如果伊朗在海湾三岛上的权利无法得到保证，那么海湾地区将没有安全可言"[①]。1971年2月16日，伊朗国王巴列维公开发表声明，"在英军从海湾完全撤出前，如果不能达到将这些岛屿移交伊朗的和平安排，伊朗就将以武力占领三岛"[②]。8月，伊朗政府发布了一个关于海湾三岛争端的官方声明，其主要内容为：（1）伊朗军队将在英军撤离后占领三岛；（2）在伊朗军队登岛后12个月内，哈伊马角和沙迦必须从三岛上撤走其军队及行政机构和人员；（3）12个月之内，哈伊马角和沙迦不得在三岛加强防御或扩大行政管理；（4）在伊朗占领三岛的18个月内，伊朗和两个酋长国不得公开谈论三岛的主权问题；（5）如果岛民在伊朗

---

① Dan Caldwell, "Flashpoints in the Gulf: Abu Musa and the Tunb Islands", *Middle East Policy*, Vol. 4, No. 3, 1996, p. 51.

② 安维华等主编：《海湾寻踪》，时事出版社1997年版，第350页。

军队进驻三岛后的三年内想永久离开，伊朗会补偿他们的财产损失；（6）阿联酋的其他酋长国不得直接或间接干预三岛问题的解决；（7）英国政府只能以调解者参与处理争端，不得偏向任何一方。①

尽管1971年12月2日，阿布扎比、迪拜、沙迦、阿治曼、乌姆盖万、富伊查拉六个酋长国宣布联合成立阿拉伯联合酋长国②，海湾三岛当事国由之前的哈伊马角和沙迦扩大为整个阿联酋，但来自伊朗政府的外交压力和英国在三岛问题上的倾向性态度让阿联酋看清了，在英军撤离后，伊朗在第一时间出兵占领海湾三岛已是既定的事实。在海湾特使的推动下，1971年11月29日，伊朗与沙迦酋长哈立德在德黑兰签署了《关于阿布穆萨岛安排的谅解备忘录》，规定了关于伊朗军队登岛后的占领范围以及阿岛及其周边资源开发的权益划分。③ 与沙迦相反，哈伊马角酋长萨吉尔不但拒绝英国提出的同伊朗签订类似协议的建议，而且还下令通布岛上的警察以武力阻止伊朗军队登陆。

1971年11月30日凌晨，伊朗国王巴列维以护航安全为由，出兵占领三岛。由于伊朗之前与沙迦签订的协议，于是在伊朗军队登陆阿布穆萨岛时并没有发生战斗。而在伊朗军队登陆大小通布岛时，与大通布岛上的哈伊马角警察发生了小规模战争，导致四名哈伊马角警察和三名伊朗军人死亡。伊朗在占领大小通布岛后驱逐了岛上的居民，并用渔船将他们送回哈伊马角。④

伊朗出兵占领三岛后，与阿拉伯国家的矛盾大大激化，阿拉伯联盟理事立即在开罗举行紧急会议商讨对策。伊拉克于1971年11月30日当天就宣布同英国、伊朗断交，并要求联合国安理会讨论伊朗和英国合谋占领三岛问题。阿联酋没有放弃对海湾三岛的主权诉求，但一直希望用协商谈判的方式和平地解决三岛争端。伊朗虽然一直在三岛争端上态度

---

① Richard A. Mobley, "The Tunbs and Abu Musa Island: Britain's Perspective", *Middle East Journal*, Vol. 57, No. 4, 2003, p. 635.

② 哈伊马角在于1972年2月11日加入阿联酋。

③ 备忘录中的协议条款，参见 Hooshang Amirahmadi ed., *Small Islands, Big Politics: The Tunbs and Abu Musa in the Persian Gulf*, New York: St. Martin's Press, 1996, pp. 161 – 162。

④ Glen Balton-Paul, *End of Empire in the Middle East: Britain's Relinquishment of Power in her Last Three Arab Dependencies*, New York: Cambridge University Press, 1991, pp. 133 – 135.

强硬，但一直没有对阿布穆萨岛两国分治的事实提出异议。因此，在该历史阶段海湾三岛的主权归属问题一直处于相对缓和的搁置状态。

1980 年两伊战争爆发，由于受到泛阿拉伯主义的影响，伊拉克总统萨达姆希望借助这次战争收复大部分居民是阿拉伯人的海湾三岛和胡齐斯坦，因此海湾三岛再次成为两国争夺的目标。加之第一次海湾战争后，波斯湾地区的阿拉伯国家在地区安全等问题上将伊朗排除在外，令伊朗十分恼怒。1992 年 3 月，伊朗公然出兵强占了阿布穆萨岛上的阿联酋管辖区。随后，伊朗又采取一系列行动措施，确立了对海湾三岛的实际占领和完全控制。阿联酋认为伊朗此举违背了关于阿布穆萨岛安排的谅解备忘录的相关内容，并提出将海湾三岛的主权归属问题提交国际法院进行仲裁，但遭到伊朗政府拒绝，两国的矛盾再次被激化。海湾合作委员会及阿拉伯国家联盟一致谴责伊朗的行为，纷纷表示将全力支持阿联酋在三岛问题上的主张。而伊朗则坚持对三岛拥有主权，大小通布岛的主权不容讨论，拒绝一切国际势力对海湾三岛争端进行干涉的强硬立场，致使双方对三岛主权的争夺持续不断，至今未果。

三 海湾三岛争端的法理分析及解决途径

在当前国际法中，对领土取得的通用准则主要有三种：先占性原则、时效性原则、毗邻性原则。从这三点出发分析海湾三岛争端问题，有助于在法理上厘清三岛的主权归属。

首先，先占性原则多指国家对无主地进行有效占领从而获得该地主权的方式。根据海湾三岛的历史来看，在卡西姆人占领海湾三岛时，没有任何政治实体宣称对海湾三岛拥有主权，因此此时的三岛可以被定义为"无主地"。而在伊朗出兵占领三岛之前，沙迦酋长国和哈伊马角酋长国的国旗一直飘扬在三岛上，沙迦和哈伊马角也在三岛上建立了行政机构并派出行政人员，这说明，在 1971 年之前，海湾三岛的实际控制权是掌握在沙迦和哈伊马角手中的。并且，在伊朗 1992 年公然违反《谅解备忘录》完全控制阿布穆萨岛至今，阿联酋依然没有放弃三岛的主权。由此可以看出，从先占性原则的角度出发，阿联酋对于三岛的占领是合法的、被承认的。而伊朗在占领三岛之前，海湾三岛已不属于无主地，并且在其占领后，阿联酋依然为争取三岛主权而努力，因此伊朗对三岛的占领行为是非法的，不能因其对三岛的占领事实而判定伊朗拥有三岛的主权。

其次，时效性原则按照西方学者的定义，指的是"在足够长的一个时期内对于一块土地连续地和不受干扰地行使主权，以致在历史发展的影响下造成一种信念，认为事物现状是符合国际秩序的，因而取得该土地的主权"①。从该定义可以引申出国际法对于时效性判定的几点标准，即对土地占领的彻底性、长期性、连续性、和平性。根据以上四点进行判定准则不难发现：第一，伊朗在1971年底出兵占领三岛时，并未完成阿布穆萨岛彻底占领；第二，其对三岛的彻底占领自1992年开始，距今已有20余年，在占领的有效时间上无法构成长期性；第三，其对三岛的彻底占领违反了两国之前签订的相关文件，造成了武力冲突和人员伤亡，无法满足和平性的要求。虽然伊朗控制着三岛，但阿联酋一直不断对此表示抗议和谴责。因此，时效性原则在判定三岛的主权归属方面并不适用。

最后，毗邻性原则对于三岛争端的解决意义不大。从地理常识来看，阿布穆萨岛距离阿联酋的沙迦城75公里，距离伊朗的伦格港也只有95公里，距离差异性不够明显。另外，三个岛不属于群岛系统，因而没有主次岛之分。因此，毗邻性原则也不适用于解决三岛争端。

基于以上分析可以看出，按照国际法的举证和认定模式，伊朗在三岛主权归属问题上一方面没有确凿的历史证据佐证三岛是其"固有领土"；另一方面，在其对三岛的占领方式并没有采取和平性的手段。因此，从国际法的法理认定出发，伊朗在三岛主权归属上没有任何主动权。

同时我们也应该看到，尽管国际法为三岛主权归属上提供了法理性的分析和解释，但在现实问题的发展和解决途径上，则表现出实践性的差异。两国领土纷争一旦从法律投射到现实之中，就会表现得多样而复杂。

---

① Ian Brownlie, *Principles of Public International Law*, 4th ed., Oxford: Clarendon Press 1990, p. 153.

1. 军事途径

尽管波斯湾地区时局相对紧张,各种矛盾纷繁复杂,但在当今阶段,伊朗和阿联酋因争夺海湾三岛的主权归属而发生武装冲突的可能性是极小的。

首先,战争手段作为领土争端的解决方案必须以国家军事实力为保证。纵观历史,因领土争端而触发战事往往出现于当事国的军事实力相差无几的情况。两伊战争后,伊朗高度重视国防建设,虽然近年来屡次遭到欧美的经济制裁,但依然坚持发展本国的军事实力,与多国开展军事合作,甚至不顾制裁发展核力量。在这样的情况下,阿联酋必然会极力规避与伊朗发生任何正面对抗和武装冲突。

其次,即使对于军事实力强大的伊朗来说,战争也不是明智之举。一方面,阿联酋的整体军事实力虽然偏弱,可一旦与阿联酋发生武装冲突,阿拉伯世界必然集体将枪口对准伊朗。另一方面,近年来美国在中东的影响力持续增强,尤其是伊拉克战争后,伊拉克完全演变为亲美政权,加上包括阿联酋在内的海合会国家与美国交往甚密,一旦发生战事,美国和北约一定会利利用这次机会彻底打击伊朗,进一步巩固自己在波斯湾地区的影响力。这样伊朗所处的国际环境将进一步恶化,因此,伊朗也不会"授人以柄"主动发起战争的。

2. 政治途径

争端当事国之间通过谈判、协商以及国际组织的斡旋、调节解决领土争端问题,在当今社会是最为广泛承认、可行性最高的方式。但海湾三岛争端问题通过该方式解决的难度很大。

首先,伊阿两国的矛盾错综复杂,因而在三岛争端上则表现得十分敏感和复杂。海湾三岛争端是典型的阿拉伯国家与非阿拉伯国家间的边界领土争端问题,虽然伊朗和阿联酋同属于伊斯兰政教合一的国家,但两国主体民族的对立十分尖锐。尤其是近年来,伊朗国内和阿拉伯世界均出现了主体民族主义过度膨胀的现象,泛阿拉伯主义和泛波斯主义的对立加剧了三岛问题的严重性。两国民族主义者对于"国家在边界问题上的妥协就代表着民族层面上退让"的认识空前一致。因此,阿联酋与伊朗都坚持对三岛的主权要求拒不妥协也就不足为奇了。

其次,阿联酋一直寻求将三岛争端国际化,希望其在三岛争端上的立场得到国际社会的支持和帮助。然而伊朗一贯坚决反对国际政治势力插手三岛争端，主张将其限定在伊阿两国范围内解决。事实上"当今区域性国际组织以及联合国和安理会在处理国际争端中的作用呈现出广泛、常态化的趋势"①，这些政治势力对于争端问题的斡旋和调节对于争端当事国仅仅构成一种政治道义的力量，没有法律拘束力。

综合以上原因和历史发展来看，伊朗、阿联酋在海湾三岛争端的解决上依然有很多敏感性和复杂性的问题存在，无论是阿联酋想要单纯依靠国际社会的力量解决该问题，还是伊朗坚持两国自行解决三岛问题的需求都不具有现实的可行性。要想在当前历史阶段彻底解决海湾三岛争端问题，伊朗和阿联酋两国依然有很漫长的道路要走。

（张育瑄）

---

① 徐倩：《海湾三岛问题研究》，硕士学位论文，西北大学，2011年，第49页。

第四章

也门与厄立特里亚哈尼什群岛之争

1995年,也门与厄立特里亚两国在红海南端的大哈尼什岛爆发领土争端。哈尼什群岛战略位置十分重要,长期以来一直没有明确的主权归属。冲突爆发后,国际社会积极参与调解,也厄通过国际仲裁和平地解决了争端,两国的关系也实现了正常化。也厄的群岛之争是在1994年11月《联合国海洋法公约》生效后因争夺无人岛主权而爆发的武装冲突,也是国际仲裁法庭在公约生效后做出的第一个裁决争议岛屿主权归属、划定两国海上边界线的案例。

一　哈尼什群岛概况

哈尼什群岛位于红海南部,临近国际重要水道曼德海峡。哈尼什群岛自北向南延伸55公里,红海南部水域内散落着许多火山岛和珊瑚岛,这些岛有些是露出水面的沙土岛,有些是时现时隐的珊瑚礁,面积大都在3—5平方公里,基本上无人居住。哈尼什群岛分布着40余座大大小小的岛屿和礁石,总面积接近190平方公里。该群岛有四个主要的岛屿,其中最大的大哈尼什岛长19公里,宽5公里,面积约为62平方公里,小哈尼什岛面积约为14平方公里,其余为艾卜·阿里岛、祖盖尔岛。哈尼什群岛处在也厄两国海岸线的中间,大哈尼什岛距也门和厄立特里亚海岸分别为28海里和32海里,小哈尼什岛距上述两国海岸线分别为25海里和47海里。① 大哈尼什岛位于红海主航道，距红海东南端出口处约110公里，扼红海的出海口。大哈尼什岛居哈尼什群岛中部，战略位置好，可以作为群岛的核心和支撑点，还可以严密监视过往红海的船只，仅用普通的"冥河"或"飞鱼"反舰导弹，就可以将红海东南端完全封锁，战略地位十分重要。曼德海峡是红海通往印度洋的咽喉，1973年中东战争期间，阿拉伯国家采取一致立场对付以色列，埃及和也门通过封锁和关闭曼德海峡对以色列施加压力，最后迫使其结束战争，通过和谈解决争端。冷战期间，苏联曾通过对南也门和埃塞俄比亚的影响来控制这条重要的国际水上通道。

哈尼什群岛不仅扼守着连接亚欧的水上交通枢纽，还具有良好的经济开发前景。虽然大部分岛屿荒凉没有水源，不适宜居住，但其周边有丰富的渔业资源，是红海地区最富庶的渔场之一。这一水域还有丰富的海生物、珊瑚礁及海水资源，旅游业大有可为。更重要的是，争议岛屿的归属还关系到也厄两国谁能占有更多的水域和海底资源。拥有哈尼什群岛的主权就能够拥有6400平方公里的大陆架或专属经济区。② 也门境内蕴藏着较丰富的石油资源，但仍把目光盯在海上，1993年年底，就探明了440万吨的海洋石油储量；而陆上几乎没有一滴石油的厄立特里亚只濒临红海，更没有任何别的选择。

二 哈尼什群岛争端产生的原因

哈尼什群岛的主权一直没有明确的归属。1517年，奥斯曼土耳其征服了也门和厄立特里亚的海岸地带，红海南部的所有岛屿都置于土耳其的统治之下。因其战略地位至关重要，欧洲列强势力在这一地区展开角逐。法国一家公司从土耳其获得了哈尼什群岛的部分岛屿上修建并维护灯塔的授权。在奥斯曼土耳其解体后，没有一个国家在法律上完全拥有

---

① Gareth R. V. Stansfield, "The 1995 – 1996 Yemen-Eritrea Conflict over The Islands of Harnish and Jabal Zuqar: A Geopolitical Analysis", *Durham Middle East Paper*, No. 66, February 2001, p. 9.

② Ibid., p. 6400.

该群岛。此外,所有涉及争议群岛的国际条约都明确指出这些岛屿一直没有明确的主权归属。为了抗衡意大利在非洲之角的殖民扩张,英国势力于1915年占领了哈尼什岛、祖盖尔岛、杰贝尔·阿尔泰尔岛等岛屿,但其主权一直处于未定状态。第二次世界大战后,意大利战败退出了红海南部地区,埃塞俄比亚和也门均宣称对哈尼什群岛拥有主权。英国继续负责维护、管理灯塔,也门在1989年获得了该项特许权。

在1973年中东战争期间,埃及向也门(而非埃塞俄比亚)请求准许其派兵控制哈尼什群岛以封锁红海。也门将此举解读为承认也门拥有这些岛屿的主权。也门称埃也在1973年5月签署了关于利用大哈尼什岛的协定。但是,这一协定却没有见诸报道。在埃塞俄比亚忙于应对厄立特里亚的反政府武装组织之际,北也门在控制哈尼什群岛的竞争中占据了主动地位。1977年,北也门以保护曼德海峡不受以色列的袭击为由,在祖盖尔岛和大哈尼什岛部署了军队。1982年,在埃塞俄比亚、南也门、北也门签署《联合国海洋法公约》时,北也门称对红海的所有岛屿拥有主权,埃塞俄比亚则在1984年做出回应:"北也门的声明不能影响埃塞俄比亚对红海所有岛屿的主权,这些岛屿构成了埃塞俄比亚领土的一部分。"[①]

厄立特里亚在历史上一直受埃塞俄比亚王国的统治,1882年沦为意大利的殖民地;1941年意大利退出,厄立特里亚成为英国的托管地;1950年,根据联合国决议,厄立特里亚作为自治单位与埃塞俄比亚结成联邦;1962年被埃塞俄比亚强行吞并。此后,争取独立成为厄立特里亚的当务之急,岛屿争端被搁置一边。1991年,厄立特里亚成立临时政府,首次就红海岛屿的主权归属问题与也门公开发生争执。厄立特里亚人扣留了在上述岛屿附近作业的也门渔船和渔民。厄方曾呼吁也方尽快划定两国间的水上边界,确定某些荒岛主权的归属。但也门迟迟没有给出答复。此后,双方渔民和渔事争端接连不断。1993年厄立特里亚独立后制订了一系列发展经济的计划,最大的掣肘因素就是缺乏资金和外来投资,

---

① Gareth R. V. Stansfield, "The 1995 – 1996 Yemen-Eritrea Conflict over the Islands of Harnish and Jabal Zuqar: A Geopolitical Analysis", *Durham Middle East Paper*, No. 66, February 2001, pp. 17 – 18.

哈尼什群岛的战略位置和经济前景使其不能轻易放手。厄立特里亚计划在红海水域加快石油的勘探开采步伐，其与也门在哈尼什群岛的主权归属分歧也日益凸显。

多年来，哈尼什群岛的实际控制权一直掌握在也门手中。也门在大哈尼什岛上驻军一个营，在其他9个岛屿也驻军500人以上。厄立特里亚独立后不久，就提出了对大哈尼什群岛的主权要求，要求大哈尼什岛上的也门军民撤离，向哈岛派出武装部队。也门对此作出反应，开始增强哈岛防务，并于1995年12月2日在哈岛以北95公里处的荷台达海军基地进行军事演习。11月23日至12月10日，厄也两国外交部部长就哈岛问题进行了两轮谈判，但未取得有益的结果。

1995年12月15日，厄立特里亚突然出动海军向红海南端的一个小荒岛大哈尼什岛上的也门驻军发起袭击。尽管17日厄也双方总统达成了停火协议，但战斗仍未停止。厄军于18日攻占了大哈尼什岛，俘虏了包括岛上也门驻军司令在内的180名也门军民。随后，也门空军的4架俄制米格—29战斗机从也门首都萨那郊区的一个基地紧急起飞，轰炸了大哈尼什岛，击退了厄军的两艘增援舰只，但终究未能从厄军手中夺回哈岛。根据双方的声明和报道，在这起冲突中，至少有10名也门人和6名厄立特里亚人丧生。

厄立特里亚虽然经历长期的解放斗争刚刚独立，国内满目疮痍、百废待兴，是世界上最不发达的国家之一，但民族主义热情高涨，军队士气旺盛、战斗经验丰富。从海军实力看，厄立特里亚并不占优势，可以说两国兵力、装备相差为悬殊，但此次行动厄立特里亚预有准备、行动突然，完全掌握了海战场的主动权，经过海上闪击战，达成了实际控制大哈尼什岛的作战目的。

大哈尼什岛的失守，震惊了也门朝野。也门政府一面敦促厄军立即撤军，一面调动部队准备不惜一切代价收复该岛。厄立特里亚也在积极备战，同时呼吁国际社会进行调解。冲突爆发后，埃塞俄比亚、埃及、俄罗斯、法国等先后参与调解，联合国秘书长也为此积极奔走，一度紧张的曼德海峡局势缓解下来。1995年12月24日，也门表示将以和平方式解决与厄立特里亚的领土争端；30日在此次争端中一批被厄军俘虏的也门军人乘国际红十字会提供的飞机回到也门。1996年5月21日，双方在巴黎签署了"原则协议",并于同年10月3日在巴黎正式签署《关于哈尼什群岛争端的国际仲裁协议》。双方同意从哈尼什群岛撤军,使群岛实行非军事化。

三 哈尼什群岛争端解决的途径及发展趋势

仲裁委员会由五人组成,厄立特里亚指定了两名成员,分别是当时国际法院的院长斯蒂夫·M. 斯威伯尔和法官罗萨林·希金斯;也门指定了两位最权威的国际法律顾问,基斯·盖特(Keith Highet)先生和艾哈迈迪·萨迪克·伊尔—科什里博士(Dr Ahmed Sadek El-Kosheri)。上述四名成员指定前国际法院院长罗伯特·Y. 詹宁斯爵士为仲裁委员会主席。詹宁斯和伊尔—科什里也是洛克比空难案件专案法官(分别代表英国与利比亚)。[①] 法庭的仲裁分为两个阶段,第一阶段是裁定争议岛屿的主权归属,第二阶段是划定厄立特里亚和也门的海上边界。

(一)第一阶段:裁决争议岛屿的主权归属

厄立特里亚和也门均向法庭提出了关于条约、地图、石油勘探协议等众多的证据来证明自己对哈尼什群岛的主权。厄立特里亚宣称对哈尼什—祖盖尔群岛拥有主权的依据是1923年的《洛桑条约》,奥斯曼土耳其在这个条约中放弃了对这些岛屿的权力。厄立特里亚认为意大利在1923年获得了群岛的主权,而厄立特里亚是从意大利那里继承了主权。厄立特里亚称其有文献证明哈尼什—祖盖尔群岛在奥斯曼土耳其统治期间由厄方的米奇瓦港进行管理,第一次世界大战后,该组岛屿转由阿萨布港管理。在独立运动期间,厄立特里亚解放组织曾利用哈尼什群岛的岛屿作为反攻基地。也门宣称哈尼什群岛历史上就是也门的领土,在奥斯曼土耳其离开后,就应当将其归还给原来的主人,即也门。

---

① Barbara Kwiatkowska, "The Eritrea/Yemen Arbitration: Landmark Progress in the Acquisition of Territory Sovereignty and Equitable Maritime Boundary Delimitation", *32 Ocean Development & International Law* 1 – 25 (2001), updated as of 27 March 2003, p. 4.

然而，法庭认为这些证据都并不具有决定性意义。厄立特里亚总统伊萨亚斯宣称根据1923年的《洛桑条约》，土耳其放弃了其统治下的这部分领土，对这些岛屿的权力直接转交意大利，有许多证据证明这一事实。法庭驳回了厄立特里亚的观点，认为其严重曲解了《洛桑条约》。与厄方观点形成鲜明对照的是，法庭认为条约明文禁止意大利建立对群岛的主权。条约的第16条明确指出，所有的殖民国家（包括意大利）应视这些岛屿的主权未确定，目的是防止殖民列强为了争夺群岛的控制权而兵戎相见。法庭称厄立特里亚认为《洛桑条约》为意大利获得群岛的主权铺平了道路，而恰恰与之相反，条约实际上为其设立了一个巨大的障碍。因此，法庭同样驳回了也门提出的对哈尼什群岛的古代权力的论点。

也门和厄立特里亚都向法庭提交了大量地图证据，但没有对法庭的裁断产生很大影响。厄立特里亚本身就不认为地图的证据十分重要。厄立特里亚认为，总体而言地图并不能可靠地表明主权的归属，不应当予以过多重视。法庭总结了厄立特里亚对地图的态度，称其"认为地图一般是自相矛盾和不可靠的，不应当据此建立严肃的法律结论"。法庭则认为"对于地图方面的证据应当非常小心"，法庭之所以没有重视地图材料，是因为当事方（也门/厄立特里亚/殖民国家）并未出具有决定性意义的证据。法庭称"实际上困难之处不在于对不同来源不同种类的地图众多的阐释和解读，而在于当事双方并没有任何一张地图引起很大的关注或被认为具有非常重要的意义"。例如，法庭认为1923年至1939年的意大利地图没有"决定性意义"。法庭称其是"依据1923年至1939年期间的外交记录和协定做出了关于岛屿状况的法律结论"。此外，法庭注意到也门1970年以来的地图实际上表明群岛的主权属于埃塞俄比亚。然而，法庭并未太重视这张地图。①

法庭完全拒绝了这一主张，认定厄立特里亚极其错误地解读了条约。也门认为群岛在历史上也属于也门所有，在1923年奥斯曼土耳其离开后，群岛返还给其原有的主人（也门）。在驳回了双方的论点后，法庭按照1996年厄立特里亚和也门签署的仲裁协议，根据"国际法的原则、规则和惯例"，做出了关于争议岛屿主权归属的裁决，特别指出"相对近期的

---

① 资料来源：http://www.geocities.com/~dagmawi/News/Analysis_Nov15_Hanish.html。

占有和使用岛屿的历史是法庭做出裁决的主要基础"。其中包括：1. 意在宣布对诸岛屿的主权的证据，包括公开宣布对岛屿的主权或通过法律行为规范在岛屿上的活动。2. 在有关水域行为方面的证据，包括发放在岛屿外围水域活动的许可，扣留捕鱼船只；发放旅游许可；颁发在岛屿周围巡航或在岛屿上巡逻的许可；发布在岛屿外围水域活动的水手或领航员指导通告；搜救活动；维持海军和海岸巡逻队；环境保护；私人进行的捕鱼或其他海上活动。3. 在岛屿上活动的证据，包括在岛屿上登陆的庆祝会；建立军事基地；修建及维护设备；行使刑事或民事的管辖权；修建或维护灯塔；颁发石油许可证；维护定居点；在岛屿上空飞行及其他各种活动。①

法庭的具体裁决如下：1. 莫哈巴卡赫（Mohabbakahs）群岛的岛屿、小岛、岩石和低潮高地，其中包括萨亚尔（Sayal）岛、哈尔比（Harbi）岛、弗拉特（Flat）岛和高岛，但又不仅限于上述岛屿，属于厄立特里亚的领土（范围）。2. 海科克（Haycock）群岛的岛屿、小岛、岩石和低潮高地，其中包括东北海科克岛、中海科克岛和西南海科克岛，但又不仅限于上述岛屿，属于厄立特里亚的领土（范围）。3. 西南岩石属于厄立特里亚的领土（范围）。4. 祖盖尔哈尼什岛屿群的岛屿、小岛、岩石和低潮高地，其中包括三尺岩、帕金岩、洛基岛、品岩、苏尤勒哈尼什岛、中央岛、双峰岛、朗德岛、北朗德岛、隅石岛（北纬 13°43′、东经 42°48′）、科尔岩、大哈尼什岛、尖峰岛、木沙基拉赫岛、阿达阿里岛、海科克岛（北纬 13°47′、东经 42°49′，不应与大哈尼什岛西南的海科克群岛相混淆）、低岛（北纬 13°52′、东经 42°49′，包括与之相邻的北部、东部、南部未命名的小岛和岩石）、小哈尼什岛（包括与之相邻的北部未命名的小岛和岩石）、舌岛和与之相邻的南部的小岛、近岛及与之相邻的东南部未命名的小岛、鲨鱼岛、贾巴尔—祖夸尔岛、高岛、阿布阿里岛（包括北纬 14°5′、东经 42°49′的隅石岛）都属于也门的领土。5. 杰贝尔·阿尔泰尔岛、构成祖盖尔群岛的岛屿、小岛、岩石和低潮高地，其

---

① Barbara Kwiatkowska, "The Eritrea/Yemen Arbitration: Landmark Progress in the Acquisition of Territory Sovereignty and Equitable Maritime Boundary Delimitation", 32 *Ocean Development & International Law* 1 – 25 (2001), updated as of 27 March 2003, pp. 15 – 16.

中包括但不限于隅石岛（北纬15°12′、东经42°49′）、海科克岛（北纬15°10′、东经42°7′，不应与大哈尼什岛西南部的海科克群岛相混淆）、崎岖岛、桌峰岛、马鞍岛及与之相邻的西北的未命名的小岛、低岛（北纬15°6′、东经42°6′）及与之相邻的东部的未命名的岩石、中央礁、萨巴岛、连接岛、东岩、鞋岩、贾巴尔—祖盖尔岛和中峰岛都属于也门的领土。①

法庭在裁定争议岛屿时认为有必要考虑地理因素，即争议岛屿、小岛和岩石的主体构成了一个群岛，在也门和厄立特里亚两国相对的海岸之间一段狭窄的海域内延伸。据此，法庭对于"在一段海域外围的任何岛屿均可被视为属于该海域的附属物，除非海岸对面的国家能够证明更佳主权归属"这一推定给予相当重视。法庭摒弃了也门提出的根据"自然或地理统一性的原则"②，哈尼什群岛应当包括整个岛屿链，海科克群岛和莫哈巴卡赫群岛亦属于其中的说法。法庭认为没有证据表明也门坚持的历史主权包括莫哈巴卡赫群岛，即便是意大利在1947年仅仅将阿萨湾群岛转交给了厄立特里亚，但也门在此后也未对莫哈巴卡赫群岛提出严肃的主权要求。因而，法庭认为在也门缺乏对莫哈巴卡赫群岛拥有明确主权的情况下，上述岛屿应归属于厄立特里亚，因为它位于厄立特里亚海岸外12英里的区域内。尽管高岛不在海岸线12英里的范围内（12.72英里），但也被视为属于莫哈巴卡赫群岛的一部分，因为这一小岛附属于非洲海岸线。同理，法庭也将海科克群岛判归厄立特里亚所有。

在其他岛屿的裁断方面，法庭在祖盖尔—哈尼什群岛的归属上非常难以判定，因为它们位于红海的中央部分，附属物的因素起不到什么作用，考察其早期法律归属的历史也难以给出明确的答案。至于地图方面的证据，法庭认为地图表明这些岛屿属于也门略有说服力。法庭考察了在1996年以前发生的事件，包括红海的灯塔（证明也门在岛屿以某种形式的存在的证据）、海军巡逻的历史和海航日志、石油协议等。法庭认为最重要的证据是"在过去十年左右的时间里"有效地行使国家主

---

① The Eritrea-Yemen Arbitration Award Phrase I , Territory Sovereignty and Scope of Dispute.
② Ibid. .

权和政府权力的证据。① 在考虑了历史、现实和法律方面的所有相关因素后，法庭将祖盖尔—哈尼什群岛、贾巴尔—艾达耶亚岛判归也门所有。

法庭做出的争议岛屿主权归属的裁决被视为也门取得的一个重大胜利。也门获得了最大岛屿，而厄立特里亚仅仅获得了一些比光秃秃的岩石大不了多少的小岛。法庭在裁决中指出"西方的领土主权理念对于生活在伊斯兰传统中的人民来说是奇怪、陌生的，他们熟悉的领土理念与当代国际法认可的观点截然不同"。此外，法庭也充分认识到当地的法律传统也是使裁决结果能够实现仲裁目标所必需的。为了使裁决尽可能的公平，减少厄立特里亚的挫败感，法庭在捕鱼权力问题上对其进行了补偿。考虑到当地在捕鱼方面问题的传统做法，法庭裁定在划归也门领土主权的地域，沿袭该地区传统的捕鱼体制，包括厄立特里亚和也门两国的渔民均可在此区域自由通过、捕鱼。②

在《联合国海洋法公约》生效后的两年内，世界各国的渔业纠纷骤然增加，形成全球各地此起彼伏的"渔事战火"。例如，挪威与冰岛的"鳕鱼大战"、加拿大与美国之间的渔事纠纷、日本与俄罗斯的渔业纠纷、法国与西班牙两国渔民的对峙和枪战、英国同阿根廷之间围绕马尔维纳斯群岛渔区是否扩大的问题产生的新对立局面，加拿大同西班牙乃至武装冲突。法庭做出的关于延续传统捕鱼制度的裁定具有创建性意义。

（二）第二阶段：划定厄也两国海上边界

仲裁法庭第二阶段的工作是确定厄立特里亚和也门的海上疆界。法庭依据国际法原则划定的边境线同时确定两国各自的领海、大陆架和专属经济区的范围。由于该案例是《联合国海洋法公约》生效后的第一个确定两国海上边界的案例，法庭借此机会阐释、发展了此类案件中具有重大意义的法律原则，对于发展完善相关法律具有很大贡献。最终划定的边界线获得仲裁委员会五名成员的一致同意，该边界线由一系列测地

---

① The Eritrea-Yemen Arbitration Award Phrase Ⅰ, Territory Sovereignty and Scope of Dispute.
② Ibid..

线确定,将29个点连接起来,这些点根据1984年的《世界大地测量系统》标注出准确的经纬度。

法庭划界主要依据《联合国海洋法公约》第15条、第74条和第83条[①]规定的等距线原则,参考了基线、岛屿、紧邻一条国际主要航线的特殊位置以及第三国(沙特阿拉伯、吉布提)等相关因素。就两国国内的法律看,也门的法律规定的相关内容与公约完全吻合,包括12海里的领海、24海里的毗邻区和200海里的专属经济区,以及可延伸至200海里或陆地外围边缘的大陆架等。厄立特里亚的法律只提到了12海里的领海。尽管厄立特里亚并不是联合国海洋法公约的签约国,但两国都同意根据公约提供的法律框架来划界。也门和厄立特里亚都提出了各自认定的等距(中位)线,除了在最南端的狭窄水域外,两者之间存在着较大的差距。法庭在权衡了各方因素后,根据相对的大陆海岸线,并认真斟酌了两国的岛屿情况,划定了尽可能实用可行的等距线。根据《联合国海洋法公约》第5条的规定,法庭采用了厄立特里亚的做法,将沿岸低潮线作为测算领海宽度的基线。此外,法庭也考虑了航行方面的因素,在裁决的前言中指出,两国都认识到"他们在维护国际和平与安全以及

[①] 《联合国海洋法公约》第15条:海岸相向或相邻国家间领海界限的划定。如果两国海岸彼此相向或相邻,两国中任何一国在彼此没有相反协议的情形下,均无权将其领海伸延至一条其每一点都同测算两国中每一国领海宽度的基线上最近各点距离相等的中间线以外。但如因历史性所有权或其他特殊情况而有必要按照与上述规定不同的方法划定两国领海的界限,则不适用上述规定。第74条:海岸相向或相邻国家间专属经济区界限的划定。(1)海岸相向或相邻的国家间专属经济区的界限,应在国际法院规约第38条所指国际法的基础上以协议划定,以便得到公平解决。(2)有关国家如在合理期间内未能达成任何协议,应诉诸第15条所规定的程序。(3)在达成第1款规定的协议以前,有关各国应基于谅解和合作精神,尽一切努力做出实际性的临时安排,并在此过渡期间内,不危害或阻碍最后协议的达成。这种安排应不妨害最后界限的划定。(4)如果有关国家间存在现行有效的协定,关于划定专属经济区界限的问题,应按照该协定的规定加以决定。第83条:海岸相向或相邻国家间大陆架界限的划定。(1)海岸相向或相邻国家间大陆架的界限,应在国际法院规约第38条所指国际法的基础上以协议划定,以便得到公平解决。(2)有关国家如在合理期间内未能达成任何协议,应诉诸第15条所规定的程序。(3)在达成第1款规定的协议以前,有关各国应基于谅解和合作的精神,尽一切努力做出实际性的临时安排,并在此过渡期间内,不危害或阻碍最后协议的达成。这种安排不妨害最后界限的划定。(4)如果有关国家间存在现行有效的协定,关于划定大陆架界线的问题,应按照该协定的规定加以决定。

在一个尤为敏感的区域保护航行自由方面对国际社会负有的责任"[1]。

法庭将整段付之裁决的海上边界线划分为北段、中段和南段三段。

北段界线（从第1点到第13点），大体上是两国大陆海岸的等距线。厄立特里亚的达拉克群岛由大约350座岛屿和小岛组成，也门和厄立特里亚都同意将其认为为厄立特里亚大陆海岸的组成部分，法庭遂根据该群岛的低水线确定边界线西段（厄立特里亚一边）的基点。同时，法庭根据海洋法公约第6条和第7条第4款[2]的规定，驳回了厄立特里亚提出的将达拉克群岛中无人居住的耐吉勒岩（Negileh Rock）作为基点的要求，理由是该岩石属于低潮暗礁。也门认为在1998年裁决中划归也门的贾巴尔—艾达耶亚岛和祖拜尔群岛应在划界中发挥充分作用，但根据厄立特里亚主张的大陆海岸基线原则，它们则没有参考价值，因为这些是荒凉的无人岛，距离陆地很远，不构成也门大陆海岸线的组成部分，法庭采纳了厄立特里亚的观点，将也门这一段海岸的其他岛屿和小岛作为画线基点，这些岛屿是沙特阿拉伯海岸外一组大的岛屿群的起始部分，其中包括最西段的重要岛屿卡玛兰岛及其南面的卫星岛屿。

划定中段界线（第13点至第20点）的情况比较复杂。从第13个点开始，界线开始接近了祖盖尔—哈尼什群岛的区域，1998年的裁决将其划归了也门，法庭在画线工作中面临着如何看待这些岛屿作用的问题，法庭划定的界线给予了上述岛屿最低限度的效力。在这段狭窄的海域，根据裁决划归也门的祖盖尔—哈尼什群岛所确定的领海，与划归厄立特里亚的海科克群岛及西南岩石所确定的领海、专属经济区和大陆架区域相互重叠。法庭根据海洋法公约第121条第2款[3]的规定，采纳了厄立特

---

[1] The Eritrea-Yemen Arbitration Award, Second Stage of the Proceedings between Eritrea and Yemen（Maritime Delimitation）.

[2] 第6条：在位于环礁上的岛屿或有岸礁环列的岛屿的情形下，测算领海宽度的基线是沿海国官方承认的海图上以适当标记显示的礁石的向海低潮线。第7条第4款：除在低潮高地上筑有永久高于海平面的灯塔或类似设施，或以这种高地作为划定基线的起讫点已获得国际一般承认外，直线基线的划定不应以低潮高地为起讫点。

[3] 第121条第2款：1. 岛屿是四面环水并在高潮时高于水面的自然形成的陆地区域。2. 除第3款另有规定外，岛屿的领海、毗连区、专属经济区和大陆架应按照本公约适用于其他陆地领土的规定加以确定。3. 不能维持人类居住或其本身的经济生活的岩礁，不应有专属经济区或大陆架。

里亚的观点,即每一个高潮岛屿都能够产生12海里的领海,厄立特里亚的这一组彼此距离不足24海里的岛屿能够产生一段连接为一体的领海区域。据此,法庭根据海洋法公约第15条内容划定的等距(中位)线是从两国领海区重合部分穿过去的。

界线的南段邻近曼德海峡,是一段仅有少量小岛的狭窄海域。法庭画出一条测地线将第20点和第21点连在一起,第21点是两国相重合的领海中位线与大陆海岸中位线的交叉点。鉴于阿萨布湾是厄立特里亚的内水,界线的基点位于阿萨布湾朝海的一侧。从第21点至第29点,界线是两边大陆之间的中位线。

根据仲裁协议的授权,法庭无权决定厄立特里亚或也门与其他国家之间的边界,因此法庭在界线起始点的选择上尽量避免引起第三国的任何争议。特别是在界线的北段,沙特阿拉伯明确表示其与也门的界线存在争议,故法庭裁决的区域不应超过贾巴尔—艾达耶亚岛的最北端。

成比例的因素也是法庭在划界工作中考虑的一个重要问题。所谓成比例,是指海域面积应该与海岸线长度成比例,即海岸线越长,所包围的海域面积应该越大,海岸线越短,与之对应的海域面积也应该相应减少,否则就会导致不公平。成比例的概念早已为海洋学家们所公认。他们高度评价成比例的重要性,把成比例与公平原则相提并论。并宣称"成比例是与公平原则的适用相联系的,其作用是检验所使用的划界方法及其导致的结果的公平性;即使成比例不近似条约规则或习惯法的地位,但它是一项公平原则"。成比例因素在一系列大陆架划界案中得到了国际法院的充分肯定,如1977年英法大陆架仲裁案、1982年突尼斯—利比亚大陆架划界案等。国际法院指出,在谋求公平解决海洋划界的每一案件中,必须采用成比例的法律概念,以便确定所划的界线实际上是公平的。仲裁法庭裁决的厄也海上界线基本符合成比例原则。也门与厄立特里亚的海岸线长度分别为507110米和387026米,比率为1.31∶1,划界后两国的海域面积分别为25535平方公里和27944平方公里,比率为1∶1.09。[1]

---

[1] The Eritrea – Yemen Arbitration Award, Second Stage of the Proceedings between Eritrea and Yemen (Maritime Delimitation).

在有关未来在相关海域发现矿产资源的问题方面,法庭裁定如果发现了横跨厄立特里亚和也门海上边界或位于其附近的矿产资源,两国应当通知对方,并进行协商,尽可能地分享或共同合作开发利用资源。

法庭第一阶段的裁决对在划归也门的岛屿周边地区"延续该地区传统的捕鱼制度"的问题没有进行太多的阐释,两国在"传统捕鱼制度"的定义、范围及具体实施等方面都存在很大分歧,法庭第二阶段的裁决以很大的篇幅对捕鱼权问题进行了更为详尽的阐释。

为了使法庭裁决中确定的"厄立特里亚和也门的渔民能够在这些岛屿周围进行人工捕鱼"的权利能够切实地付诸实施,而不仅停留在理论上,1999年的裁决进一步阐明了传统的捕鱼制度承认的"某些相关的权利",这些权利包括"首先,从事人工捕鱼的渔民可以自由通过的区域不仅限于厄立特里亚和这些岛屿之间的区域,还包括这些岛屿与也门的海岸的区域。其次,渔民有权进入相关的港口、售卖交易水产品"。在自由通过权方面,1999年的裁决专门指出,两国渔民"必须能够在相关岛屿来去自由,包括无阻碍地通过下述区域,在这些区域,也门因拥有对这些岛屿的主权,有权拒绝任何第三国的渔民通过,或有权颁发在此地通过的许可,对于从事工业化捕鱼的厄立特里亚渔民也门也有权拒绝其通过或向其颁发通过许可"。根据1994年厄立特里亚与也门签署的备忘录,作为从事人工捕鱼的厄立特里亚渔民可以自由进入也门的迈伊迪港(Maydi)、科巴港(khoba)、荷达台港(Hodeidha)、考卡港(Khokha)和摩卡港(Mocha),在这些区域捕鱼的也门渔民也有权无障碍地进入厄立特里亚的阿萨布港、提奥港(Tio)、达拉克港、马萨瓦港。两国的渔民有权在对方国家的港口以不受任何歧视的同等条件售卖鱼类产品。在水产品市场,渔民享有的传统的待遇,包括不受歧视地进行清洗、分拣和交易,也将继续下去。如果因环境方面的因素需要对传统的捕鱼制度进行调整,法庭认为也门采取的任何影响到传统捕鱼制度的行政举措都要得到厄立特里亚的同意;反之,涉及通过厄立特里亚的水域进入厄立特里亚的港口,亦需要两国达成协议。①

对于法庭做出的裁决,也门举国欢欣鼓舞,媒体积极报道。厄立特

---

① The Eritrea-Yemen Arbitration Award, Second Stage of the Proceedings between Eritrea and Yemen (Maritime Delimitation).

里亚亦表示无条件接受裁决,并立即从岛上撤军,将其所占岛屿交还也门。厄立特里亚尽管在仲裁中仅仅得到几座小岛,但毕竟也门驻军经营大哈尼什岛等岛屿多年,厄立特里亚虽突袭得手,但其综合国力与军事实力均弱于也门,决定了它难以长期占据该岛。在厄立特里亚占领哈尼什岛之前,也门根本不理睬厄立特里亚的领土要求,至此不得不同意从哈尼什岛撤军,与厄方和谈,并接受国际仲裁。虽然仲裁的结果使厄立特里亚近乎空手而归,但捕鱼权也算是厄立特里亚争取得的一个胜利。

两国在和平解决争端后关系恢复正常、发展良好。法庭仲裁后不久,厄也就传统捕鱼权等海上仲裁达成相互谅解和协议。此后,两国多次发生渔业纠纷,基本上都是通过协商解决的。2002年以来,双方在哈尼什岛水域传统捕鱼区问题上的分歧升级,也门指责厄立特里亚违反已达成的国际协定,多次逮捕、粗暴歧视也门渔民。两国日前正在磋商加强双边合作,特别是规范渔业管理、保护双方渔民利益的措施。

在《联合国海洋法公约》生效后①,世界范围内因岛屿归属、海域划分、资源开采等海洋权益之争与日俱增。也门和厄立特里亚在岛屿冲突爆发后,通过和谈以"文明的方式"解决了两国的争端。仲裁法庭在裁决红海岛屿的主权归属和确定也厄海上边界的问题上都做出了一致的裁决,对此,冲突两国均表示接受和欢迎,对维护这一战略地位极为敏感地区的稳定与和平做出了很大贡献。

厄也岛屿争端仲裁案件是《联合国海洋法公约》生效后第一个涉及裁定岛屿主权及划定两国海上边界的案件,因此引起了特别的关注。有学者称,法庭的裁决是国际法原则和理念在解决领土主权问题上发展的一个里程碑。裁决确认了实际、有效的占领和控制方面的证据优先于历史性权利的原则。此外,裁决提供了在无人岛屿上构成有效占领和控制的基本标准。在领土主权的争端中,国家的统治行为在国际法及国际法院的判决中占据着重要地位。有效控制原则就是在国际法院难以判定领土主权的合法归属时应用的一项规则,此规则将主权赋予统治相对更为

---

① 根据《公约》第308条第1款规定,《公约》应自第60份批准书或入书交存之日后12个月生效。1993年11月16日,第60个国家——圭亚那批准了《公约》,故1994年11月16日,《公约》生效。

有力的一方。

在我国与邻国的领土争端中，无人岛屿的争端占据着重要地位，尤以钓鱼列岛问题、南海问题最为突出，这类争端不仅关系到我国与邻国的关系，而且对我国的安全和发展有着极其重要的战略意义。无论最终通过何种途径解决钓鱼岛和南海问题，中国应当采取一定的行动以便显示对争端区域进行了更为有效的控制。提高国力、对相关的无人岛屿"有所作为"、加强管理和统治，成为当务之急。对于被他国控制的无人岛屿，应采取包括诉诸国际法院在内的多种手段及早解决，以免夜长梦多。也厄的岛争为我们解读有效控制原则，以及国家控制争议领土的行为在国际法中作用的认识，从国际法的角度审视我国对无人岛屿争端的现有政策及其结果提供了借鉴。

（于红）

第五章

乌克兰与罗马尼亚兹梅伊内岛之争

兹梅伊内岛（乌克兰语 Ostriv Zmiinyi，罗马尼亚称为 Serpents Island）位于黑海西北部，多瑙河河口以东，地理坐标为北纬45°15′18″、东经30°12′15″。兹梅伊内岛大致呈矩形，长660米，宽440米，周长约2000米，总面积为0.17平方公里。岛上现有居民约100人，全部为乌克兰人。岛上设有邮局、医疗站、电话站、电视卫星站等公共设施，但饮用水、食品、燃料等主要靠外界补给。近年来乌克兰政府加强了兹梅伊内岛上民用基础设施建设，于2012年建成了一个大型码头，并规划开发相关的旅游项目。

一 兹梅伊内岛概况

兹梅伊内岛最初由古希腊人命名为 Λευκός（White Island），意为"白色的岛屿"，该岛因盛产白色大理石而得名。岛上有许多古希腊文化遗迹。在奥斯曼帝国时期该岛被命名为 Fidonisi（Snake Island，希腊语"兹梅伊内岛"之意）。该岛曾一度被俄罗斯帝国占领，罗马尼亚独立后该岛被罗马尼亚占有。

1948年，罗马尼亚迫于苏联的压力，将无人居住的兹梅伊内岛移交给苏联的加盟共和国乌克兰，但这一移交并未得到罗马尼亚和苏联立法机构的批准。20世纪60年代末，黑海大陆架发现了蕴藏丰富的石油和天然气资源。2003年6月17日，罗乌两国签署《乌克兰—罗马尼亚国家边界及边界问题合作与互助条约》，确认兹梅伊内岛主权归乌克兰所有，但两国的海上边界未定。2004年9月16日，罗马尼亚向国际法院提交申请书，就罗乌两国在"黑海确定单一海洋边界从而划分各自的大陆架和专属经济区"一事对乌克兰提起诉讼。

二 兹梅伊内岛争端产生的原因

第二次世界大战爆发后，罗马尼亚于1940年11月加入了法西斯轴心国。1944年8月，苏军在雅西—基希讷乌对法西斯发动了强大攻势，开始向罗马尼亚腹地挺进。在这种形势下，罗马尼亚王室联合罗共等政治力量于23日举行反法西斯武装起义，推翻了安东尼斯库的独裁统治。9月12日，罗马尼亚萨那特斯库政府宣布退出轴心国，加入国际反法西斯同盟，并与盟军签订停战协议。

第二次世界大战结束后，虽然罗马尼亚成立了由共产党执政的新政府，但由于苏联通过在罗马尼亚国内驻军，派遣专家帮助其发展等做法，将罗马尼亚牢牢控制在自己手中，而罗马尼亚政府为了保证国内局势的稳定以及尽快走出战争的阴影，在各项事务上不得不与苏联采取共同立场，成为苏联的忠实追随者，并曾因此被视为"最正统的卫星国"。"1948年罗马尼亚外部历史的最明显特征是丧失其外交政策……罗马尼亚的外交政策完全效仿苏联……在外交事务中罗马尼亚不再是一个独立的主权国家，与西方国家的关系也紧紧追随苏联。"①

1948年，尽管罗马尼亚的立法机构并未批准，但在苏联的强制要求下，罗马尼亚政府被迫将兹梅伊内岛转交给当时属于苏联加盟共和国的乌克兰手中。1958年，苏联从罗马尼亚撤军后，罗马尼亚开始了国家正常化，罗政府改变了以往外交上"苏联追随者"的软弱形象，开始根据国家安全和民族利益的需要处理外交事务。1967年罗马尼亚不顾苏联和其他东欧国家的反对，单独同西德建立了外交关系。并在1968年苏联侵

---

① ［罗］吉塔·约耐斯库：《共产主义在罗马尼亚》，北京编译社译，世界知识出版社1965年版，第154页。

捷事件中，罗马尼亚是华约成员国唯一没有出兵的国家，而且对武装侵捷进行了谴责。通过推行积极自主的外交，罗马尼亚与苏联渐行渐远，也在国际社会获得了更多的发言权和更大的影响。特别是齐奥塞斯库上台之后，罗马尼亚通过各种方式提出苏联应该向罗马尼亚归还兹梅伊内岛主权。

20世纪60年代末，地质勘探人员发现黑海大陆架蕴藏丰富的石油和天然气资源，兹梅伊内岛恰好位于黑海大陆架之上。1982年《联合国海洋法公约》颁布，提出沿岸国可以获得不超200海里的专属经济区，而且岛屿可以作为专属经济区的起点，这使得兹梅伊内岛的经济价值立刻显现出来。

1991年苏联解体后，乌克兰继承了对兹梅伊内岛的控制，罗马尼亚政府称乌克兰对兹梅伊内岛是"非法侵占"，并于1995年正式向乌克兰提出包括兹梅伊内岛在内的一些领土归属问题，要求重划两国领土领海边界，但遭到乌克兰政府的反对。两国关系因此一度陷入紧张状态。1997年，乌克兰和罗马尼亚两国外长在乌克兰首都基辅签署了《乌克兰和罗马尼亚友好、睦邻、合作条约》，该条约规定双方不向对方提出领土要求，乌克兰则保证不在兹梅伊内岛上部署进攻性武器，同意通过谈判解决海上边界问题，在问题解决之前任何一方都不开发争议海区的资源。至此，罗乌两国关系走向缓和。

出于自身安全性考虑并进一步融入欧洲，罗马尼亚从1996年开始就申请加入北约。然而，除了在经济和军事上的要求之外，北约还要求其候选国不能与邻国有任何领土争端。为了满足"入约"条件，2003年6月17日，罗乌两国总统签署《乌克兰和罗马尼亚国家边界及边界问题合作与互助条约》，罗方在条约中承认一直存在争议的兹梅伊内岛主权归乌克兰所有，乌方则承诺不在该岛部署进攻性武器。尽管该条约明晰了兹梅伊内岛的主权归属，但在其内容中并未划定两国的领海边界，这就为后来的罗乌两国黑海划界问题埋下了伏笔。

2002年，乌克兰单方面决定对兹梅伊内岛进行开发，同时宣称黑海大陆架为其所有。此举引起了罗马尼亚的强烈抗议。2004年9月，罗马尼亚向海牙国际仲裁法庭提起诉讼，要求法院在黑海上勘定单一海洋边界，从而划定两国的大陆架和专属经济区界限。

三 兹梅伊内岛争端解决的途径及发展趋势

罗马尼亚的诉讼书中解释称，乌克兰和罗马尼亚在1997年6月2日签署的《睦邻友好与合作关系条约》（the Treaty on Good Neighbor lines and Co-operation）及其《补充协议》中就明确提出了"两国有义务就其国家边界制度缔结一项条约，并签署一项协议，划定两国在黑海的大陆架和专属经济区界限"。但自1998年1月至2004年9月，两国就该问题共举行了24轮谈判和10次专家级磋商，没有达成任何共识。在这样的情况下，罗马尼亚和乌克兰两国都同意将黑海划界问题提交给国际法院实行法院管辖权。

国际法庭历时一年多的调研，确认了两国的主要论述点：罗马尼亚认为，乌克兰对于兹梅伊内岛周围的领海区域侵占了原本属于罗马尼亚的专属经济区和大陆架；乌克兰则认为，兹梅伊内岛拥有常住居民和饮用水，应当视其为黑海大陆架的延伸岛屿，因此兹梅伊内岛应该享受《联合国海洋法公约》赋予岛屿的领海、专属经济区以及大陆架，并且要求国际法院在不涉及两国领海的条件下，划分出属于两国的专属经济区和大陆架。

国际法院认为，从国际法的法理及以往应用案例来看，不可能存在一条"将一国的领海部分从另一国的专属经济区和大陆架区域加以区分"[①]的划界线。两国的分歧在于，是否能以兹梅伊内岛周围划出一条包含全部划界要求且为双方接受的海上边界。为了解决这一核心问题，国际法院需要厘清三个关键点：两国在相关区域的海岸线长度；划界基点的确定；外部因素的影响。

1. 两国在相关区域的海岸线长度

对于相关的海岸线长度的界定上，双方各执一词。按照罗马尼亚的观点，其国土内整条海岸线都是与之相关的，海岸线总长度为269.67千

[①] 张卫彬：《2009年罗马尼亚诉乌克兰黑海划界案评析》，《中国海洋法学评论》2009年第2期。

米，海岸基线长度 204.90 千米，而乌克兰的相关海岸线长度为 388.14 千米，海岸基线长度是 292.63 千米。乌克兰认为，根据国际通行方法测算，罗马尼亚海岸线长度应为 185 千米，即使考虑到罗马尼亚海岸的曲折性，其总长度也应是 225 千米，海岸基线长度为 204 千米。而乌克兰的相关海岸线长度为 388.14 千米，海岸基线长度是 292.63 千米。

对此，国际法院认定，罗马尼亚从与乌克兰河边界的最后一点到赛克林半岛（Sacalin Peninsula）之间的海岸线，对于乌克兰来说有双重作用。因为在其北面与乌克兰的海岸相邻，与之相对的海岸是克里米亚半岛（Crimean Pen-insula）。而乌克兰将卡尔基尼特湾、坚德罗夫湾和第聂伯溺谷统统划为相关海岸线是不适当的，同时兹梅伊内岛的海岸线仅为 2000 米，也不能将其作为乌克兰的相关海岸线。按照国际法院的观点，罗马尼亚相关海岸长度大约为 248 千米，乌克兰相关海岸长度是 705 千米，两国的相关海岸长度之比约为 1：2.8。

2. 划界基点的确立

对于划界基点的确定问题，双方争议焦点主要在于：罗马尼亚海岸的赛克林半岛、马苏若湾（Musura Bay）和苏林纳堤坝（Sulina dyke）与乌克兰海岸的库班斯基岛屿（Island of Kubansky）、塔克罕库特海角（Cape Tarkhankut）、赫尔松海角（Cape Khersones）以及兹梅伊内岛等能否作为领海基点。

国际法院经过分析后认为：罗马尼亚所列的赛克林半岛和马苏若湾符合划界基点要求，至于苏林纳堤坝，由于其末端与罗马尼亚的领土相连接，可以被视为其领土的自然延伸，因此可以作为基点。而乌克兰的库班斯基岛屿、塔克罕库特海角和赫尔松海角也可以作为基点，但兹梅伊内岛不能维持人类的长期居住和经济生活，因此不能被视为岛屿，而应被视为岩礁，所以不能作为划界基点。

3. 外部因素的影响

在罗乌两国提交的材料中，提出的影响两国黑海划界问题的外部因素，主要有以下几点：

黑海的封闭性：罗马尼亚认为，在 1978 年土耳其与苏联签署的《大陆架划界协议》，以及 1997 年土耳其与保加利亚签署的有关划界协议中，都考虑了黑海封闭性对双方的影响而调整了领海界线。因此，黑海的封闭性理应纳入本案的考虑范围之内。对于罗马尼亚的提法，乌克兰表示了不同的意见，首先，本案与上述两案的具体情况不同，黑海的封闭性本身不能作为本案的考虑因素。其次，双边协议不影响第三方的权利，在黑海存在的划界协议不影响目前的争议。经过论证，国际法院倾向于乌克兰的观点，没有将黑海封闭性纳入本案的讨论范畴。

国家性活动：乌克兰认为，争端发生前，在相关区域内的国家活动应当作为一个有关情况加以考虑。比如，乌克兰分别于1997年、2001年和2003年为在其主张的大陆架和专属经济区开展有关石油和天然气的勘探和开采活动颁发了许可，而罗马尼亚在2001年之前并没有提出异议。罗马尼亚则认为，在当今国际法框架下，国家活动不应成为划界问题的考虑因素。罗马尼亚对乌克兰颁发许可证的行为一直不断地表示抗议，但乌方并未理睬，所以，两国并不存在所谓的"私下协议"和"政治默契"。总体来说，国际法院采纳了罗马尼亚的观点，在最终判决中并未体现国家行为对其的影响。

安全性因素：乌克兰认为，罗马尼亚在以往谈判中所提出的建议以及其诉讼材料中所主张的领海界线危害了乌克兰的海上安全利益。罗马尼亚声称，并没有证据显示其所提出的建议方案危及乌克兰的安全利益，并且在2003年两国所签署的《互助条约》中还赋予了兹梅伊内岛12海里的领海。相反，乌克兰的不合理划界主张，由于过分靠近罗马尼亚的海岸，因而侵犯了其安全利益。国际法院认为，争议国关于安全利益的正当要求是最终确定划界线的重要影响因素，国际法院将充分尊重双方的安全利益，并在最终判决中得以体现。

2009年2月3日，国际法院15名法官做出一致判决，为罗乌两国划定了黑海的大陆架和专属经济区海洋边界。法院认为，兹梅伊内岛距离大陆约20海里，不应作为海岸的相关部分，否则就等于把本来不相干的部分变为争端一方的海岸线，其结果是在司法上重塑了地形。国际法院回避了就兹梅伊内岛是属于《公约》第121条的"岛"还是"礁"做出直接的认定，但确认兹梅伊内岛属于"不能维持人类居住或自身的经济生活"的岩石，根据《公约》第121条第3款所做的限制性规定，兹梅伊内岛不能享有大陆架和专属经济区，因而不应对罗乌两国之间的专属经济区和大陆架划界产生实质性影响。

国际法院承认了罗乌《互助条约》中赋予兹梅伊内岛的 12 海里领海，并将罗乌两国在黑海的大陆架和专属经济区单一海洋边界的起点，起始于兹梅伊内岛的 12 海里领海外部界限，基本上是两国海岸的等距离线。根据国际法院的判决，罗乌争议区的 80%，约 9700 平方千米的大陆架划归罗马尼亚。

国际法院对黑海划界案判决以后，罗马尼亚和乌克兰态度迥异。前者认为这是双赢的结果，而后者则表达了自己的不满。乌克兰宣称国际法院在作出裁决时采用的是最普通的等距离方法，根本没有考虑本案的相关情况，因而该裁决更多地反映了罗马尼亚的利益。

从对待判决的不同态度就可以看出，虽然罗乌两国此前都已表示接受国际法院的裁决，但罗乌两国在划界问题上的分歧并没有得到实质上的解决。而国际法院的判决书中对兹梅伊内岛性质的回避也在法理上为罗乌两国分歧的持续发酵留下了可以操作的空间。

自判决书被执行以来，乌克兰就开始着手加强兹梅伊内岛的基础设施建设，乌克兰政府于 2012 年在兹梅伊内岛建成大型港口，计划对兹梅伊内岛的旅游资源进行开发。究竟兹梅伊内岛旅游资源的经济贡献能有几许尚不明晰，但乌克兰政府此举显然是针对判决书中认定"兹梅伊内岛属于不能维持人类居住或自身的经济生活的岩石"这一条，力图将兹梅伊内岛建设为可以维持人类居住，经济上自给自足的"岛屿"。如果乌克兰政府的这一想法变成现实，那么兹梅伊内岛的性质很可能需要重新定义，罗乌两国关于黑海划界问题必然被重新点燃。

（张育瑄）

第六章

希腊与土耳其伊米亚岛之争

伊米亚岛位于东爱琴海卡利娜诺斯岛（Kalolimnos）附近，土耳其人称其为卡尔达克岛（Kardak）。伊岛距土耳其海岸不到4海里，其总面积虽不足1平方公里，是名副其实的无人岛。根据1932年意大利和土耳其签署的条约，包括伊米亚岛等绝大部分爱琴海上的岛屿划归希腊所有。由于这些岛屿距土耳其海岸较近，土方一直未予承认，为此与希腊争端不断。

一　伊米亚岛争端的发展历程

1987年2月18日，希腊政府将之前与美国、加拿大联合创建的北爱琴海石油公司收为国有，并授权该公司到萨索斯岛海域附近的普林诺斯油田进行石油开发。对此，土耳其政府反应强烈，其一边向希腊提出严正抗议，提出希腊政府此举违反了两国1976年签订的关于禁止双方在爱琴海国际水域勘探石油的条约，指责希试图造成单方面在爱琴海有大陆架争议的区域进行石油勘探的既成事实，扩大希腊的大陆架；一边派出四艘军舰和一艘勘探船驶入同希腊有争议的海域。随后土耳其和希腊政府先后宣布军队进入戒备状态，战争一触即发。后经过北约的紧急斡旋，局势才有所缓解，但希土之间的岛屿争端问题远没有解决。

1995年12月26日，一艘土耳其籍的货船在伊米亚岛附近搁浅，收到求救信号的希腊迅速派出船只前往救援，但该货船船长以伊米亚岛附近海域属于土耳其领海为由拒绝了希腊方面的援救。希方对船长的态度极为不满。最后这场争端通过外交途径得到化解。但仅仅一个月后伊米亚岛争端再次发酵。

1996年1月25日,伊米亚岛附近的希腊卡利姆诺斯岛的一位行政长官和随行一同登上了伊米亚岛并在岛上升起了希腊国旗。两天后,土耳其《自由报》的三名记者也乘直升机登上了伊米亚岛,降下希腊国旗,升起了土耳其国旗。希腊立即派海军突击队登岛降下土耳其国旗,重新升起希腊国旗。一场游走在战争边缘的"国旗战"在希土两国之间正式上演。

与此同时,希土双方又打起了"口水仗",互相攻击对方侵犯了本国领土。希腊称拥有对付土耳其的手段,并将毫不犹豫地使用这些手段,希腊国旗将继续在伊米亚岛上空飘扬。土耳其则称希腊争夺这个小岛是没有法律依据的,我们决心捍卫我们的权利。几天之间,双方在伊米亚岛附近各自集结大小吨位的战舰达数十艘。双方的战斗机和直升机也在该岛附近空域呼啸而过。1月30日,土耳其派出十名突击队员乘橡皮艇登上伊米亚岛,与护旗的希腊海军突击队各据小岛一端进行对峙,武装冲突一触即发,最终导致轰动国际社会的伊米亚岛争端。

1月31日,在国际社会的调解下,希腊、土耳其两国达成"脱离接触协议"。希腊拔掉了插在岛上的希腊国旗,双方军队撤离伊米亚岛。为了安抚在此次危机解决过程中处于下风的希腊,2月15日,欧洲议会就伊米亚岛争端召开会议,强调"希腊的边界是欧盟外界边界的一部分",土耳其必须"遵守国际条约"。两次危机都在联合国、北约和美国的调停下偃旗息鼓。但伊米亚岛争端延续至今,仍未解决。

二 地区性民族问题长期存在的症结

罗马帝国自西罗马帝国灭亡后,帝国东部罗马政权的延续被称为东罗马帝国,其领土曾包括亚洲西部和非洲北部,是古代和中世纪欧洲历史上最悠久的君主制国家。

自公元476年西罗马帝国被哥特人征服之后,东罗马帝国成为罗马精神和传统文化的唯一继承人,同时伴随着权柄的让渡和荣耀的加冕,东方的挑战也接踵而至。特别是查士丁尼一世去世后,东罗马帝国陷入四面交困的境地：伦巴底人占领了意大利北部；斯拉夫人占领了巴尔干半岛的大部分地区；波斯人入侵和占领了东部地区。到 7 世纪中期，阿拉伯人占领了东罗马帝国几乎所有的南部省份，叙利亚、埃及彻底沦为阿拉伯帝国的一部分。东罗马帝国的领土，只剩下帝国的核心地区，即希腊、色雷斯地区和小亚细亚西部。

面对帝国衰落的事实，希拉克略抛弃了罗马多元文化混杂的传统和拉丁文化的影响，开始了东罗马帝国希腊化进程：希腊语不仅被定为官方语言，而且成为文人写作、宗教礼拜和普通大众的日常生活用语；皇帝弃用了古罗马的皇帝头衔奥古斯都（Augustus），而开始使用巴西琉斯（Basileus，古希腊语的国王）称呼自己。公元 787 年，第七次宗教会议阐释了圣像崇拜和偶像崇拜的区别，东罗马基督教会的神学体系至此正式确定下来，并后来发展为希腊正教（即东正教）。希腊文化随着岁月的流逝，慢慢渗入东罗马帝国的方方面面，并成为帝国的基础。

公元 9—11 世纪，希腊化的东罗马帝国达到了它的顶峰，在这段被称为"黄金时代"的几个世纪里，拜占庭帝国一度占领了保加利亚的大部分和意大利的一部分领土，并控制了亚得里亚海的制海权。但由于当时拜占庭国内大量占有土地的贵族们强行的土地兼并，打破了原有的军区制度；加之边境不断出现新的敌人①，拜占庭帝国很快又衰落了。

1453 年 5 月 29 日，经过两年的包围战，穆罕默德二世攻克君士坦丁堡，拜占庭皇帝君士坦丁十一世战死，这标志着持续千年的拜占庭帝国的灭亡。从此希腊地区被纳入奥斯曼帝国版图，直到第一次世界大战后奥斯曼帝国瓦解的数百年里，奥斯曼帝国及其统治者一直将自己视为拜占庭帝国合法继承人。

为了避免希腊居民因为宗教信仰问题而反抗苏丹和帕夏的统治，同时也为了增加帝国财政收入，奥斯曼帝国在希腊地区实行宗教宽容政策，该政策允许非伊斯兰教徒缴纳特别税从而获得宗教宽容。尽管宗教宽容政策在某种程度上保证了希腊地区居民的宗教信仰的自由选择权，但异族统治所带来的政治上与经济上的双重压迫，仍使希腊人民不堪重负。

---

① 诺曼人征服了意大利，而突厥人进入了小亚细亚。1071 年在曼齐刻尔特会战中罗梅纳斯四世被突厥苏丹阿尔普·阿斯兰战败，拜占庭帝国从此失去了小亚细亚省。

因此，在奥斯曼帝国统治的四百年中，希腊地区人民反抗压迫的起义斗争此起彼伏。

进入19世纪后，民族意识的觉醒伴随着资产阶级革命席卷整个欧洲大陆，希腊新兴的资产阶级要求摆脱奥斯曼帝国军事封建制度的束缚，建立属于自己的民族国家。1821年3月，在友谊社的组织和发动下，希腊本土爆发大规模起义。3月25日，起义迅速发展到整个伯罗奔尼撒半岛、克里特、爱琴海诸岛屿、卢麦里以及马其顿等地。经过八年的斗争，希腊于1829年成立自治国，奥斯曼帝国于1832年正式承认希腊的独立地位，从此奥斯曼帝国结束了对希腊地区长达四百年的统治。

第一次世界大战爆发后，希腊和土耳其分属协约国和同盟国两大阵营，随着同盟国的战败，奥斯曼帝国随即崩溃，被奥斯曼帝国苏丹统治的大片领土和人口被列强瓜分及分裂为多个新的国家：奥斯曼帝国的分裂形成了今天的阿拉伯世界及土耳其共和国；国际联盟允许法国托管叙利亚及黎巴嫩；英国托管美索不达米亚及巴勒斯坦（后来分为巴勒斯坦及外约旦）；奥斯曼帝国的部分阿拉伯半岛领地成为今天沙特阿拉伯及也门的一部分。

1920年，奥斯曼帝国与协约国签订《色佛尔条约》，由于条约对奥斯曼帝国和土耳其人极为苛刻，因此刺激了国内民族意识的强烈反弹，由凯末尔代表的土耳其民族主义者拒不承认《色佛尔条约》，并发表声明称土耳其领土是不可分割的整体。

虽然土耳其不承认《色佛尔条约》，但协约国集团支持希腊对小亚细亚地区的领土要求，希腊于1919年5月15日出兵占领士麦拿，第二次希土战争因此爆发。由于土耳其民族意识的觉醒，加上后期获得法国和苏联的支持，因此，希腊在战争前期虽然一度占领了屈塔希亚并企图挺进安卡拉，但由于指挥的失误和国内政局的动荡，希腊军队在土军的反攻下全线溃退，并被迫签下《洛桑条约》，将东色雷斯、伊姆雷斯岛和特内多斯岛归还土耳其，放弃对士麦拿的占领。出于国际方面的压力，凯末尔政府也做出了相应的妥协：在保住君士坦丁堡周边以及扼守中东水源地的西南山岭—库尔德人地区之后，土耳其政府同意放弃对其他地区的领土要求。并且为了保住黑海海峡，土方被迫放弃对爱琴海岛屿的领土主张。这一条款也导致了之后希腊与土耳其之间的岛屿争端，包括塞浦路斯、伊米亚岛问题，并一直持续到今天。

由于在土耳其境内居住着百余万的希腊人，并且《色佛尔条约》签订时缔约方奥斯曼政府依然是被国际承认的土耳其地区的官方政府，因此不能简单地将第二次希土战争定义为希腊对土耳其的侵略战争。但这场战争在希腊政府和人民看来，不仅是对奥斯曼帝国四百年异族统治的复仇，更是一次对故土和信仰的光复。而对于凯末尔和全体土耳其人而言，第二次希土战争是一场不折不扣的全民族反侵略战争，摩德洛司停战协定后的国际环境和奥斯曼政府的软弱妥协将土耳其逼上了独立建国、维护领土完整的道路。

虽然战争双方都有充分的理由，但不可否认的是，第二次希土战争和随后签订的《洛桑条约》使两国关系进一步恶化，并使希腊人和土耳其人的民族裂隙越来越大，难以愈合。《洛桑条约》作为大国政治影响下外交妥协的产物，导致希土两国停战后在领土划分、难民遣返、制宪及外国军队撤出等方面仍存在较大分歧，非但没有解决两国间的领土划界纠纷，反而为后来的希土爱琴海岛屿争端埋下了祸根。

三　地区性民族问题与地区间国家关系

考察历史则不难发现，希土两国的现代国家建构，以及实现民族独立的过程都是通过反抗侵略和殖民得以实现的。自1832年希腊独立后，受希腊民族主义的引导以及战争的影响，将奥斯曼帝国对希腊地区四百余年的统治定义为土耳其人对希腊民族单纯性的殖民掠夺和民族压迫成为大多数希腊人的广泛共识。希腊人选择性地无视一切与土耳其人可能存在的共同历史，而对东正教堂被伊斯兰化、希腊民族在奥斯曼帝国饱受歧视和压迫，以及希腊人民通过光荣而英勇的独立战争，从入侵者的手中将自我解放出来的历史，通过浪漫主义的渲染和美化被不断地加强。[1]

---

[1] 参见 Ian Morris, "Archaeologies of Greece", in Ian Morris, ed., *Classical Greece: Ancient Histories and Modern Archaeologies*, Cambridge: Cambridge University Press, 1994, pp. 8–47。

对于土耳其来说，虽然第一次世界大战正式终结了奥斯曼帝国的千年统治。但战后，希腊在协约国集团的支持下，出兵侵略土耳其，意图瓦解土耳其。土耳其人的民族解放战争正是在抵抗以希腊为首的外国侵略中爆发的。这样的共同历史让土耳其人确认：希腊不仅仅想要独立建国，更想恢复其鼎盛时期的话语权和影响力，而这一目标的实现则是建立在肢解和吞并土耳其的基础上的。尽管从1923年以后，希腊对土耳其没有构成严重威胁，但对希腊人的忧患却一直存在于土耳其人的认知中，正如希腊人记忆中的"四百年奴隶时期"一样深刻。

这种被建构出来的民族敌对观念对希土两国的关系产生了持续而深远的影响。希土两国为了加强国家的向心力和民族认同，将国家在历史上遭遇的殖民侵略和近代的民族解放作为国民教育而被广泛普及，其核心就是讲述国民如何经历种种磨难并反抗来自对方的压迫，进而建国并完成民族独立。因此，希土两国对彼此的不信任就成为一种根深蒂固的观念，这种观念作为民族集体记忆传给了两国的后代。同时由于现代的希土两国都是民主国家，因此国家在外交政策的制定和执行上受民意制约较大。两国政府为了迎合民意，就经常以向对方示强为手段换取选民的支持。在这样的情况下，两国间发生的任何一件小的外交事件都会成为两国政府"显示外交肌肉"的借口，因而使地区性危机持续不断。

第二次世界大战爆发后，尽管战争初期土耳其政府力求保持国家的中立地位，但随着战事的发展和战争规模的扩大，土耳其最终于1945年2月加入了同盟国军事集团，向轴心国军事集团宣战。

第二次世界大战结束后，为了打击共产主义在欧洲的发展势头并遏制苏联，美国总统杜鲁门于1947年5月22日正式签署了"援助希腊，土耳其法案"，给予希土两国经济、军事物资援助。希腊、土耳其既为美国的盟友，又有共同的执政目标，这为希土两国关系走向缓和与合作提供了新的可能。

然而，居住在塞浦路斯的希腊族人所坚持的"意诺西斯"运动（即同希腊合并）激怒了土耳其境内的土耳其民族主义者，1955年9月6日，一群暴徒冲入伊斯坦布尔的希腊族聚居区，有组织地对当地的希腊族人展开袭击，造成了大量人员伤亡和财产损失，至此，土耳其境内的希腊人开始阶段性地撤出土耳其。1967年希腊军政府通过政变上台，基于强硬派的执政思路和外交方针，希腊军政府执行更为激进的外交政策，积极支持塞浦路斯希族激进组织的"意诺西斯"运动，并主导了1974年的塞浦路斯政变，这直接导致了土耳其对塞浦路斯北部的侵略和占领，并为希土关系增添了一个新的矛盾点。

20世纪70年代，两国关系在爱琴海问题上又起波澜。依据《洛桑条约》的相关条款，土耳其将距离其海岸线三英里以外的几乎所有岛屿（除格克切岛、博兹加岛和兔岛三岛以外）割让给希腊。但随着海底大陆架页岩油气开采技术的进步，使爱琴海潜在的石油资源开采成为可能，这也重新燃起了希土两国在爱琴海问题上的争端。1987年土耳其曾试图在爱琴海域希腊大陆架一侧进行水下探测，该举动引起了希腊的强烈反应，两国几乎走到了战争的边缘。

20世纪90年代，希腊议会批准加入了《联合国海洋法公约》，并宣布将其在爱琴海海域的领海宽度从6海里扩大至12海里，土耳其议会立即通过了一项决议作为回应，赋予土耳其政府使用包括武力在内的一切手段来保护土耳其利益。由于希土两国在领海问题上互不相让，伊米亚岛危机终于爆发，虽然经由国际调停而暂时被搁置下来，但两国在领海问题划分上的争端依然尖锐，进而严重影响了两国关系的发展。

随着国际形势的变化，希土两国对自己外交策略加以反思和调整。1999年6月，土耳其外长杰姆和希腊外长帕潘德里欧在纽约联合国总部进行历史性会晤，双方同意通过对话和平解决争端，从而为修复两国关系拉开了序幕。进入21世纪以来，特别是土耳其正义与发展党上台执政后，以埃尔多安总理为首的土耳其政府在外交政策方面做出了进一步调整。他"从凯末尔倡导的'一边倒'的亲西方外交政策开始向东方倾斜，力求在东西方的国际势力中寻求平衡"[1]。在北塞浦路斯问题和伊米亚岛

---

[1] 参见 John Redmond, "Turkey and the European Union: Troubled Europeanor European Trouble?" *International Affairs* (*Royal Institute of International Affairs 1944 –*), Vol. 83, No. 2, European 50 (Mar., 2007), pp. 305 – 317.

争端上，近两年也逐渐趋向缓解。2013年，土外长达武特奥卢访问希腊时，就解决北塞浦路斯问题与希腊进行了广泛协商，并表示将致力于共同推动希土两国的领海争端问题。

四 伊米亚岛争端解决的途径及发展趋势

希土关系的改善似乎为两国间一系列问题的解决打开了一扇门，因此国际专家学者们纷纷在各自相关领域提出相应的解决方案。在爱琴海岛屿争端问题上，希腊的一位外交官贝隆赛奥德罗普罗斯大使提出的方案则很有代表性：双方暂停爱琴海大陆架划界和开发30—50年；沿希腊大陆海岸线领海宽度为12海里；爱琴海岛屿的领海宽度为6海里；爱琴海上的领空范围相应地进行重新调整。① 尽管此方案一定程度上照顾了土耳其的利益，具有较高的可行性。但遗憾的是，希土两国关系的缓和并不足以改变双方在其面对两国领海和主权等根本问题上的态度，因此，希土双方没有接受任何调解方案，以伊米亚岛争端为代表的一系列爱琴海岛屿争端问题仍悬而未决。

伊米亚岛屿争端之所以成为具有代表性的岛屿争端案例，是因为无论是争端的形成还是其后的发展，基本包含了世界岛屿争端所有要素。因此，想要厘清伊米亚岛争的发展趋势和解决途径，就需要在多重假设中进行综合性的考量。

（一）军事途径

尽管依靠军事作为解决争端的手段已经不为当今国际社会所认同和接受，《非战公约》和《联合国宪章》都规定了所有缔约国不得以"战争方式"作为解决国际争端的手段和方法，以和平方式解决国际争端不仅是一国履行自身国际义务的体现，也关乎一国在国际社会中的形象和声誉。一国在国际政治舞台的影响力和行为能力，实际上是与该国的军事能力密切相关的。在当今"一切皆有可能"的虚无主义社会之中，战

---

① 吴传华：《土耳其与希腊爱琴海争端解析》，《西亚非洲》2011年第2期。

争作为人类最古老的社交形式之一，至今依然是世界各国解决问题方式上的保留选项。

在伊米亚岛屿争端中，希土两国针锋相对的情形并不鲜见。尽管两国之间小规模的非暴力争斗不断，但最终基本和平收场。究其原因，第三方国际势力对希土两国所施加的影响是不容小觑的。

首先，希土两国均为美国的盟友，同时还是北约的缔约国，美国和北约各国出于对自身的国家利益和区域安全考虑，不会容忍北约内部成员国发生武力冲突。因此希土两国的伊米亚岛争矛盾一旦升级，美国和北约各国必然对其进行干预和调节。

其次，希、土两国的大多数军事装备由美、英、法、德等西方大国直接提供，经济上与西方的联系十分紧密，两国的任何一方想要摆脱西方大国的经济援助和军事控制而独立进行战争的可行性依然比较低。

尽管以上诸多理由使希土两国的领海争端不至于走火升级，但需要指出的是，近几年来随着经济发展迅速，依靠资源腹地的里海进行资源开采和纺织品、电子元器件的大量出口，土耳其成为全球投资者青睐的新兴市场国家；依托于经济的快速发展，土耳其重新调整外交策略，希望在东西方政治势力中寻求"再平衡"，一方面土国政府希望加入欧盟，为本国商品出口欧洲创造更大的便利；另一方面寻求与中俄等国家进行贸易和军事上的合作，希望摆脱北约控制的防空防御体系以及为本国的经济增长寻求独立于西方国家的支点。

通过以上叙述可以看出，希土两国在爱琴海上的领海争端问题依然尖锐，因为伊米亚岛的主权归属问题所引发的几次非暴力冲突都是因为美国和北约国家的介入而偃旗息鼓，两国在爱琴海的领海主权问题迫于国际压力而暂时搁置。因此，一旦美国等西方大国对于该地区的影响力和控制力下降，希土两国因争夺伊米亚岛而矛盾升级并非不可能。

（二）外交途径

虽然近些年来希土两国因伊米亚岛而摩擦不断，但两国从未放弃利用外交谈判的途径来解决问题。即使在 1987 年危机爆发时，土耳其政府依然坚持"应以均衡协调两国权益的方式"为原则解决问题。

所谓外交对话方式解决岛屿争端，指争端各方之间通过双边或多边外交方式进行协商并最终解决岛屿领土争端，通常包括谈判、协商、斡旋、调停、和解等手段。谈判和协商是最基本的外交解决方式。与司法仲裁不同，争端各方在谈判过程中是主动的、积极的，其结果对于争端各方是否有约束力也取决于争端各方是否同意。所以相较于司法仲裁这种带有强制性判决的解决方式，争端方更愿意接受谈判等政治外交方式——"国家行为体更相信和习惯于采用法庭外的外交方法和谈判智慧"①。

与谈判和协商不同的是，调停及和解除需要争端各方之外，还必须要有第三方势力作为中间力量参与其中。调查是指争端方之外的人员组成的国际性机构通过调查对争端事实做进一步的澄清，在解决复杂争端过程中一般作为与其他手段相配合的手段；和解是争端方把争端交由国际委员会去判定事实并提出解决建议和方案。第三方提出的建议对争端方并不具有法律约束力，争端最终要依靠争端方之间的谈判协商来解决。值得注意的是，就我国对外主权争端方面的实践而言，政治外交方式仅指谈判和协商的方式，并不包括第三方介入。

从当前的发展形势审视，以伊米亚岛争为代表的一系列爱琴海岛屿争端在当前的一段时间内会逐渐趋于缓和，其原因主要有以下三点：

在政治上，土耳其自1987年申请加入欧盟以来，历届土耳其政府都将入盟作为外交核心，并在这一问题上展现出百折不挠的韧性。自2005年土耳其成为欧盟候选国以来，土耳其政府已为满足欧盟标准出台了数千项改革计划，并修改宪法，完善民主立法制度。然而，由于土耳其与希腊关系的紧张，在塞浦路斯和伊米亚岛等问题没有明确解决之前，作为欧盟成员国的希腊绝不会同意其加入欧盟。这也是正发党执政之后土耳其努力改善与希腊的外交关系的主要原因。

在民族关系上，土耳其自独立以来，就一直受到库尔德问题的困扰。自凯末尔后的历届土耳其政府对库尔德分离主义者一贯进行残酷镇压，但无论是在国内的清剿，还是在国外对库尔德武装组织的军事行动，都收效甚微。多年的战火和暴乱使土耳其境内的库尔德地区常年处于经济欠发达、失业率居高不下的状态。正发党上台之后，在库尔德问题的处

---

① 苏晓宏：《大国为什么不喜欢国际司法》，《法学》2003年第11期。

理方式上也倾向多元化，不再单纯地依靠暴力手段，而是开始在社会、经济、民主、文化等领域对库尔德人进行安抚，以换取库尔德民族对现任土耳其政府的支持。这种"国家资源的倾向性分配在很大程度上让希土关系的缓和成为土耳其政府的外交目标"①。

在经济上，希腊经济持续低迷，债务缠身的希腊政府迫切寻找经济的持续增长点。但希腊吸引外资的能力远远弱于其他中欧经济转轨国家。并且，希腊的经济结构对外依赖非常严重，旅游业早已成为希腊的第一大支柱型产业，爱琴海旅游资源因希土关系的恶化而无法得到进一步开发利用。经济上的外交内困是希腊政府在爱琴海岛争问题上愿意与土耳其进行谈判的主要原因。

可以预见的是，在未来的发展过程中，希土两国将在各个领域加深了解并尝试合作，两国关系可能会进入缓和期。合则两利，争则两害，希土关系的缓和无论对两国发展而言，还是对南欧地区的安全而言，都有很大的积极意义。同时，尽管希土两国因为各自的需要而选择合作，但爱琴海岛屿争端关乎两国在领土安全上的核心利益。国家关系的缓和不足以促成该系列问题的彻底解决，因此，希土两国要想通过外交谈判协商解决岛屿争端问题，依然有很长的路要走。

伊米亚岛对希腊和土耳其两国的重要意义是不言而喻的：首先，安全问题。伊米亚岛距离土耳其海岸线只有不到4海里，因此土耳其高度警惕和防范希腊利用伊米亚岛来威胁和进攻自己，而希腊认为只要控制了伊米亚岛，就取得了希腊在爱琴海上的主动权（在希腊人的民族心理上，这种主动权并不是谋取，而是理所应当的归还）。其次，从政治角度分析，伊米亚岛代表的是国家领土和主权的完整，事关国家核心利益和民族感情，两国的任何一届政府在这一国家核心利益上都不敢也不能轻易让步，以背上出卖国家和民族利益的罪名。最后，希土两国对伊米亚岛主权和控制权的争夺，其本质是两国对爱琴海的政治权力和经济利益的划分，爱琴海的地理位置和丰富资源决定了它极具战略和经济意义。两国在爱琴海上的其他岛屿、领海、大陆架、民族问题上的争端更多、

---

① M. Hakan Yavuz, Nihat Alizcan, "The Kurdish Question and Turkey's Justice and Development Party", *Middle East Policy*, Vol. XIII, No. 1, Spring 2006, p. 103.

更大、更敏感。因此，伊米亚岛之争只不过是两国诸多争端中一部分。希腊和土耳其想要真正解决伊米亚岛的主权归属和控制权的争端问题，其可能性微乎其微。

（张育瑄）

第七章

西班牙与摩洛哥佩雷希尔岛之争

通过什么途径解决领土争端,这是世界民族问题中一个值得探讨的问题。本章就西班牙和摩洛哥佩雷希尔岛冲突的历史由来和冲突的过程进行阐述,主要分析冲突事件的深层背景以及两国在发生冲突后的国家走向。佩雷希尔岛之争作为2002年地区民族冲突的热点之一,再次向人们揭示了如何在尊重历史和现实的条件下,用政治途径解决领土争端是理性与和平的选择。

西班牙与摩洛哥隔直布罗陀海峡相望,最近处仅有20多公里。长期以来,两国关系特殊。一方面,两国经贸关系密切,西是摩的第二大贸易伙伴和第二大投资国,摩是西的第一大受援国;另一方面,两国之间领土争端一直没有解决,摩一直要求收回西在北非占领的休达和梅利利亚两块飞地和西在地中海沿岸的一些小岛,而西则坚持自己对上述领土的主权。2002年7月,两国就距摩地中海北岸180米的佩雷希尔岛(摩洛哥称雷拉岛)发生冲突,关系一度紧张。

一 佩雷希尔岛争端产生的原因

佩雷希尔岛位于地中海直布罗陀海峡,距摩洛哥海岸仅180米,面积13.5公顷,高约20米,长期以来,西、摩两国一直就其主权归属争论不休。历史上,佩岛曾被葡萄牙占据,1581年起归属西班牙。1808年,英国曾在岛上构筑防御工事以控制法国船队出入直布罗陀海峡,1813年,英国人撤离该岛。19世纪,西、英、摩三国均宣称对该岛拥有主权。

1912年，英国宣布放弃对该岛的主权要求。20世纪70年代，西班牙从岛上撤出军队，此后，除贩毒和走私分子偶有涉足外，岛上一直无人居住。尽管西班牙声称其对佩岛的控制有数百年历史，但缺少合法文件进行证明，对此西班牙外交部也坦承"理由不足"。因此，摩洛哥一直坚持其对佩岛的主权，并多次声称"任何时候，只要有必要，将驻军该岛"。但因该岛及周围海域并无任何经济价值，摩政府也无意因该岛引发两国的争端。

二　佩雷希尔岛争端的发展历程

2002年7月11日，在摩洛哥国王穆罕默德六世举行婚姻庆典并邀请包括美国前总统克林顿等众多嘉宾观礼的前一日，摩政府突然派出一支由12人组成的小型部队登陆佩雷希尔岛，在岛上竖立摩洛哥国旗。随后，摩政府宣布将在佩岛建立基地以加强打击非法移民和恐怖主义活动。西班牙政府立即作出反应，于当晚发表声明，强烈抗议摩洛哥军事"占领"该岛，称摩的行动严重侵犯了西的主权，要求摩洛哥军人立即撤出该岛。与此同时，西军加强了休达和梅利利亚两块飞地的兵力，并派遣1艘驱逐舰、两艘潜艇和4架军用直升机在直布罗陀海峡巡逻，以防止其他争议地区出现类似情况。15日，西政府向摩发出警告，要求摩立即撤除在佩岛的军队，否则将面临来自西和欧盟的经济制裁。欧盟也发表支持西班牙的声明。同日，摩外交与合作大臣穆罕默德·本·伊萨发表谈话，宣布雷拉岛自古就是摩洛哥的领土，在佩岛驻军是其主权范畴内的事务，摩不会屈从西班牙和欧盟的压力从该岛撤军。16日，阿拉伯国家联盟召开会议，宣布支持摩洛哥对雷拉岛的主权要求，同时希望摩洛哥和西班牙通过对话与协商解决两国之间的领土争端，并采取一切措施以避免上述领土争端导致两国关系出现紧张。17日凌晨，西班牙政府将其驻摩洛哥大使召回"无限期述职"，西班牙军队随后采取军事行动，28名西军特种部队官兵乘坐3架直升机，在两艘军舰的掩护下，登上了佩雷希尔岛，并在岛上升起西班牙国旗。军事行动过程中，西、摩双方没有发生任何交火，也未造成任何伤亡，6名驻守该岛的摩洛哥士兵被西军逮捕后，通过休达海关遣返回摩洛哥。军事行动结束后，西外交大臣安娜·帕拉西奥表示，此次军事行动的目的是要使该岛恢复双方均无军事人员占领的状况，西军将在佩雷希尔岛继续驻扎，直至西摩两国政府达成保持佩岛被摩占领前的状况的协议。帕拉西奥还称，除西班牙在摩洛哥的两块飞地休达和梅利利亚及附近几个岛屿的主权问题不容谈判外，西班牙政府愿意在平等的原则基础上与摩洛哥方面就包括佩雷希尔岛的前途在内的任何双边问题进行谈判。西班牙首相府当天发表的公报说，西班牙政府将继续发展同摩洛哥政府的友好合作关系。18 日，西外交大臣帕拉西奥表示，西愿与摩共同享有佩雷希尔岛主权，双方共同组成联合巡逻队对该岛进行巡逻。摩、西两国先后出兵佩雷希尔岛引发的争端引起了众多国际组织和国家的关注。17 日，联合国秘书长安南紧急呼吁双方通过和平方式解决领土争端，并承诺联合国愿意提供帮助。欧盟也发表声明，希望双方能够通过和平的外交方式解决这一领土争端。阿拉伯国家联盟敦促西班牙立即撤军，并呼吁双方就领土争端举行谈判。非盟、美国、法国等也纷纷出面调停。19 日，摩外交与合作大臣伊萨应邀前往欧盟对摩立场进行阐述，临行前承诺在西军撤离后，摩洛哥不会再回到该岛，并称摩洛哥已不是以前的摩洛哥，希望西班牙尊重摩的国家主权。在美国的积极斡旋下，西、摩两国于 20 日达成初步协议，同意接受美国国务卿鲍威尔提出的调解方案，即使佩岛恢复到发生争端前的状态。西军于 21 日撤离了佩雷希尔岛，进一步为两国签署解决危机的协议铺平了道路。22 日，西班牙外交大臣安娜·帕拉西奥和摩洛哥外交与合作大臣伊萨在摩洛哥首都拉巴特就解决此次佩雷希尔岛争端的细节问题进行磋商，随后发表联合声明，表示西班牙和摩洛哥双方都同意不在岛上竖立旗帜标志主权，或者修筑永久性建筑。两国两位外长承诺将"以善意来执行协议"，并"展开坦诚的对话以加强双边关系"[①]。至此，两国因佩雷希尔岛主权归属问题引发的争端告一段落，双边关系也有所缓和。

此次岛屿主权归属争端初期双方都出动了军队，且维护主权的态度坚决，但随后在 4 天时间内就通过和平对话解决了争端，整个事件在 10 天之内就全部结束。佩岛争端的解决速度之快，在全球因主权问题引发

---

① 参见 http://news.sina.com.cn/w/2002-07-23/0929645390.html。

的双边摩擦和冲突中实属罕见。但如果把佩雷希尔岛争端纳入西、摩两国2001—2002年的系列争端之中，并充分考虑西摩两国的特殊关系，上述这些看似矛盾的现象也就在情理之中了。

对摩洛哥而言，仅为宣扬主权而军事占领佩雷希尔这一没有任何经济价值的小岛显然并不是其目的所在。第一，摩在佩岛争端中的表态与其采取的实际行动形成了鲜明对比。摩出兵占领佩岛后宣布捍卫主权而拒不撤兵，仅在佩岛象征性地留下了6名士兵驻守，而并未在岛屿上设置其他必要的防御武器和安排军舰和飞机在周围巡逻，西军登岛时也未予以反击，充分表明摩政府无意通过军事行动解决岛屿主权归属问题。此后，摩对西军事行动也未做过激反应，并很快承诺不会再派兵登岛。第二，使用军事手段解决主权争端问题并不是摩洛哥的最佳选择。摩的经济实力和军事实力与西班牙相差悬殊，挑起军事冲突对其殊为不利。阿拉伯国家联盟虽完全支持摩的主权诉求，但希望能和平解决，如爆发战争恐难参与其中。第三，就佩岛争端本身而言，摩主动出兵佩岛并未使其获取任何实际利益，最终该岛恢复原有状态。第四，摩无意使双边关系继续恶化，因为西是摩的第二大贸易伙伴和投资国，同时摩是西班牙的第一大对外援助对象国，在经济发展上对西有相当大的依赖。那么，摩政府精心选择国王穆罕默德六世举行婚姻庆典前夕出兵佩岛以期引起国际社会关注的原因又何在呢？摩外交与合作大臣伊萨于19日前往欧盟时讲话中指出的"摩洛哥已不是以前的摩洛哥，希望西班牙尊重摩的国家主权"可以视为摩政府用意的最佳解释。

三 佩雷希尔岛争端解决的途径及发展趋势

长期以来，摩政府关于收回休达和梅利利亚两块西占领飞地的诉求一直未能得到西方合理回应，在国际上也未能引起应有重视，摩一直心有不甘。2001年，两国在非法移民、渔业等问题上一直争端不断。特别是西政府批准Repsol-YPF集团在西班牙所属加那利群岛附近勘探油气资源的决定，由于摩洛哥认为油田实际位于其领海内，因此对西政府的决定表示不满。10月，由于西班牙在西撒哈拉问题上采取的立场和对西撒人提供支持，摩洛哥召回其驻西班牙大使以示抗议，两国关系紧张。在上述事件中，摩方总体居于弱势和被动地位。西政府对西撒问题的态度和对人阵的支持是西撒问题长期难以解决的重要因素之一，而对 Repsol – YPF 集团的勘探行动摩政府也无法阻止。但对这些事关摩主权和长远经济利益的问题上，摩必须寻找突破口采取行动引起西班牙的重视。出于这一考虑，出兵佩雷希尔岛无疑是最佳选择，由于该岛不涉及西经济利益，不致引起西过激反应，使两国关系进一步恶化，同时两国的军事对峙也足以引发国际社会的关注。可以说，摩主动挑起的佩岛争端完全达到了预期目的，因此摩政府也无意深陷佩岛争端，成为佩岛争端顺利解决的重要因素。2002 年 8 月，摩向西重新提出休达和梅利利亚两块飞地主权的要求，也再次证明了摩引起国际社会对其主权诉求关注的用意。

而一直对佩岛享有实际控制权的西班牙也无意通过军事施压，一劳永逸地解决佩岛归属问题，因此一方面采取军事行动以维护主权和自身尊严；另一方面主动对摩示好，称愿继续同摩发展友好的合作关系，还主动提出共享佩岛主权的解决方案，表现出一种让步的姿态，以求迅速解决佩岛争端。西政府采取上述举动除无意在无关大局的佩岛问题上继续纠缠外，还有以下考虑：首先，西、摩关系持续紧张不利于西班牙与阿拉伯国家发展关系，特别是在西境内穆斯林日益增多的情况下，西、摩争端久拖不决不利于国内稳定；其次，西在移民和渔业捕捞等问题上也有待摩政府配合。在非法移民问题方面，摩洛哥一直是非洲非法移民进入西班牙乃至欧洲的跳板，摩政府的配合将有助于缓解正愈演愈烈的非法移民浪潮；在渔业捕捞问题方面，由于摩周边海域渔业资源丰富，是非洲第一大产鱼国，以西班牙为主的欧盟国家曾同摩洛哥签有在摩海域作业的渔业合作协议，但协议自 1999 年到期后因资源补偿费用的分歧一直未能续签。由于该协议涉及西班牙南部渔民的利益，西希望能尽早解决分歧与摩重新签订新的渔业合作协议。

2001—2002 年，尽管摩、西两国在领土、西撒、资源勘察等问题上产生了一系列争端，但是作为两个地缘毗邻、历史联系密切、经贸互有需要的国家，它们更愿意走到睦邻互惠的道路上来。对西班牙而言，摩洛哥的稳定和发展有助于缓解非法移民潮问题，而摩洛哥也需要西班牙对其投资和援助发展经济。因此，2002年的佩雷希尔岛争端顺利解决后，西、摩两国两国关系逐步缓和。

2002年12月，摩洛哥国王穆罕默德六世决定：允许西班牙加利西亚地区遭受"威望号"油轮燃料油泄漏污染的渔民在摩洛哥海域进行为期3个月的渔业捕捞，且无须缴纳入渔费用，3个月后视污染缓解情况决定是否延长捕捞期限。这一友好举动扭转了2001年来两国一直紧张的双边关系。2003年，摩洛哥与西班牙达成协议，两国将于2008年开工共同修建一条穿过直布罗陀海峡的海底复线铁路，这将是连接欧、非两大洲的首条铁路线。同年，西班牙对摩洛哥的投资额达15.41亿欧元，较2002年增长近15倍。2004年，西班牙马德里"3·11"恐怖袭击事件发生后，穆罕默德六世致电西班牙首相阿兹纳尔表示慰问，并派拉希德亲王为代表赴马德里出席遇难者追悼仪式。此外，摩还派出专家组协助调查3名摩籍涉案嫌疑人的身份。同年，西班牙新任首相萨帕特罗、司法大臣、国防大臣、外交大臣和文化大臣先后访摩，摩外交与合作大臣、司法大臣和农业大臣也先后访西，有力地推动了双边关系。两国表示愿把双边关系纳入"战略伙伴关系"框架内，并重申西撒问题应通过各方谈判找到一致同意的、公正的、最终的政治解决办法。两国在农业、渔业领域的双边合作也不断扩大。西已启动对摩有关水资源管理和灌溉技术方面的干部进行培训的合作项目。西班牙海洋勘探船则获摩洛哥批准在摩海域工作，并在2005—2006年开展了四期培训摩方人员计划。摩海洋渔业商会还同西班牙罐头制造协会签订了合作协议，以鼓励西班牙企业向摩投资，对摩海产品进行加工并推向市场。2005年1月，西班牙国王卡洛斯率庞大代表团访摩，这是西班牙国王26年后再度访摩，使双边关系步入新的友好合作时期。穆罕默德六世在欢迎晚宴上致辞说，摩洛哥和西班牙之间一直保持着特殊的睦邻友好关系。虽然两国的政治关系在最近几年里经历了一些曲折，但摩洛哥愿意在相互信任和相互尊重的基础上，把两国的特殊关系提升到涵盖各个领域的"真正的战略伙伴关系"。卡洛斯国王在讲话中则指出，西班牙愿意在新的睦邻友好政策的框架内与摩洛哥发展全面合作关系。他表示，西班牙还愿意在欧洲联盟内部充当摩洛哥的代言人，帮助摩洛哥在欧盟获得超越联系国的特殊地位。2006年2月，西班牙工商、旅游部长在参加摩洛哥—西班牙投资合作研讨会期间宣布，为了推动中小企业在摩发展，西班牙政府已制订了一项2亿欧元的投资计划，名为"摩洛哥计划"①。

目前，进一步扩大两国经贸联系、推动各自经济发展的睦邻政策已成为两国关系的优先议题。可以预见，在目前两国业已建立的"战略合作伙伴"框架内，两国友好合作关系将日趋紧密，为日后以协商方式逐步解决历史遗留的领土争端问题奠定良好的基础。

（邓颖洁）

---

① 参见 http://ma.mofcom.gov.cn/aarticle/jmxw/200603/20060301646344.html。

第八章

韩国与日本独岛/竹岛之争

2005年为韩国与日本建交40周年，两国把2005年定为"友好年"；这一年，双方因独岛/竹岛之争导致了两国建交以来最严重的外交冲突。

2005年年初，日本驻韩国大使高野纪元在首尔公开说"竹岛明明白白是日本领土"，激起韩国人的强烈抗议。针对这一时期日本外交官在首尔、华盛顿等地宣称日本对竹岛/独岛拥有主权，3月9日时任韩国外交通商部部长潘基文在定期新闻发布会上强调"独岛问题是涉及韩国国家领土与主权的问题，重于其他任何问题，因此也可以说独岛问题是高于韩日关系的概念"①。紧接着日本岛根县议会于3月16日通过《竹岛日条例案》，将每年2月22日定为"竹岛之日"，该条例的出台引发韩国民众激烈反应。他们上街示威抗议，焚烧日本国旗、切手指、自焚、跳河、呼吁抵制日货、要求断交，主张以牙还牙。韩国民众对日本过去侵吞朝鲜半岛为殖民地的罪行不反省、不忏悔，原本就积压了许多宿怨，这次挑衅更把怒火推向另一高潮。关于独岛/竹岛主权的争论升级，韩日关系再度呈现紧张态势。

3月17日，韩国政府发表《对日关系新原则》声明，指出"日本主张独岛拥有权是一种将过去的侵略正当化的行径"；23日韩国总统卢武铉发表《就韩日关系告国民书》，指出独岛和历史教科书问题关系韩国半岛和东北亚的未来，表示不能坐视日本霸权主义，韩国政府不会改变在独岛问题上的立场，拟与日本打一场外交战。② 同时，韩国决定将独岛开放

---

① 《韩国外长强调：坚决保卫独岛主权》，《每周韩国》2005年第9期。
② 《每周韩国》2005年第11期（2005.3.28）。

供韩国国民参观,从 4 月 30 日起,每天允许 140 名韩国国民登岛参观游览,以对抗日本岛根县制定"竹岛之日"的行为。

韩日关于独岛/竹岛之争,给韩日友谊年蒙上了阴影,韩日关于独岛/竹岛归属之争成为影响两国友好关系挥之不去的重要症结,为世人所关注。

一 独岛/竹岛概况

有座小岩礁岛位于韩日之间,距韩国最近的郁陵岛 92 千米(49 海里)、距日本最近的隐岐诸岛 161 千米(85 海里),面积 18.6 万平方米,韩国称为独岛(Tokto),日本称为竹岛(Take-shima)。据西方有关日本海(韩称为东海)考察探险史籍记载,1849 年法国捕鲸船"利扬库尔"号曾来此勘察,他们据船名将此地命名为利扬库尔岩。现今由英国出版的国际上最有影响的《泰晤士地图集》仍将此岛标以法语名"利扬库尔岩"(Liancourt Islands)。①

该岛由东西两个小岛和周围岩礁组成,东岛海拔 99.4 米,西岛海拔 174 米,两岛之间有一条宽 150 米、长 330 米的水道相隔。该岛的地理方位为北纬 37°14′16″,东经 131°52′12″。该岛是个火山岛,据考证独岛和郁陵岛都是在几百万年前由熔岩喷发而形成,现在独岛上还有三个火山口。该岛四周悬崖峭壁,只有东岛南边有些滩涂,缺少淡水供应,过去曾是无人居住的岛屿,只有大群海驴在此栖息。

然而,该岛位于日本海(东海)寒流和暖流交汇处,四周海域渔业资源(鱼类、贝类、海藻类水产等)十分丰富,海底还蕴藏着比较丰富的油气田。陆地虽小,但各岩礁周围 200 海里之内为专属经济区,该岛海域比陆地更有价值,这一点韩日双方都清楚。实际上,围绕该岛归属问题,韩日争斗几十年也缘于此。

---

① 周定国:《韩日独岛(竹岛)归属之争》,《地图》2003 年第 3 期。

二 独岛/竹岛归属的更替

独岛/竹岛,韩日均称其为本国固有领土。两国争端根据无非出自历史记载及其原始权源。韩国所称独岛,史书上也称"于山岛""三峰岛""海狮岛""可支岛""石岛"等。日本所称竹岛,史书上称"松岛"。

韩国根据历史记载,主张独岛自公元512年起属于韩国领土。朝鲜时期,独岛也称为三峰岛、可支岛、于山岛等,1881年改称为独岛。1906年郁陵郡守沈兴泽最先正式使用独岛这一名称,1914年行政区域改编时将其划入庆尚北道。

日本方面主张说,在宽文皇帝七年(1667),日本渔民发现了这两个岛屿。

1900年10月25日,朝鲜高宗皇帝发布大韩帝国敕令41号,将附属于江原道蔚珍郡的郁陵岛升为"郁岛郡",其管辖区域包括郁陵岛、竹西岛(石岛)与独岛(竹岛),还任命了新郁岛郡守,并将此敕令刊登于议政府总务局官报课主办的《官报》上,向世界宣布独岛拥有权。①

日本政府自1905年入侵朝鲜半岛以后,即宣告对竹岛(独岛)拥有自主权。1905年1月,日本政府根据内阁会议将竹岛编入日本领土,规定将此岛由"隐岐岛司管辖",并决定将岛名改称为"竹岛",它由内务大臣告知岛根县知事。② 2月22日,岛根县知事发布第40号告示宣布"北纬37度9分30秒,东经131度55分,由隐岐岛西北距离85海里处的岛屿称为竹岛,从此纳入本县所属的隐岐岛司管辖"③。此告示刊登于岛根县《县报》和地方报纸《山阴新闻》上。

---

① [韩]独岛研究保全协会、独岛学会编:《韩国领土——独岛故事》,第12页。勒令第四十一号:郁陵岛将改称为郁岛,岛监改正为郡守之件。第一条:郁陵岛改称为郁岛,附属于江原道,岛监改正为郡守,并编入官制中,郡守为五等。第二条:郡厅位,定为台霞洞,其管辖区域包括郁陵全岛和竹岛、石岛。
② [日]外务省网站:《竹岛编入岛根县》,http://www.mofa.go.jp/mofaj/area/takeshima/g_hennyu.html。
③ 慎镛厦:《从历史侧面看独岛问题》,[韩]《独岛研究》,第160页。

1945年8月15日，日本战败投降。1946年1月29日，联合国最高司令部发表了《关于将若干周边区域从政治和行政上分离于日本的备忘录》，通称 SCAPIN 指令（Supreme Command Allied Powers Instruction）第677号。该指令第3条明确规定了"利扬库尔岩"（Liancourt Rocks，独岛/竹岛）等排除于日本领土之外。1946年6月22日，联合国最高司令部发布 SCAPIN 第1033号，禁止日本渔民接近"利扬库尔岩"（Liancourt Rocks），规定："今后日本的船舶及乘务员不得接近处于北纬37°15′、东经131°53′的利扬库尔岩12海里以内区域，并且对于同岛不得进行任何形式的接近。"①

1948年8月15日，随着大韩民国政府的建立，独岛与其他领土一同归于大韩民国政府，并由大韩民国政府行使主权。

1952年1月18日，韩国总统李承晚发表"海洋主权宣言"，宣布对邻接其领土半岛和岛屿沿岸的大陆架及所属范围的全部海域行使国家主权，并明确有关经纬度坐标，确定上述毗连海域范围，独岛被韩国划归为领海管辖。日本政府遂向韩国单方面宣布的"李承晚线"提出抗议，拒不承认韩国的领海线划分法。

1953年5月，日本趁朝鲜战争仍在酣战之际，曾派兵一度占领了该岛，并在岛上建立了领土标志碑，声称日本已"实际控制"竹岛（独岛）。7月12日，在年仅23岁的洪淳七的领导下，韩国民众自发组织的义勇守备队开赴独岛，将日本军人赶走，在岛上升起了第一面韩国国旗（洪淳七独自守卫独岛长达3年8个月，1956年李承晚政府派出海上警察守备队，结束了其神圣的"守土护国大业"）。至此，独岛完全在韩国的实际控制之下。

1953年9月15日，韩国推出三种以独岛为主题的邮票，并售出总数三千万张，不过日本方面拒绝快递使用这些独岛邮票的邮件（韩国后来于2002年、2004年曾三度发行其他新款式的独岛邮票。2004年6月，朝鲜亦发行了独岛邮票，这张独岛邮票与其他朝鲜岛屿风光做题材的邮票合组发售）。

1954年，韩国正式将独岛划归庆尚北道郁陵郡管辖。在现今行政区

---

① 独岛学会编：《日本关于独岛拥有权的主张为什么错？》，第23、25页。

划中，独岛地址为庆尚北道郁陵郡郁陵邑独岛里山1—37番地。自1957年开始韩国在独岛修建永久性建筑物。

1965年6月，日韩邦交关系正常化，两国一致同意"日韩两国的所有纷争，首先要通过外交途径解决，外交途径不能解决的，通过两国政府认可的手段进行调解解决"。据此，日本政府提出与韩国就该岛纷争进行对话。但韩国政府则不容置疑地认为，独岛自古以来是韩国领土，这个问题不能作为两国纠纷进行对话。

1978年4月30日，韩国对本国领土之外12海里海域实施领海权，从此在独岛12海里之内禁止日本渔船进入。日本方面指责韩国政府在独岛上设置灯塔、观察站和兵站，并常驻警备人员。

1981年，韩国在岛上兴建直升机场；年底，韩国海军还在岛上修建了守岛工事；1982年11月16日，韩国把独岛范围划为"独岛天然保护区域"，编号336号；1993年，韩国在岛上兴建灯塔。

目前，韩国常年派驻34名武警，同时配置了驱逐舰、快艇、直升机，还开始兴建永久性码头。2006年2月19日，曾在独岛居住的韩国金氏夫妇二人再度登岛安家。此外，韩国民间组织"独岛、郁陵岛管理集会"会长也随同居住独岛。这样，实际上有两户家庭居住于独岛。按国际法规定，所谓有人岛必须有两户以上家庭在岛上从事经济活动。故，曾经在法律上列入无人岛的独岛将成为事实上的有人岛，并处于韩国实际管辖之下。①

日本对韩国的动态也没有等闲视之，自1954年以来每年都向韩国政府递交外交抗议文书，共计50多次，指出竹岛是日本固有领土，韩国必须立即撤出该岛。而韩国政府则一再声明，独岛是韩国领土。双方各执一词，针锋相对，谁也不想在领土问题上让步。日本方面还多次建议将该岛争议提交海牙国际法庭裁决，但韩国外交通商部认为"独岛问题已不是外交纠纷问题，而是主权问题"，以主权问题不容谈判为理由予以断然拒绝。

2005年3月16日，日本岛根县议会决定将每年2月22日定为竹岛

---

① 参见任蓉《从国际法视角解析韩日"独岛/竹岛"归属问题》，复旦大学韩国研究中心编《韩国研究论丛》（第十四辑），世界知识出版社2007年版，第203页。

日；4月15日，日本政府公布2005年版外交蓝皮书，强调竹岛（独岛）是日本领土，但也表示要通过对话解决日韩纷争。2006年4月14日，日本突然宣布要对竹岛/独岛附近海域进行海洋勘测的计划，日韩局势骤然紧张，因为日本对竹岛/独岛的勘测直接关系到两国间海上专属经济区的划分问题。

日本政府每年都要向韩国政府递交备忘录，但日本国民对此岛归属问题一般并不十分关心。正如下条正男所说，日本对竹岛问题的关心不大，而韩国一方却表示出很大关心，与日本不同，在韩国学校里都讲授竹岛问题，使竹岛（独岛）问题成为韩国青少年身边的事情。[①] 当然，日本也有一些政客强烈要求日本政府"收复竹岛"。

三　独岛/竹岛争端之焦点

1952年1月18日，韩国首任总统李承晚发表关于领海主权的总统宣言，声明韩国对所属海洋实施主权，其中包括对于独岛的领土权，通称为"李承晚线"。1月28日，日本主张包含于"李承晚线"内的竹岛（独岛）为日本领土，并递交外交照会，称不承认独岛为韩国领土的主张。这是关于独岛/竹岛主权问题争论的开始。[②] 此后，围绕着该岛归属，韩日两国争论不断。

（一）韩国的主张

韩国主张独岛为其所属，其主要理由有：

1. 韩国认为，自512年朝鲜三国时代"于山国"归附新罗开始独岛就成为韩国固有领土的一部分。据《三国史记》"新罗本纪"记载：智证王"十三年夏六月，于山国归服，岁以土宜为贡。于山国在溟州正东海岛，或名郁陵岛，地方一百里，恃崄不服，伊沧异斯夫为何瑟罗州军主，

[①] [日] 下条正男：《竹岛属于日韩的哪一方》（文春新书377），文艺春秋2004年版，第8页。

[②] 慎镛厦：《独岛100个问答》，[韩]《新东亚》2000年第5期；[日] 下条正男：《竹岛属于日韩的哪一方》（文春新书377），文艺春秋2004年版，第16页。

谓于山人愚悍，难以威来，可以计服，乃多造木偶狮子，分载战船，抵其国海岸，诳告曰：汝若不服，则放此猛兽踏杀之，国人恐惧，则降"。①512年，新罗王国智证王派遣了以夷斯夫将军为首的探险队驾驶航船开赴于山国，尔后该岛处于新罗所属国"于山国"的管辖之下，朝鲜渔民也曾驾舟至此岛。这在《高丽史》中也有记载。②

2. 17 世纪末，韩国渔民安龙福等人二渡日本强调独岛为韩国领土的史实。据朝鲜王朝《肃宗实录》，1693 年 3 月，安龙福等 40 多名朝鲜渔民到郁陵岛捕鱼时，安龙福等 2 人被日本渔民抓到日本隐岐岛，当时安龙福等强调郁陵岛为朝鲜领土，并从日本伯耆州太守得到"郁陵岛不是日本领土"的书契，然此书契在归途被长崎岛主夺取。对马岛主引渡安龙福时，派人向朝鲜政府递交书契，要求朝鲜政府承认竹岛（郁陵岛）为日本领土，引起了郁陵岛归属争端。其结果，使德川幕府讨论郁陵岛归属问题，到 1696 年 1 月德川幕府决定禁止日本渔民去郁陵岛并指示对马岛主告之朝鲜。其间，解除监禁的安龙福等十余人再入郁陵岛，见"倭船亦多来泊，船人皆恐渠倡言，郁陵本我境，倭人何敢越境侵犯，倭言吾等本住送松岛，又因渔采出来，今当还往本所。松岛即子山岛，且亦我国地，汝敢住此耶？遂于翌晓，托舟入子山岛，倭等方列釜鬻煮鱼膏，渠以杖撞破，大言叱之，倭等收聚载船，举帆回去。渠仍乘船追赶，粹遇狂飙，飘至玉岐岛。岛主问入来之故，渠言倾年吾入来此处，以郁陵子山等岛，定以朝鲜之界，至有关伯书契，而本国不有定式，今又侵犯我境，是何道理云尔"。安龙福又到伯耆州，与太守对坐，"岛主问何以入来？答曰：前日以两岛事，受出书契，不啻明白。对马岛主，夺取书契，中间伪造，数遣差倭非法横侵，吾将上疏关伯，历陈罪状"。这

---

① 参见《三国史记》［新罗本纪］卷四"智证麻立干 13 年"及卷四十四［列传］异斯夫条。

② 《世宗实录》卷 153 记载："蔚珍县，本高句丽于珍也县，一云古伊郡，新罗景德王改今名为郡，高丽降为县，置令。有郁陵岛，在县正东海中，新罗时，称于山国，一云武陵，一云羽陵，地方百里。智证王十二年，来降。太祖十三年，其岛人使白吉、土豆，献方物。毅宗十一年，王闻郁陵地广土肥，旧有州县，可以居民，遣溟州道监仓金柔立，往视。柔立回奏云：岛中有大山，从山顶向东行，至海，一万余步；向西行，一万三千余步；向南行，一万五千余步；向北行，八千余步。有村落基址七所，有石佛、铁钟、石塔、多生柴胡、藁本、石南草，然多岩石，民不可居，遂寝其议，一云：于山、武陵，本二岛，相距不远，风日清明，则可望见。"

样,伯耆州太守按安龙福的要求,将"前日犯境倭十五人,摘发行罚,仍谓渠曰:两岛既属尔国之后,或有更为犯越者,岛主如或横侵,并作国书定译官入送,则当为重罚"。安龙福的如此行动得到收效,1697年1月对马岛主通过渡海译官送来日本人禁止渡海至郁陵岛的书契。①

3. 日本的古文书公文也曾认定独岛与郁陵岛为韩国领土。如1667年官编旧文献《隐州视听合记》有关于独岛的记载,这在日本属于最早。这里也有独岛为韩国领土的记载,曰"隐州在北海中,故云隐岐岛……戌亥间,行二日一夜有松岛,又一日程有竹岛(俗言矶竹岛,多竹渔海鹿,按神书所谓五十猛欤)此二岛无人之地,见高丽如自云州望隐州,故日本之乾地,以此州为限矣";② 1870年日本明治政府的一项调查报告书《朝鲜国交际始末内探书》中,说明治政府太政官与外交大臣派外务省官员到朝鲜进行"竹岛、松岛是否属于朝鲜政府"调查,并认定竹岛、松岛为朝鲜领土的记载;③ 1877年3月20日,日本明治政府太政官认为"竹岛外一屿与本邦无关系",下令不许包括于日本地籍中,日本内务省递交给太政官的禀议书中还附加了说明"此外有一岛称松岛"的文书。④

4. 当时绘制的旧地图也将独岛包括于韩国领土。朝鲜《新增东国舆地胜览》(1531年)中收入《八道总图》,其中将独岛称为"于山岛";1737年,法国著名的地理学家J. B. B. D. Anville绘制的《朝鲜王国全图》中也将于山岛划入朝鲜领土内;日本史地学家人林子平(1738—1793),1785年编纂《三国接壤地图》,用不同的颜色区分不同国家,朝鲜为黄色,日本为绿色,图中在朝鲜半岛东面,绘有大小二岛,填注竹岛之名(独岛),特别注明"属朝鲜领有"。他把竹岛与朝鲜半岛一样涂以黄色,将日本本土与属岛都涂以绿色,二者颜色迥异,明确标示竹岛属于朝鲜

---

① 《肃宗实录》肃宗二十年2月辛卯条、8月戊申条、8月己酉条,肃宗二十二年9月戊寅条;《边例集要》卷17,丁丑1月条;《春官志》郁陵岛争界;《增补文献备考》与地考,于山郁陵岛条。转引自金炳烈《最近日本关于独岛拥有权的主张及其批判》,[韩]《教授论坛》第42辑,第58—59页;金和经《关于日方主张独岛拥有权的虚构性研究》,[韩]《国学研究》第7辑,第287页。

② 独岛学会编:《日本关于独岛拥有权的主张为什么错?》,第2页。

③ 日本外务省编:《日本外交文书》第3卷,转引自[韩]独岛研究保全协会、独岛学会编《韩国领土——独岛故事》,第5页。

④ 独岛学会编:《日本关于独岛拥有权的主张为什么错?》,第10—13页。

国领土而非日本版图。① 大韩帝国学部于1898年刊行的《大韩与地图》、1899年刊行的《大韩全图》，都将于山岛（独岛）绘制在郁陵岛东侧，表明19世纪末大韩帝国明确将独岛与郁陵岛包括于韩国领土内。②

5. 第二次世界大战结束后，驻日联合国最高司令部的有关文件也认定独岛为韩国领土。1946年1月29日发布第667号指令，将朝鲜半岛周围的济州岛、郁陵岛、利扬库尔岛（独岛）等排除于日本领土之外；同年6月22日发布的1033号指令，禁止日本渔民接近独岛及其12海里水域之内；1948年8月大韩民国建立，驻韩美军政（联合国）将朝鲜半岛及其附属岛屿归还给韩国政府；1950年，联合国制定《联合国关于处理旧日本领土的协议书》，其第3条表明要归还韩国的领土包括朝鲜半岛本土及周围所有岛屿，如济州岛、巨文岛、郁陵岛、利扬库尔岛等。③

在韩日独岛主权争端中，朝鲜和韩国是一致对外的，2005年3月中旬朝鲜写信给联合国，声明独岛是其领土。

（二）日本的主张

日本主张竹岛（独岛）拥有权的主要依据如下：

1. 日本主张至少在江户时代初期的17世纪中叶，日本确立了对竹岛的拥有权。④ 其理由是，1618年鸟取藩伯耆国米子人大谷甚吉和村川市兵卫通过藩主由幕府得到郁陵岛（当时称"竹岛"）渡海许可。从此，两家交替每年去一次郁陵岛，猎捕海驴、捕捞鲍鱼及采伐竹木等。两家绘制出将军家的葵花叶纹为船徽，在郁陵岛从事渔猎，他们经常将捕到的鲍鱼等纳贡于将军家，也就是他们得到了幕府的认可，独立经营郁陵岛。其间，位于隐岐岛到郁陵岛之间的竹岛作为船舶停靠地和猎捕海驴、鲍鱼的好地方，予以利用。从此，近80年来日本方面将竹岛（郁陵岛）作为日本领土从没有被怀疑。借用今天的话说，江户幕府实际支配了朝鲜

---

① ［韩］独岛研究保全协会、独岛学会编：《韩国领土——独岛故事》，第3—5页。
② 同上书，第10—11页。
③ 同上书，第14—15页。
④ ［日］外务省网站：《竹岛问题概要》，http://www.mofa.go.jp/mofaj/area/takeshima/gaiyo.html。

领土郁陵岛。①

2. 日本主张竹岛属于"无主地",根据"无主地先占为主"原则,将它据为己有。1905 年,明治政府根据内阁决定重新确认竹岛拥有权的基础上,把它纳入"岛根县所属隐岐岛司管辖",并命名为"竹岛"。1905 年 2 月,岛根县知事根据内阁决定及内务大臣训令,发布将竹岛命名为"竹岛"和纳入隐岐岛司管辖的告示,并告知隐岐岛厅,还刊登于当时的报纸广而告之。岛根县知事还将竹岛登记在官有地账簿,同时实行鲍鱼捕获许可制,一直持续到 1941 年。② 也就是说,日本政府把事实上的占领历史作为依据,认为"竹岛"属于日本领土。

3. 日本主张竹岛(独岛)拥有权,反驳韩国的主张。关于"于山岛",日方认为《新增东国与地胜览》上的"于山岛"和"郁陵岛"有可能是"一岛二名",其他古文献中也认为是郁陵岛的别称。如果像韩国主张的那样将《新增东国与地胜览》上的"于山岛"标识为竹岛,它应该位于郁陵岛之东,并远远小于郁陵岛。但此地图上,"于山岛"几乎与郁陵岛一样大,位于朝鲜半岛与郁陵岛之间(郁陵岛之西)的完全不存在的岛;③ 关于安龙福渡日事件,据日方文献虽然有 1693 年、1696 年到日本的记载,但没有将书契给安龙福的记载。并且据韩国方面文献,1969 年安龙福渡日时在郁陵岛看见许多日本人,但当时已经是幕府决定禁止渡航之后,大谷、村川两家都没有去郁陵岛。安龙福违禁渡日后受审的供词,有许多与事实不符,故不可信。而韩国却把这个作为竹岛拥有权的根据之一;④ 日本方面主张自 17 世纪初到 17 世纪末日本人就开始经营郁陵岛和独岛,所以日本应获得最初的权源,而把朝鲜当时的"空岛政策"视为对拥有权的放弃;关于 1900 年高宗皇帝发布大韩帝国敕令 41 号,将附属于江原道蔚珍郡的郁陵岛升为"郁岛郡",规定其管辖区域

---

① [日] 下条正男:《竹岛属于日韩的哪一方》(文春新书 377),文艺春秋 2004 年版,第 26 页。
② [日] 外务省网站:《竹岛编入岛根县》,http: //www.mofa.go.jp/mofaj/area/takeshima/g_ hennyu.html。
③ [日] 外务省网站:《竹岛的认知》,http: //www.mofa.go.jp/mofaj/area/takeshima/g_ ninchi.html。
④ [日] 外务省网站: 《禁止对郁陵岛的渡航》,http: //www.mofa.go.jp/mofaj/area/takeshima/g_ ninchi.html。

包括郁陵岛、竹岛与石岛，但其中没有包括作为竹岛前身的利扬库尔岛，认为19世纪到20世纪竹岛（利扬库尔岛）不属于哪一国的"绝海孤岛"。① 针对韩国提出的联合国总司令部关于禁止日本在政治或行政上行使权力的地区以及限制捕鱼、捕鲸的水域之规定677号、1033号指令，日方认为当初联合国发布这些指令时已包含这不能解释为联合国关于领土归属的最终决定的政策之意。② 并且，1952年4月28日生效的《旧金山和约》第二条（a）款将竹岛划为日本领土。为此，韩国在此之前宣布"李承晚线"，主张对竹岛（独岛）的所有权。③

韩日各自主张独岛（竹岛）所有权，其主要分歧似乎在对史书资料的不同理解与解释。然而，实际并不完全如此。正如日本东京大学著名的东北亚问题专家和田春树教授所指出的那样，"竹岛（独岛）问题是很早以来日本与朝鲜之间围绕着无人岩礁岛的争端为基础。日本把此岛命名为竹岛宣布其所有权，是在占领朝鲜、与俄罗斯打仗的日俄战争之中，作为统治朝鲜全境使之成为保护国化，进行吞并的殖民地化过程的一环。日本战败，朝鲜获得独立的同时，1946年1月根据美国占领军司令官的命令，竹岛被排除于日本主权范围之外。从而，朝鲜以此为据认定包括竹岛在内的全境已获得独立。这个小小的岩礁岛成为从殖民地获得解放的朝鲜—韩国的象征"。④

四 独岛/竹岛之争解决的途径及发展前景

韩日在一个无人居住的荒芜小岛上大动干戈，其背后究竟隐藏着什么？

---

① ［日］下条正男：《竹岛属于日韩的哪一方》（文春新书377），文艺春秋2004年版，第128页。
② ［日］外务省网站：《第二次世界大战结束后的竹岛》，http://www.mofa.go.jp/mofaj/area/takeshima/g_taisengo.html。
③ ［日］下条正男：《竹岛属于日韩的哪一方》（文春新书377），文艺春秋2004年版，第18页。
④ ［日］和田春树：《竹岛—独岛问题之思考》（韩民族新闻专栏），和田春树网页：http://www.wadaharuki.com/index.html。

如今，地球上人口数量的急剧增长和陆地资源的无限开发已使世人感到陆地上人类居住环境拥挤，所用资源日益枯竭。相比之下，海洋还没有被人类破坏，而其蕴藏的各类资源又让各国垂涎。据未来学家预测，21 世纪将以海洋为中心展开人类的历史而迎来新海洋时代。这就是说，海洋领域的拥有权越来越重要，而如何划分领海海域的海洋专属经济区则成为国家之间相关岛屿归属争端的主要因素。

建立海洋专属经济区的讨论始于 1952 年，智利、秘鲁、厄瓜多尔等 3 国发表各自在 200 海里范围内拥有单独主权的"关于海洋水域的宣言"，1976 年美国在马格努森（Magnuson）法中设定了 200 海里渔业专管水域，而 1982 年纳入《联合国海洋法公约》以后成为国际法中的一个规定。即排他性经济水域（EEZ：Exclusive Economic Zone）可设定在自领海基线不超过 200 海里范围内。只是两国相邻或相望的情况下，应该以国际法为基础通过两国间协议而建立。[①] 此后，1994 年 11 月 16 日，《联合国海洋法公约》正式生效，相关国家可设定 200 海里"排他性经济专管水域"。由此，各国相继对本国海洋权利主张予以调整，日本也不例外。

1995 年，日本明确表明要采取联合国新海洋法，并于当年总选举中以执政党为首的许多保守政党，都打出"夺回竹岛（独岛）"的选举公约，其中包括自民党和自由党，他们在选举中取胜并组成联合政府。1996 年 1 月，日本政府决定在日本海（韩国称东海，这也是两国有争议的问题）以竹岛（独岛）为日本的 EEZ。2 月，日本内阁会议批准建立海洋专属经济区。同时，日本外相池田发表声明，称无论历史上，还是国际法上，竹岛（独岛）都属于日本领土，韩国应立即撤走海洋警备队及附设建筑物。1997 年，日本发布外交白皮书，称夺回竹岛为日本十大外交指针之一。

与此同时，韩国政府也宣布了本国的海洋专属经济区。根据《联合国海洋法公约》第五十七条："专属经济区从测算领海宽度的基线量起，不应超过二百海里。"而日韩之间的海域总宽度不超过 400 海里，如果双方都主张 200 海里的专属经济区，必然有重叠的区域。显然，独岛的地理

---

① ［韩］金伍重：《关于独岛拥有权争端的研究》，硕士学位论文，朝鲜大学政策大学院，2003 年，第 5—6 页。

位置十分重要，它的归属直接影响韩日两国专属经济区的划分。于是，两国在划出各自海洋专属经济区时，独岛（竹岛）归属问题更加凸显出来。也就是说，独岛（竹岛）归属问题涉及韩日两国在总宽不足400海里的日本海（东海）西南部海区，如何划定两国专属经济水域界线的问题。日本在宣布200海里排他经济水域时，将竹岛作为基点，从竹岛和郁陵岛之间的海域中间划线。如果该岛确定为日本领土，日本就可以划出一个200海里的专属经济区；反之，如果该岛确定为韩国领土，韩国也有权划出一个200海里的专属经济区，韩国主张两国专属经济水域的界线应划在独岛和日本隐岐岛之间。可见，18.6万平方米弹丸之岛的争议，如今已经成为涉及数百海里专属经济区归属的大问题。

此外，独岛（竹岛）在军事、经济等方面具有重要的价值。

在军事上，韩国周边海域是美国、日本、中国、俄罗斯等世界大国、强国的利益聚集点。从近代历史看，朝鲜半岛总是充当日本走向大陆的重要跳板。可见，虽然独岛是一个面积微小的小岛，其军事价值不可小觑。独岛与西面的韩国郁陵岛距离只有92千米，依托距离东南160千米的日本岛根县隐岐诸岛，可对韩国东面海域进行监控。在战时，可将独岛作为前进基地，与对马岛形成对韩国包围的半月弧。

在经济上，独岛周边海域有丰富的鱼类资源，而且周边大陆架和海底蕴藏大量矿物资源。据韩国天然气公社及地质资源研究所等机构称，自2000年起，韩国政府在整个东海（日本称日本海）海域进行了大范围基础探测。结果表明，在东海的郁陵盆地的大面积海域、数十个地点，储藏着相当于6亿吨液化天然气的天然气水合物。独岛南部附近海域也可能蕴藏着部分天然气水合物。虽然现在还没有准确的储藏量及储藏位置，但日本极力妄图得到的独岛附近海域，与测定储藏大量天然气水合物的海域正好一致，就足以说明问题。

可见，对于同属于濒临海洋的韩日两国，主权争夺的背后是巨大的海洋权益。专属经济区划分之争发生后，韩日两国高层官员就独岛/竹岛归属问题的立场都更加强硬。日本时任的桥本首相和池田外相公开宣布："竹岛不管在历史上还是从国际法观点来看，都是日本的固有领土。"对此韩国方面绝对不能接受，韩国外交通商部长官发表声明重申"独岛不管从历史上还是从国际法来看，都是韩国的固有领土，而且是韩国实际管辖的领土"。1996年2月7日，韩国政府还宣布在独岛修建一座能停靠500吨级船的码头，以便更好地解决驻扎在岛上的3名警官和23名海警的轮换及食品供应。日本政府照会要求停止这一工程项目，但遭到韩国政府的拒绝。1997年该码头竣工，并建立了完工纪念碑，纪念碑上面刻有时任韩国总统金永三的题词"大韩国东土端"。接着，韩国国防部为防止事态进一步恶化，相应加强了在独岛海域的警戒措施。

我们从韩日两国在独岛（竹岛）归属问题所持的原则立场以及所推行的海洋政策来看，双方纠纷难以调和，还会持续下去。从20世纪90年代以来双方出版的地图和地名录可以看出，在独岛（竹岛）主权问题上双方也毫无妥协之意。

1993年韩国中央地图社出版的《韩国道路地图集》和1991—2002年韩国公报馆出版的《韩国简介》，在插图上都突出表现独岛为韩国的领土。20世纪90年代以来，韩国民间团体坚持到独岛植树造林，渔船也经常往返于郁陵岛和独岛之间进行捕鱼作业。自1999年以来，在国内开辟了去独岛的旅游路线，韩国有关方面又准备将独岛与郁陵岛辟为"国立"公园。

而1997年日本政府官方出版的《日本地名录》也收录了竹岛（Take-shima）这一地名，表明日本政府也从来没有放弃过对竹岛主权的立场。鉴于该岛自1953年以来已处于韩国的实际管辖之下，1999年12月日本方面做出了针锋相对的举动，日本岛根县一些居民宣称要将户籍迁移至该岛，这一举措骤然使日韩关系紧张起来。12月28日，韩国外交通商部发表抗议声明，称日本此举实属非法行为，是对韩国领土主权的侵犯。韩国政府要求日本政府立即采取措施，取消已经登记的户籍，并保证今后不再发生类似的事件。但日方认为日本国民在日本自己领土上转移户籍完全是他们的自由，且由民间自发发起，与日本政府无关。为避免事态进一步扩大，日方户籍迁移之事最后不了了之，但这并不表明日本在竹岛（独岛）归属问题上的退却。

2006年4月14日，时任日本内阁官房长官安倍晋三宣布，日本海上保安厅决定从当日开始勘测竹岛周边水域，韩日局势骤然紧张。18日，日本测量船从东京起航；19日，韩国政府紧急调配18艘巡逻舰艇部署到独岛附近；20日，韩国官员表示部署在独岛附近海域的20艘韩国海洋警察厅警备舰艇将举行为期一天的大规模海上演习,演练对付日本测量船的各种手段,参加演习的还有五六架直升机和搭乘舰艇的数十名特种兵,危机一触即发。

韩国政府对此次事件的态度与以往处理独岛之争有明显不同。4月18日总统卢武铉明确指出,面对日本不断的挑衅,韩国可能将放弃此前一直奉行的"平静外交"政策。卢武铉在对韩国国会发表讲话时说:"尽管我们多年来一直按照平静外交的方针作出有分寸的反应,日本却变本加厉,采取越来越具有侵略性的立场","因此,我们可能已经到了该决定是否继续这种反应方式的时候了"。卢武铉认为,日本此次借海洋勘测活动为名挑起专属经济区之争,其根源还在于日本右翼势力的抬头、试图为历史罪行"正名"的企图以及挑战东北亚地区未来秩序的野心。4月19日时任韩国外交通商部长官潘基文强调,外交途径仍是解决当前问题的最佳办法,但如果外交努力没有取得成功,韩国政府将采取一切手段来捍卫对独岛的主权。[①] 4月22日,韩国和日本的外交代表谈判达成妥协,日本方面同意停止实施勘测计划,韩国巡逻艇撤回,日本测量船返回东京。

2012年8月,韩国总统李明博破天荒登上日韩争议岛屿独岛(日称"竹岛"),将日韩岛争推向高潮。2013年2月22日是日本所谓的"竹岛日",日韩两国新领导人将为此展开新的较量。此前,日本首相安倍晋三表示,要将每年2月22日在岛根县举行的"竹岛日"活动升级为政府层面的活动,以及修改1993年时任官房长官的河野洋平发表的日本政府有关承认慰安妇问题的"河野谈话"等,令周边国家尤其是韩国担忧。有消息称,安倍晋三向额贺福志郎做出指示,要求其向朴槿惠转达"韩国是日本重要的邻邦"这一信息。而就日韩争议岛屿问题,安倍晋三并未做出任何言论。2013年1月4日,韩国第18届候任总统朴槿惠在位于首尔锺路区通义洞的金融监督院研究院接见安倍晋三的特使代表团。

韩日独岛(竹岛)归属之争,反反复复,拖至今日,实际上这个问

[①] 《韩国媒体称日本宣布勘测争议海域别有企图》(中国青年报),http://www.sina.com.cn,2006年4月20日。

题越拖越不利于双方的关系。尤其是在人类进入"海洋世纪"的今天，韩日双方仍有可能就独岛（竹岛）归属问题再掀波澜。韩日两国应该静下心来，认真解决这个问题。

（李春虎）

第九章

英国与阿根廷马尔维纳斯群岛之争

马尔维纳斯群岛（英国称福兰克群岛），位于大西洋南端，由346个岛礁组成，其中长期有人居住的岛屿有15个，其中两个主岛是马尔维纳岛（西福克兰岛）和索莱达岛（东福克兰岛），首府是阿根廷港（斯坦利港），坐落在索莱达岛上，也是岛上唯一的城市。阿根廷港距麦哲伦海峡东部人海口约450公里，距阿根廷大陆南部海岸最近处510公里，距英国本土约1.3公里。在1914年巴拿马运河开通之前，麦哲伦海峡是连接大西洋和太平洋的主要海上通道，马岛踞麦哲伦海峡以东咽喉要地，是过往该海峡或绕道合恩角的船只必经之地。巴拿马运河通航之后，马岛在军事上仍然是南大西洋的重要据点和南美大陆南部的海上前哨。目前马岛处于英国管辖之下，由于历史原因，阿根廷和英国就马岛主权问题目前仍存在分歧。

一 马尔维纳斯群岛的地区民族和地理概况

自1833年1月英国武装占领马岛至今，英国已经实际控制马岛180余年。占领马岛之后，英国以武力方式驱赶马岛上居住的阿根廷人和高乔人（Gauchos），并先后驻派了多名总督对马岛进行控制和管理。根据2006年人口普查的数据，马岛人口为2955人（不包括英军及其家眷，但包括在英军基地工作的文职雇员）。其中97%的居民为英国人后裔，剩余的3%人口则是来自智利、圣赫勒拿等地的移民。马尔维纳斯群岛面积为12173平方千米，以此数据折算，马岛的人口密度仅为0.26人/平方千米。

马岛经济以畜牧业为主，为几家英国公司所垄断。岛上资源丰富，现已开采泥煤作为其居民的主要燃料，此外，已探明的矿藏还有铝、银、铁、铅等。同时，其周围海域拥有丰富的渔业资源。1981年年初，由法国、西德、苏联、美国、智利、阿根廷、澳大利亚、南非、日本等国的16艘船只参加的第一次国际海洋生物考察的初步结果表明，马岛以南海域包括南乔治、皿岛和南桑德韦奇群岛在内的大片海域中，仅浅水层中的糠虾，估计年开采量就可达500万吨之多。并且在其所属的大陆架中含有丰富的石油、天然气和锰矿等资源，石油储量可达60亿桶，是英国北海油田储量的数倍。更重要的是，马岛临近南极大陆，在国际上对南极大陆权益的争夺中具有十分突出的作用。

二 马尔维纳斯群岛争端的产生原因及发展历程

关于马尔维纳斯群岛的第一发现人，各方的观点也是莫衷一是。阿根廷历史学家普遍认为，马岛是1520年由葡萄牙人斯蒂文·戈麦斯（Esteban Gómez）发现的。英国学者则认为，英国航海家约翰·戴维斯（John Davis）于1592年最先发现马岛。1690年，英国船长约翰·斯特朗（John Strong）最早在大马尔维纳岛登陆，并以当时英国海军官员福克兰子爵的名字将大马尔维纳岛和索莱达岛之间的海峡命名为"福克兰海峡"，进而将整个群岛命名为"福克兰岛"。1701年从圣马洛港出发的法国航海家古安·德·博尚（Peyron）把福克兰群岛命名为马洛人群岛（Isles Malouines），即西班牙语中所谓的"马尔维纳斯"，因此曾经的西属美洲国家将其统称为马尔维纳斯群岛。①

最早在马岛定居的是法国人。1764年4月5日，法国航海家布干维

---

① 参见http://es.wikipedia.oqrjwiki/Descubrimiento_de_las_islas_Malvinas。

尔（Bougainville）在索莱达岛建立了一个居民点，并将其命名为圣路易港。当时统治美洲的西班牙政府获悉后，曾以1493年划分西葡势力范围的"教皇子午线"①为依据向法国政府提出了抗议。后经过谈判，最后布干维尔以2.5万英镑的价格将马岛悉数转让给西班牙政府，从此，西班牙人接管了马岛的统治权。

1767年1月，英国探险家约翰·拜伦率领探险队抵达马尔维纳岛（西福克兰岛）西北的桑德斯岛，并宣布整个群岛归英国女王所有。英国政府遂于1766年1月8日派出由3艘军舰组成的小舰队驶抵大马尔维纳岛。西班牙接管马岛后与英国政府谈判，但始终未能解决问题，于是西班牙舰队于1770年6月10日进攻英国在大马尔维纳岛的定居点，以武力逼迫英国人从马岛撤出。但次年英国政府以发动战争为威胁，与西班牙政府重新达成协议，西班牙人宣布放弃大马尔维纳岛的管理权。1771年9月15日，英国人于返回大马尔维纳岛，并驻扎在艾格蒙特港。此后，英国政府为了节省殖民地开支，于1774年5月20日主动撤离该岛，马岛又重归西班牙统治，并将马岛划归阿根廷南部城市德塞阿多港管辖。

1816年，阿根廷宣布脱离西班牙取得独立后，宣称继承了对马岛的主权，并于1823年向马岛派出了第一任总督实行管理。1825年，英国政府承认了阿根廷的独立，也并未对马岛的主权归属提出异议。1828年，阿根廷政府将索莱达港口特许给路易斯·文内特（Luis Vernet）开发并将其任命为马岛总督，后者带领数百位高乔人和印第安人在岛上建立社区并发展畜牧业。

1829年11月，英国政府致函阿根廷外交部，声称马岛主权属英国所有，阿根廷政府没有接受这种说法，两国间也没有就此进行任何谈判。1831年，阿驻马岛总督何塞·玛丽亚·皮内多中校扣留了3艘在索莱达岛海域捕猎海豹的美国渔船。12月，美国政府派海军洗劫索莱达岛作为报复，并宣称该岛为不属任何国家管辖的"自由岛"。英国随即以最早发现马岛为名，于1833年1月武装占领马岛，从此开始了长达180余年的

---

① 教皇子午线：1493年5月在罗马教皇亚历山大六世仲裁下，西班牙和葡萄牙瓜分殖民地的分界线。规定在亚速尔群岛和佛德角群岛以西100里格的子午线为分界线，并把该线以西的一切土地都划归西班牙，以东的一切土地归葡萄牙。1494年，西葡两国又缔结《托德西拉斯条约》，把这条线向东移动270里格。

统治。在此后一个多世纪中，阿根廷的历届政府虽未承认英国对马岛拥有主权，但也未再对该岛提出主权要求。

第二次世界大战后，随着胡安·多明戈·庇隆当选阿根廷总统，民粹主义在阿根廷政界成为主流。阿根廷政府也将"收回马岛"作为重要的外交议题，并于1958年正式在联合国提出了收回马岛主权的要求。1965年第二十届联大正式审议马岛问题，并通过决议，呼吁英、阿两国政府按照联大第2065号决议《关于给殖民地国家和人民以独立的宣言》执行委员会的建议，就马岛主权归属问题"立即进行谈判，以寻求和平解决"。1966年，英、阿就马岛问题正式开始谈判，但双方各不让步，谈判僵持不下。与此同时，联合国大会曾经分别于1966年、1967年、1969年和1971年多次通过决议，敦促两国以诚相见，尽快地和平解决争端，但是马岛问题依然毫无实质性的进展。

1976年3月，阿根廷军政府通过政变上台。一般来说，军队并不是独立的政治集团，然而阿根廷"军政府的背后，仍然是传统的政治力量和经济实权派"①。权势集团将军队作为改朝换代的工具来使用，但也未曾预计其执政的代价。军政府上台后，对内严酷镇压政府异见者，对外高举外债。1981年，阿根廷国内的通胀率高达600%，国内生产总值下降11.4%，制造业产量下降22.9%，工人大规模罢工，军政府面临民众的压力越来越大。② 时任总统的加尔铁里试图通过外交事务转移国人注意力，平息国内矛盾。同时在1976年，阿根廷就曾出兵占领了英国宣称拥有主权的、接近南极洲的南图勒群岛（Southern Thule），当时英国政府除了表示抗议外没有实质性反应。加尔铁里政府因此认定即便阿根廷出兵夺下马岛，英国也只能默认。

1982年3月28日，阿根廷的舰队从贝尔格拉港起程。4月2日，阿军乘英军不备，强行登陆并占领马岛，并宣布马岛为阿根廷第24个省。英国立即作出反应：一方面宣布与阿根廷断交，另一方面保守党首相撒切尔夫人成立战时临时内阁，并于4月3日派出特混舰队开赴马岛。与此

---

① David Pion-Berlin, "The Fall of Military Rule in Argentina: 1976–1983," *Journal of Interamerican Studies and World Affairs*, Vol. 27, No. 2 (Summer, 1985), pp. 55–76.
② 李春辉、苏振兴、徐世澄主编：《拉丁美洲史稿》第三卷，商务印书馆1993年版，第587页。

同时，联合国安理会经过激烈的辩论，最终以10票赞成，1票反对（巴拿马），4票弃权（西班牙、中国、苏联、波兰）通过了第502号决议。认为"在福克兰群岛（马尔维纳斯群岛）地区存在着破坏和平的现象"，要求"立即停止敌对行动并且从该群岛撤出所有的阿根廷军队"。该决议内容对阿根廷军政府来说是不能接受的，时任阿根廷政府外长的门德斯对决议内容表示遗憾，发表声明称阿根廷政府拒不承认第502号决议内容。到此为止，马岛战争的爆发已不可避免。

1982年5月1日凌晨4时46分，一架从森松岛起飞的英国"火神"式战略轰炸机向马岛斯坦利港机场投下21枚千磅炸弹，这是英军对马岛的首次攻击。至此，英、阿马岛之战拉开了帷幕。在战争的初期（5月1—20日），英阿两国军队首先在海空上展开封锁与反封锁的争夺。英击沉载有1042名士兵的阿根廷巡洋舰"贝尔格拉诺号"成为马岛海战的转折点。阿军虽然也摧毁英驱逐舰"谢菲尔德号"和多架飞机，但终未能打破英军的海上封锁，始终处于被动局面。5月21日，英国皇家海军陆战队在马岛登陆，并建立滩头阵地，登陆部队迅速增至四五千人。英军从岛屿两侧夹击，将阿军围困在首府阿根廷港。6月14日，阿军在弹尽粮绝、孤立无援的情况下宣布投降，英军重新占领群岛。同时英军还迫使1976年以来驻守在接近南极洲的南图勒群岛（Southern Thule）上的阿军投降，并将该群岛上的生活设施摧毁。

马岛之战令英、阿双方均付出了不小的代价。英国阵亡255人、伤777人、被俘210人、损失舰船16艘、飞机34架，耗资12亿美元以上。阿根廷阵亡649人、受伤1300人、失踪数百人、被俘11800余人、损失舰船11艘、飞机117架，耗资1亿美元以上，间接损失20多亿美元。英国的胜利为保守党政权和撒切尔夫人的政治生涯铺平了道路，同时也掩盖和冲淡了英国国内许多政治经济方面的矛盾。相反，阿根廷则遭受了沉重打击，加尔铁里在民怨声中黯然下台，军政府从此退出阿根廷政治舞台。

马岛之战虽然以阿根廷的军事失败而告终，但对马岛的主权诉求依然是阿根廷人为之奋斗的民族愿望。尽管在英国看来，马岛战争的结果即表明马岛主权已不存在任何争议，但国际社会对马岛的归属问题一直抱以谨慎的态度。1982年11月4日，联合国以90票赞成、12票反对通过了第 37/9 号决议，呼吁使用和平谈判的方式解决阿根廷和英国关于马岛的主权争端。而新一届的阿根廷政府也从未放弃通过外交谈判的方式解决马岛问题，1989 年梅内姆政权上台后积极调整对外政策，建议暂且搁置对马岛主权的要求。1990 年 2 月，两国在西班牙马德里签署了复交联合声明，恢复中断的外交关系。英阿关系虽然解冻，但两国对马岛争端并没有就此结束。1994 年 6 月 10 日，梅内姆提出马尔维纳斯群岛应在 2000 年以前还给阿根廷，并提出按照香港租借方式解决马岛问题和向马岛派遣联合国维和部队等建议，均被英国拒绝。8 月 22 日，阿根廷通过新宪法，重申对马岛拥有主权。1999 年，英、阿就马岛问题取得了突破性的进展，在关于恢复阿根廷与马岛直航、阿公民持本国护照赴马岛、通信、巡逻等领域达成协议。同年，两国海军还在南大西洋举行了马岛战争以来首次联合军事演习。英、阿两国关系的缓和似乎为马岛问题的和平解决迎来曙光。

2001 年，阿根廷总统费尔南多·德拉鲁阿（Fernando De La Rua）重申阿根廷对马岛享有主权。2003 年，正义党赢得选举（庇隆主义党）上台执政，基什内尔夫妇分别在 2003 年和 2007 年先后出任阿根廷总统，坚持将马岛问题作为阿根廷政府外交关系中的首要议题，并继续将马岛问题提交联合国，寻求国际援助。英、阿两国关系再度降温。特别是克里斯蒂娜·基什内尔上台后，多次公开表示阿根廷对马岛拥有主权，在否定阿根廷军政府妄图以武力解决马岛问题的错误行为的同时，坚持要求与英国就马岛问题开始重新谈判。而英国则坚称马岛不存在主权归属问题，英国在马岛主权问题上与阿根廷"无可谈判"。

2010 年，英国单方面允许石油公司在群岛附近开采石油，引发阿政府强烈抗议，两国关系再次跌入冰点。在英国拒绝合作的情况下，阿根廷政府采取多种外交途径，向英国施压：首先，阿根廷积极寻求联合国为马岛问题与英国斡旋；其次，进一步动员拉美国家和国际舆论寻求支持，联合南共市（Mercosul）成员国禁止悬挂马岛旗帜的船只停靠其港口，并召集各国拉美问题学者成立"马岛小组"制造舆论，力求将马岛问题国际化。而英国对阿根廷政府的外交行为置之不理，一方面坚称以海外属地居民自决为原则，表示在未获得马岛居民同意前，不会就马岛主权问题与阿根廷进行谈判。另一方面加强对马岛的军事控制：2011年11月，英方宣布派遣威廉王子到马岛服役，并筹划建立马尔维纳斯群岛自然保护区；2012年2月2日，威廉王子戎装登岛；2月6日，英国宣布计划派遣一艘攻击型核潜艇进驻马岛，以加强马岛防务。

英方的强硬举措在阿根廷国内引起了强烈的反响，并对拉美国家也产生了不小的影响。阿根廷强烈谴责英国将马岛问题军事化的态度和做法，并得到了拉美国家的广泛支持。2011年12月，拉美南共市第42届峰会对阿根廷对马岛的主权要求表示支持，宣布禁止悬挂马岛旗帜的船只停靠南共市成员国港口。值得注意的是，阿根廷政府在抗议、谴责的同时，主动采取了缓和对英关系的举措，于2012年1月任命了已空缺数年的新一任驻英大使。同年2月11日，阿根廷主动要求联合国秘书长潘基文就马岛问题予以调停，希望通过联合国的外交斡旋，使英国重新回到谈判桌上来，和平地解决马岛主权归属问题。

然而，阿根廷政府主动的外交态度并没有达到预期的效果。2012年6月12日，马岛地方政府突然宣布，将于2013年3月10日和11日就其政治地位和主权归属举行一场全民公决，以此结束马岛的主权之争。英国首相卡梅伦立即对马岛宣布全民公决表示欢迎，称赞岛民们准备"发出自己的声音"绝对正确，"英国将尊重和捍卫岛民的选择"。英国外交大臣黑格也说："我很希望阿根廷和整个国际社会追随英国的脚步，仔细倾听他们（指马岛人）的声音。"结果99.8%的投票者支持马岛继续属于英国。3月12日，阿根廷总统克里斯蒂娜宣布拒绝承认公投结果。

历史上确实有以公民投票决定主权归属的先例，公投可操作性的前提是争端问题的相关国家或国际组织双方都事先认可主权争端将由争端地区的公民投票来解决。但马岛公投的结果从马岛地方政府宣布公投起就已不被阿根廷所认同，所以这次公投既没有改变马岛主权具有争议性的客观事实，也没有对解决马岛主权归属问题起到任何促进作用。到目前为止，英国依然拒绝向阿根廷政府所希望的那样参与直接外交谈判解决马岛的主权归属问题。

三 马尔维纳斯群岛争端的发展趋势

目前英国和阿根廷的口水战因为公投而升温,但双方因此而升级为武力对抗的可能性很小。

首先,战争的正当性已不被国际社会所认可。1982年加尔铁里军政府出于机会主义目的,强行占领存在争议的领土而挑起战争,受到联合国各成员国的谴责和制裁,面对战争的失败以及全世界的压力,不仅以加尔铁里军政府黯然下台而收场,更令此后历届阿根廷政府在争取马岛主权归属问题上一直处于被动局面。

其次,当前英、阿两国的军事实力都处于低谷期。2010年10月,英国执政的保守党—自由民主党联合政府发布了《战略防御与安全评估》(SDSR)报告。要求在4年内将国防预算削减8%,海外部署的军力(包括海军空军)最多不超过3万人。而自马岛之战失利后,阿根廷的军事力量也是一蹶不振,无论是武器装备还是军事技术水平仍然全面落后于英国。根据国际货币基金组织的数据,阿根廷2012年国防开支为GDP的1.2%。2012年,阿根廷现役军人总数仅10万人。此外,尽管拉美绝大多数国家都在马岛主权争端中支持阿根廷,但大多数仍停留在舆论和形式上的声援,阿根廷很难在拉美国家中寻找到真正的军事盟友。

最后,由于2001年金融危机的冲击,令经济增长严重依赖外向出口的阿根廷陷入了"大萧条时代之后最糟糕的经济衰退"[①]。而英国经济也是持续低迷,从2008年到2010年,英国的债务占GDP的比例从52.0%上升到75.5%。英、阿两国严峻的经济现状在主客观两方面都不能支撑新一轮的马岛局部战争。

英国策动的马岛公投,在行为主义上标志了英国将继续坚持"马岛主权无可谈判"的强硬态度。一方面,马岛丰富的海洋资源和重要的地

[①] Becky L. Jacobs, "Pesification and Economic Crisis in Argentina: The Moral Hazard Posed by a Politicized Supreme Court", *The University of Miami Inter-American Law Review*, Vol. 34, No. 3 (Summer, 2003), pp. 391–434.

缘政治意义，使英国绝不会轻易放弃对其的实际控制。另一方面，马岛战争的胜利是英国历史上光荣的一页，绝大多数英国人都将其看作"雄壮的日不落帝国身后的荣耀和遗产"①。2010年，英国保守党政权再度上台，不仅继承了撒切尔政府在马岛问题上的强硬态度，并企图利用该议题大做文章，凝聚民众情感，转移国内压力，巩固其执政地位。

此外，尽管马岛97%的居民为英国后裔，但族源归属并不能成为解释公投结果"一边倒"的唯一原因。事实上，英国对马岛统治政策是相对自治的。英属马岛政府除国防和外交支出由英国政府负担之外，已经基本实现财政自理。岛上电力自给自足，主要出口产品为羊毛和皮革，进口日用必需品和各类生产资源。马岛以购买力评价（PPP）计算的人均GDP高达55400美元，排名世界各个国家和地区的第7名。英属马岛政府为了照顾马岛居民要求自治的心理，发行了独立的货币"福克兰镑"。在经贸关系上，马岛主要贸易对象是英国、智利、西班牙等，与阿根廷之间的经济联系并不紧密。

综上所述，自1982年马岛之战之后，英国不仅加强了对马岛的实际控制，并且将马岛争端的谈判主动权牢牢地把握在自己手中，近年来阿根廷政府尽管在马岛争端中表现强硬，频繁通过联合国等国际组织进行斡旋，实际上并没有改变在马岛争端上的被动局面。其次，马岛无论是在民族归属方面还是经济联系方面，都对阿根廷的认同感很低，加之阿根廷经济持续低迷，无法构建足够的地区影响力，这些都为阿根廷争取马岛的主权归属设置了层层困难。在这样不利的环境下，哪怕是英、阿两国重新开启针对马岛争端的谈判，其结果也会如我国民族学家所预测的，马岛居民的族群来源和政治认同的未来有几个方向，但这其中绝不包含阿根廷。

（张育瑄）

---

① David Armitage, "The Ideological Origins of the British Empire", *International Journal of the Classical Tradition*, Vol. 9, No. 4 (Spring, 2003), pp. 646 – 648.

下 卷

理论思考

卷 首 语

自法国大革命以来，民族问题与国际冲突尤其是暴力冲突之间有着密切联系。民族主义的出现，往往是国际暴力冲突的征兆，也是国际暴力冲突的鲜明特色。民族问题的巨大军事资源，使得现代民族国家在进行大众动员的战争准备时，都加强宣传民族主义。欧洲各国在世界大战前夕都弥漫着强烈的民族主义情绪。维护领土安全的军事行动，为民族主义的生长提供了肥沃的土壤。① 现代战争充分展示了民族主义情感的力量，并为进行新一轮的民族主义宣传提供了有效的素材。

民族主义是国际关系的产物，是民族由自为进入自主的一种推动力。国际关系特别是国际社会和全球体系的发展又对民族主义产生了很大的制约与影响。一方面，民族主义影响了国际关系与国际社会的形成与演化；另一方面，国际关系与国际社会的深入发展影响了民族主义。民族主义依其构建国家的方式不同对现实国家有不同的影响；民族主义内整体利益与个人权利之间的关系对国家制度建构具有重不可忽视的作用。要防止民族主义的负面影响，现实国家应加强其合法性，在民族国家内创建一种综合性文化。

在第二次世界大战结束以来出现的持续不断的地区间或国家间的局部冲突中，因主权国家间领土争端造成的冲突成为战后局部战争的主要类型之一。从地缘政治的角度看，地区性民族问题是地区民族在现实社会生活和政治活动中围绕利益需求、权利规定和政治表达时，由于与外界发生了矛盾和冲突而产生的国际社会现象，它是地缘政治权力结构和

---

① 参见 Kalevi J. Holsti, *Peace and War: Armed Conflict and International Order, 1648 - 1989*, Cambridge: Cambridge University Press, 1991, p.323。

利益资源分配状态的直接或间接的体现,是原来同一民族及其聚居地被国家政治分割的外在动力、民族传统文化的感召力和民族自身的驱动等内在动力交互作用的结果。大量的历史与现实告诉人们,在国际政治舞台上,地区性民族问题已经成为局部战争的敏感区,在相当长的时间里,地区民族作为族际实体不会消失,而由此引发的地区矛盾和冲突也以难根除。

族际冲突是绵延已久的国际社会现象,不同的历史时期,族际冲突的起因也不同。冷战结束后,国际社会既保留了传统的冲突因素,又添加了由信息浪潮所带来的新冲突因子,众多被掩饰的冲突因素全部释放出来,使国际冲突的形式更加错综复杂。在众多的冲突因素中,强调权益观念的现实主义的思想,强权政治已成为当今贯穿国际关系的主要脉络。

现今的民族国家对于地区安全通常会给予相当的关注,其安全政策与影响对地区国际安全举足轻重。除全球霸权国家之外,其他大国的利益与影响主要集中于各自所在的地区,其外交与安全战略基本上是以地区为舞台,把处理地区内的政治经济关系视作加强各自权力、影响以及在全球与地区事务中地位的重要手段。

随着全球化时代的到来,民族国家体系与地区安全和发展之间的冲突表现得更为显著,极力追求主权至上几乎将民族国家带入绝地。全球化具有解构民族—国家的根本功能。它所推动的世界经济制度的结构性转变,从根本上限制了民族国家的行动余地,国家的塑造力量将不得不转让给跨越地域的、不受限制的市场。它所带来的"国界的祛除",使得每个民族—国家的主权决定受制于现实存在的先决条件。

迅速发展的地区一体化与民族国家间的相互依赖,无疑是当今国际关系中一个日益突出的特点和发展趋势。因此推断民族国家的终结实际上是一种错觉。民族国家的主权的确已不再如从前那样具有绝对性,为了生存和发展,它们必须参与到广泛的国际联系中去,甚至在许多关键领域要让渡原本属于自己的权利。但在相当长的时间内,民族国家仍将掌握重大的基本权利,并拥有支持其得以存在的社会基础,主权仍然是民族国家需要全力维护的对象。

2012年的世界未能呈现出西方人预言多年的"和平、和谐"画面,距离《历史的终结?》的作者福山先生所谓"西方自由民主制度普世化"的"理想国"显然也还有相当的距离。强权的扩张、族裔集团利益的冲突、民族国家之间文化传统的渗透与反渗透……此类影像接踵映入我们的眼帘。作为认同"我们"利益、排斥"他者"的社会思潮与实践，民族主义一次次用不争的事实告诉我们，今天仍然还是它舞动"双刃剑"的时代。

在2012年的国际政治生活中，民族主义经常通过国家的形式表现出来，呈现给世人的是一种与国家利益相吻合的民族主义，即国家民族主义。国家民族主义在国际政治和国际关系中所展示的"魅力"，让人对其难以不给予关注。

2012年，国际格局基本上处于稳定的状态，但是仍旧彰显民族国家时代的诸种特征。国家民族主义作为一种社会运动，在反复昭示国家民族范畴的矛盾的同时，开始挑战既有的世界国家格局。新春伊始，肯尼亚和索马里交界处发生枪击事件。4月，苏丹向南苏丹宣战。随之，涉及两个或两个以上国家民族的海洋岛屿主权争端此起彼伏，"寸土必争、一岛不让"的理念一时间受到民众的普遍追捧。争议的内容主要包括海域分界线、岛屿归属、疆线与岛屿，以及海域主权归属，涉及位于有争议海域（如大陆架、领海）的渔场、被认为蕴藏石油和天然气等能源的"经济区"，以及通行权和勘探权等。钓鱼岛争端、独岛（竹岛）争端、南海争端、"北方四岛"争端、东海大陆架争端。被挑战方往往认为对手冥顽不化，扩张梦已成"司马昭之心"。挑战方则以"傲慢自大""反复无常""颐指气使"一类言辞指责对方。"舌战"之余，当事方或剑拔弩张，抑或"对簿公堂""蓄势待发"。

在国家民族争端的产生和发展中，国家民族主义通常以维护以国家为单位的"民族"利益为旗帜，强调"爱国主义"，体现出强烈的民族主义倾向。这种国家民族主义的实践，以国家意识和公民意识作为主要载体，反映了民族国家为维护自身利益在国际关系中所持有"利己排他"的思想和态度，表达了一个国家全体国民共同具有的思想意识和行为倾向。社会进步难以完全摆脱冲突与战争，但是更离不开社会的互助合作。随着经济全球化和区域经济集团化的迅猛发展，各种区域合作组织纷纷问世，地区合作成为各国谋求进一步发展的主要手段和行动取向。

地区合作的实质既是相关地区国家之间建立地区认同的过程，也是国家民族主义的理性实践过程。通过国家的组织和制度建立起来的国家民族认同，可以通过国家政策加以引导和塑造。对于参与地区合作的国家民族而言，其理性的民族主义实践是致力于推动合作各方在认同层次中纳入地区作为认同对象，将地区认同作为民族国家利益的建构结果，并通过国际互动过程中形成的共同利益观念建构这种认同。

欧盟的政府间合作的深化，东盟各领域合作的不断深入，中日韩（10+3）外汇储备库的大幅扩容，上海合作组织的北京峰会"促进地区和平，推动互利发展"理念的倡行，非盟在解决地区争端中发挥的积极作用，"东北亚发展论坛"做出的努力，中国（成都）·南亚经贸合作项目对接与洽谈的完成，各种区域性合作的实践表明：参与地区合作的国家民族之间共有观念的形成，既是历史的产物，也是地区合作及其互动的结果。在地区合作的背景下，国家利益与利益观念的变化、扩展，使得地区认同的出现成为可能。而合作各方实现认同对象向地区转变的过程，实际也是主权国家政府协调个人、国家和地区利益的过程。集团越大，个体获得集体收益的份额就越小，同时，获得集体物所要跨越的障碍却要增多。当这些利益发生抵触时，民族国家政府应当遵循的原则是：尽可能兼顾和协调三类利益。在确实难以充分兼顾和协调的场合，应当依据具体情况而非抽象原则来确定，并应较多地关注人类共同体利益或全球安全。在这一过程中，民族—国家必须不断完善自己，使自己有能力采取向地区中相对较弱的国家民族倾斜的政策，并为地区各国家民族共同利益的发展主动做出必要的利益让步，这是民族国家在地区合作中实现自身权益的基本条件。地区合作的发展体现了国家民族主义在国际背景下以特有的方式对主权和秩序的理性追求。民族主义作为一种意识形态和社会运动，从根本上说与政治现实利益冲突紧密相关，并且不断影响着世界政治格局和世界秩序。

大体上说，作为民族主义主要表现形式的民族分离主义，其现实"面貌"有两种：存在于现代主权国家内部的民族分离主义势力，基本上属于非主体民族或少数民族中的极端民族主义势力；而那些寄生在国际环境中的相关组织，则经常以族裔民族主义势力的面目出现。作为对民族国家的误读和民族自决权滥用的结果，民族分离主义除了在少数国家中表现为通过政治机制实现独立的政治目标外,大都采取暴力或以暴力相威胁的极端恐怖主义手段,至今仍然是危及主权国家安全和社会稳定的因素,也是美国等国际社会中的"强者"用以弱化和分化相关国家的一种政治资源。"强者"通常将适用于殖民地解放的民族自决权放大到主权国家内部,损害他国利益。一些民族分离主义势力,在积极迎合和利用"新干涉主义"理论进行自决实践的过程中,"成为霸权主义通过鼓励民族分离主义来分化、弱化其特定目标国的政策选择"。

在美国等西方国家纵容甚至支持下,一些恐怖组织和极端分子不仅在也门和北非一些地区频频活动,还不断向伊拉克、叙利亚等国渗透。"东突"组织"东伊运"参与叙利亚内战,伊拉克安全形势的恶化,极端伊斯兰教组织射杀尼日利亚警察和对马里北部的践踏,极端民族主义势力在中亚和南亚一些国家的嚣张,由此引发的灾难触目惊心。

同时,库尔德分离主义运动引发的伊拉克、伊朗和土耳其等国之间久存难消的摩擦;土耳其、沙特阿拉伯、阿富汗等国家在"东突"问题上的分歧;阿富汗部分少数民族中存在的分离主义倾向和独立运动招致的相关国家的矛盾;印度当局对达赖集团分裂活动的支持;土耳其等伊斯兰国家对"疆独"势力的赞许,凡此种种,民族分离主义对国际关系的影响不言而喻。

从 2012 年世界民族问题的发展态势看,发生在多民族国家内部的族际冲突并不多。既有的相关冲突,主要表现为民族主义对多民族国家建构的解构。其实质是以"利己排他"为核心的民族主义本性的"极致绽放"。

通常来说,在国际关系语境下,民族主义是建构国家利益的文化符号和政治思想,国家利益是民族主义存在和发展的衡量物。事实上,像阿富汗、肯尼亚、索马里这些国家,作为多民族国家开始建构以来,其民族主义和国家利益既与宗教、语言、历史传统和领土纠纷等密切相关,也深受外部势力的影响。主体民族奉行的大民族主义,强调本族政治、经济、社会和文化权利。一些宗教或教派所奉行的宗教民族主义,强调本教或本派的优势,排斥和打击其他教派。同时,跨界民族问题难消难解。在这种民族主义框架下,维系各族集团成员个人与国家之间的心理纽带变得较为羸弱,人民并未成为国家政治的组成部分,他们可以为本民族利益流血牺牲，但难以将国家视为本族和个人的意志及命运的精神。他们大多认为，国家是抽象的、遥远的，而家族和民族才是具体和最值得效忠的。国家失去了稳定的结构，民族主义与国家利益呈现出一种悖逆关系，进而成为解构多民族国家主权的重要理念和力量。

　　个人与民族融为一体的民族具有强大的生命力，强大的民族方能建立强大的国家。这一点对于相关国家和各民族而言，无疑是其在相当长的时间里所应树立和追寻的信念与理想。政府机构的腐败、公共服务的匮乏、民众生活的贫困、来自外部的"强者"的染指，这些都让国家的建构实践变得举步维艰。

　　事实告诉我们，民族主义确已成为当今国际关系实践之中最具力量和最富影响的现象之一。西方国家动辄指责发展中国家操弄民族主义，那他们对自己的所作所为又能做出怎样的解释呢？但愿美国人霍弗所谓"帮别人，没有人耻笑"的观点可以让多数人信服。

　　面对欧美国家贸易保护主义的愈演愈烈，中美、中欧贸易顺差被严重夸大；西班牙人精心"绘制"购房移民的"大饼"；马德森女士在《纽约时报》上所揭示的"美国特色"的民族主义实践；对"中国的崛起"和东方文明复兴表现出的日益强烈的反应；日美同盟、韩美同盟的强化，以及"列强"对索马里内部冲突、叙利亚内战、涉藏问题、阿富汗内政、钓鱼岛争端、朝核问题、中国台湾地区选举、库尔德人问题、巴以冲突等"他者"事务的干涉，备受西方国家指责的发展中国家很自然地会提出反诘——究竟是谁操弄了民族主义？

　　2012年，虽然出现了令人担忧的局面和问题，但是仍旧发生了一些"可圈可点"的事情，比如缅甸政府对少数民族诉求做出了让步，第二次世界大战信德人和罗姆人受难纪念碑在柏林揭幕，诸多区域合作的良性发展、民众对极端民族主义、恐怖主义势力所持有的理性态度等。

　　直至今天，因民族主义而引发的各类问题仍然难以呈下降态势，霸权作为一个拥有全球性利益的全球性主导力量，通过形成和建立符合自身利益和偏好的霸权秩序，在全球事务上仍然将不懈发威，民族主义议题仍然是中外学界长盛不衰的研究领域。从人们共同体发展进程看，主权国家仍将长期充当国际关系中的行为主体，因此，民族主义并非全球化所能取代的过时的观念，其存在和发展的合理性不会因表现形式的变异而丧失。

地区性、全球性问题需要在相应的框架下解决,这就需要部分主权的让渡。维护和恢复世界和平不再是每个国家自己的主权决定,而是地区乃至全球责任。当一个国家或地区发生冲突时,仅仅强调尊重国家主权而不加干预是不能解决问题的。在这种形势下,民族利益、国家利益,以及地区利益、全球利益越来越成为国际关系交往中的核心话题。当今国际关系交往中实现民族利益、国家利益、地区利益的最优化成为各国关注的中心;同时如何在国内、地区环境整合中,实现民族利益和国家利益最优化的前提下,协调民族利益与地区利益全球利益的关系,已经成为诸多民族—国家难以回避的话题。

(刘泓)

第十章

殖民主义与种族主义：
当代世界岛屿争端探源

当代世界岛屿争端与殖民主义统治、种族主义暴行紧密相连。在人类编年史上，殖民主义统治和种族主义盛行的过程充满了暴力和侵略扩张。事实表明，在这一过程中殖民地半殖民地的土著居民受到残酷的剥削或杀害，当地的古老文明遭到破坏，严重地阻碍了殖民地半殖民地社会经济的发展；殖民地半殖民地的人民（尤其是美洲人民）被捆绑在殖民主义者的战车上长达几个世纪，致使当地人民无安宁之日；在长期的殖民统治过程中，殖民地半殖民地逐渐成为西方发达国家的附庸和原料供应地，殖民地半殖民地国家的经济畸形地、片面地发展着，深深地影响了这些国家的历史发展进程，造成这些国家和地区至今仍长期落后。不容忽视的是，西方殖民主义者对欧洲以外地区的人为分割，是今天国家边界争端和纠纷的历史根源和种族冲突的祸根。

一 殖民主义的形成及其特性

汉语"殖民"一词，译自英语"colonization"，该词在德语中被表述为"klonisation"。英语"殖民地"（colony）一词，由拉丁文"colonia"转变而来，意为耕地、地产及定居地，后来词义又演化、扩大，含有耕作者、地主、定居者等义。我们提倡所谓的"殖民地"是指那些宗主国拥有充分主权的海外属地。在构成现代殖民帝国主体的非移民殖民地中，殖民地与宗主国在利益方面大多不存在必然的联系。虽然长期的殖民统治可能使这些殖民地采纳欧洲宗主国的某些制度,并能接受基督教,但这种统治依然表现为外族统治的特色,且一直以强权作为它的统治基础。

人类殖民活动的历史极为悠久。培根曾明确指出:"殖民地是古昔的、初民的、英雄的工作之一。当世界还在年少的时候,它就生了许多的子女。"[①] 据文献记载,早在公元前 2000 年左右腓尼基人便于地中海的塞浦路斯岛开始建立殖民据点,其后的古希腊人、古罗马人在赫拉克里亚、利比亚、地中海、黑海沿岸的一些地方建立了殖民据点,诺曼人在冰岛和格陵兰岛建立了殖民地。古代中国和东方的其他一些封建帝国也都曾进行过殖民活动,甚至殖民战争,也出现过一些维系殖民地存在的统治制度。但是,中古以前的这些殖民活动或制度因经济等方面的原因大都存在时间不长,一般并非由宗主国强加给殖民地,也不以剥削掠夺当地财富和奴役当地人民为目的,与 16 世纪后出现的殖民主义制度没有任何联系。许多殖民地从陷入殖民桎梏之日起,对外族统治抱有敌意的民族主义便已经产生,其主要表现形式为不断掀起反抗欧洲人占领的斗争,以及组织大规模的武装起义。

学界通常认为,殖民主义是资本主义制度的产物,它是随着资本主义的萌芽而兴起,随着资本主义的发展而发展的。准确地说,殖民主义制度是随着资本主义的产生而形成的,是自由资本主义阶段的产物;殖民主义的体系,则是自由资本主义的衰落和垄断资本主义出现时期的产物。充分认识殖民主义与世界岛屿争端的关系,与全面了解殖民主义的形成与特性有着密切的联系。

(一)殖民主义的形成

殖民主义是资本主义制度的产物。15 世纪末,随着地理大发现和新航路的开辟,殖民主义开始兴起。西方殖民主义者纷纷来到欧洲以外的地区寻找商品销售市场和原料产地。根据宗主国和国际市场的需要,他们往往在殖民地强制推行"单一作物制",使殖民地成为种植单一农作物

[①] [英]弗朗西斯·培根:《培根论说文集》,水天同译,商务印书馆 1983 年版,第 33 页。

的国家，以最大限度地牟取暴利。

殖民统治的建立并不意味着殖民主义体系的形成，从殖民主义制度的出现到殖民主义体系的最终形成，是一个漫长的过程，并且与现代国际法的逐步形成与完善有着密切的联系。一般认为，1884年召开的柏林会议是殖民主义体系最终形成的标志。

伴随着殖民扩张活动的进行，宗主国先后在殖民地建立起各自的统治制度，来加强对其殖民地的统治，并以此作为进一步扩张的基地。这些殖民地大多从事专门生产一种或几种初级产品的畸形生产，直到20世纪中期，相关产品的输出仍占这些国家总输出的75%—85%。由于经济的畸形发展，许多国家仅靠出口少数农牧产品和矿产品换取外汇，以购买本国的必需品，进出口的价格往往为外国资本家操纵。

英国著名的殖民主义史研究专家费尔德豪斯曾指出："研究殖民主义的适当起点是对那些强制性地实行于某些地区的、新的、人为的体系进行认真的探讨。"[1] 19世纪中后期柏林会议召开之后，殖民主义体系主要通过殖民地、保护领和保护国（protectorates and protected state）以及托管地（trust territory）等方式组织起来。根据宗主国的要求，殖民地不能单独与其他国家建立联系、不能单独参加国联和后来的联合国、不可直接向海牙国际法庭提出申诉、不可自主地发行殖民地的货币。事实上，殖民地仅仅作为一个帝国的省份而存在。20世纪中期，那些带有本地文化特征的社会，才能在变化了的客观条件下，作为非殖民化运动的一个组成部分而存在。保护领和保护国与殖民地之间的主要差别在于它们不能被宗主国正式兼并，其产生是以"自愿"原则为基础的。大多数保护国或保护领并非以一个国家的形式出现的，而是众多部落的集合体。事实上，西方列强为使当地居民屈服，常常不惜使用武力对土著部落进行大规模的破坏，没有一个保护领或保护国是在"自愿"的原则上建立起来的。托管地是由国联或联合国交由某个国家代为管理的地区。托管地的居民依然保留着自己的国籍，具有现代意义的委任统治和托管地是在第一次世界大战后才存在的。为了避免胜利者与失败者同受具有殖民扩张野心的指责，当时德国联将从德国和土耳其接管的殖民地转由协约国

---

[1] D. K. Fieldhouse, *Colonialism 1870–1945*, London, 1983, p.16.

成员进行委任统治。这些接受委任统治的地区由国联来具体分配，并由国联建立的托管委员会进行监督。第二次世界大战之后，依然存在的托管地以及一度被日本所拥有的托管地与太平洋上的岛屿，在1945年被转交给联合国新的托管委员会后，这个委员会才拥有并能使用对托管地的调查权。委任统治和托管地的出现，并未改变殖民主义的实质。它们还是与其他类型的殖民统治一样，体现的是一种剥削与被剥削的关系。只是形式上有区别，本质并没有改变。

(二) 殖民主义的特性

殖民主义的内部构成是宗主国通过不同方式，使其在任何新获取的殖民地内最初施加的那些帝国有限的权力，逐步演化为具有充分管理职能的殖民地政府的权力，使殖民主义的本质特征更为突出。

如何评价殖民主义？学者们对此并未达成共识。一些外国学者更多地从"功""过"角度来评价殖民主义。甘恩和杜伊格南在《帝国的负担》一书中指出，殖民主义功大于过，[1] 他们在《殖民主义在非洲》一书中将"欧洲在非洲的帝国主义解释为文化变革与政治统治的动力"[2]。罗德尼等人在《欧洲怎样使非洲成为不发达的?》中认为"殖民主义只有一面——它是一个吃角子老虎"，殖民主义对非洲纯粹是一场灾难，除了不发达与落后外，没有带来任何东西。[3] 菲尔德豪斯将殖民主义的所作所为看成是祸福相当、功过难分，认为"对殖民主义不应像往常那样赞扬或责备，如果说它没有做什么事情来消除殖民地的贫困原因，那么也不能说是它首先使殖民地陷于贫困。殖民帝国有着非常深远的经济后果，有好的，也有坏的"[4]。关于殖民主义的"双重使命"的理论是马克思首先提出来的。1851年在伦敦举行的万国博览会和英法海底电缆的启用，展示了工业革命的巨大成就和世界各国历史愈益整体化发展的趋势。当时理论界出现了主张维持小生产的反历史倾向。马克思和恩格斯在给

---

[1] L. H. Gann and P. Duignan, *Burden of Empire*, London, 1967, p. 382.
[2] L. H. Gann and P. Duignan, *Colonialism in Africa, 1870–1960*, Vol. 1, Cambridge, 1969, pp. 22–23.
[3] W. Rodney, *How Europe Underdeveloped Africa*, Tanzania, 1972, p. 223.
[4] D. K. Fieldhouse, *Colonialism 1870–1945*, London, 1983, p. 105.

《纽约每日论坛报》撰写的系列论文中,批评了这种反历史的倾向。19世纪50年代初期,他们正在研究印度历史。马克思注意到"英国工业愈是依靠印度市场,英国厂主们就愈是感到在他们摧残了印度本国的工业之后必须在印度造成新的生产力"①。马克思还注意到20世纪50年代初英国已在印度试建铁路445公里。② 可见,马克思的"双重使命"的判断主要是针对印度,没有普遍意义,不能机械地搬用"双重使命"论。事实上,在殖民统治下是不能完成社会变革的。③ 比如,欧洲殖民者对美洲印第安人进行征服后,并没有对印第安人的落后社会制度进行变革,而是将他们驱赶到"保留地",使其难以发展。或者采取毁灭性行动屠杀印第安人。需要说明的是,马克思的"双重使命"说的基础是《不列颠在印度的统治》和《不列颠在印度统治的未来结果》,而马克思在两篇文章中都没有使用"殖民主义"一词。马克思谈到的是英国在印度的殖民统治的后果,而不是殖民主义的后果。

殖民统治与殖民主义是具有显著区别的。应该说,殖民主义统治在客观上也有某些积极作用。比如在殖民主义统治过程中,向世界各地传播了先进生产方式,使殖民地半殖民地社会有了一些近代的气息;国际会议、国际组织也得到不断发展,在国际关系中的作用增强,逐渐发展成为协调处理国与国之间关系的重要形式;欧洲资本主义的触角不断延伸到地球上各个"偏僻角落",世界联结成一个统一的整体;国家间接触频繁,相互关系日益密切,国际关系的内容不断丰富。但是,在评价殖民主义时对此不应夸大。从根本上讲,正是由于殖民者的入侵,打断了前殖民地国家和地区的正常社会发展进程,才使它们在战后独立陷入落后状态和依附的地位。殖民地的政治家和民众因此对殖民统治都十分反感,大都希望尽早地摆脱殖民统治。"没有哪一个殖民地的政治家认为帝国的撤出应该缓慢,因为那将意味着承认殖民统治的价值。在非殖民化的进程中,只有印度和斯里兰卡似乎没有仓促行事,然而也有人就此认为,印度被分解就是由于独立的进程拖泥带水所造成的。"

---

① 《马克思恩格斯全集》第9卷,人民出版社1961年版,第175页。
② R. Dutl, *The Economic History of India in the Victorian Age*, London, 1956, pp. 174–178.
③ 林华国:《怎样认识马克思主义关于殖民主义的"双重使命"论》,《史学研究》2002年第3期。

民族主义的兴起与发展，无疑是促进现代殖民主义终结的重要原因之一。在非移民殖民地中，民族主义的反抗行为在一些社会发展层次较高的非基督教世界和非欧洲文化影响的区域普遍存在。第二次世界大战作为一个重要的外部条件，大大加速了殖民地民族主义运动的发展和殖民帝国解体的进程。殖民地民族主义运动的兴起和发展，还与殖民地内所发生的重要社会变化紧密相关。工业的兴起和矿产业的发展使殖民地出现了都市化的倾向，并由此产生了新兴的无产阶级和民族资产阶级。此外，不断增长的人口使土地资源日趋贫乏，不满情绪随之上升，而良好的通信设施也打破了部落间的封闭状态。土著宗教意识的复兴进一步加强了人们土洋有别的观念。所有这些发生在社会结构方面的重大变化，其结果在许多殖民地内导致了民族主义的迅速发展和对殖民统治的反感。

随着殖民主义的没落和殖民帝国的土崩瓦解，民族主义者接管了以往一直无视土著人权利的殖民政府。殖民者的蓄意干预，致使许多新兴国家的独立进程过于仓促，其政权从一开始就缺乏内部凝聚力。许多新兴国家在独立后出现政局动荡不安、社会停滞不前的局面。族际矛盾尖锐是导致许多新兴国家在殖民主义终结后社会仍然动乱不已的重要因素。在（新兴国家）制宪过程中，族裔因素变得日益重要，常常会引起的一系列的失控行为和暴力冲突。在殖民统治时期所存在的一些社会问题也会在这样的条件下，由一个古老的冲突引起的纷争或族际争斗再度表现出来。此外在不少新兴国家中，还呈现出诸种因腐败而导致的软弱性，行政管理随之成为主要产业部门。对腐败的不满导致了社会冲突和军事政变的频繁发生。一些国家和地区虽在独立之后可以避免这样或那样的一些社会动乱，但却不得不长期忍受独裁统治，政府的无能与政变的频发。

殖民主义统治时期留下的人为分割疆界，是当今世界边界争端和纠纷的历史根源。从战后亚洲和非洲争取独立的政治运动在规模和数量的空前高涨程度看，我们可以感到第二次世界大战的催化作用。[①] 殖民主义者在长期的殖民掠夺过程中争斗不止，而他们之间的每一次重大的战争都会在殖民地之间引起格斗，并重新组合。众所周知，近代以来，国家的边界是在几个世纪中逐步形成的自然边界，它们往往以江河湖泊为界，

---

① Derek. W. Urwin, *Western Europe since 1945*, New York, 1989, p.140.

而非洲国家等前殖民地地区的边界却是在几十年中匆忙划定的,这些通过武力制造的人为的边界,往往跨越不同民族的聚集区,将一些历史上存有芥蒂的族体划归一个国家,而又将同一族体划分到两个或更多国家,进而严重地破坏了殖民地国家和族体间的传统疆界。非洲在殖民地时期划分的边界到今天仍然存在着。随着冷战的结束,国家之间的联系日益加强,不同族体希望能够按照自己的方式解决他们之间的冲突。然而,由于国力等多种原因,此举一直难以实施。比如,非洲国家的边界40%没有被划定或做标记,各国边境地区很多是无主的土地,因此冲突时有发生。1994年的卢旺达危机便是这一情况的集中表现。同样,英国在印度实行分而治之,"造成统一中的不统一,对后来印度政治、经济发展起了有害作用"。我们不应忘记殖民主义统治对非洲及世界其他地区人民所造的这个罪孽。

殖民统治虽然结束了,但是殖民统治留下的祸害尚未消除,还在继续影响着广大发展中国家。西方殖民主义对非洲的侵略和掠夺所产生的严重后果是客观存在的,它们不会随着非洲国家的独立而自行消失,仍会长期地影响前殖民地国家和地区的政局稳定、经济与社会的发展。①

可以说,地区民族问题的形成,以及随之产生的领土和边界争端与近现代西方殖民统治有着密切关系。西方殖民者对殖民地人民实行政治上的高压与奴役、文化上的侵略与渗透、经济上的控制与掠夺。他们撤离时又故意留下遗患,以便将来再插手这些殖民地国家和地区的事务。在他们留下的许多棘手问题中,包括边界缺乏明确划分,致使地区国家之间经常为领土爆发武装冲突甚至战争。在帝国主义国家抢占殖民地的狂潮中,英国是占据殖民地最多、历史最长、获利最大,战后给各殖民地国家制造领土、边界争端也最多的国家。第二次世界大战结束后,亚非人民争取民族独立的斗争风起云涌,英国虽放弃了一些殖民地,但为了保住在那里的利益和影响,采取"分而治之""合而治之"或拼凑"联邦"等政策,又给前殖民帝国家和地区留下无休止的矛盾、冲突和领土、边界争端。就领土和边界争端看,当今世界现存的所有此类问题都与殖民主义对中东的统治有直接关系。前殖民地的领土和边界划分很少

---

① 参见陆庭恩《非洲国家的殖民主义历史遗留》,《国际政治研究》2002年第1期。

根据自然地理条件或人口自然聚居地来确定，而是按经纬线、几何线或曲尺在地图上画线来划分的。

二 种族主义的形成及其特性

"种族"与民族紧密相连，"种族"问题研究是民族学与人类学研究不可或缺的内容。种族主义理念和实践的存在与发展，是地区性民族问题的重要表现形式之一。要客观认识和把握当今世界岛屿争端产生的根源，就必须考察和了解现代种族主义的发展脉络，后者为前者的基本前提。遗憾的是，无论在民族学与人类学界，还是在欧洲学界，人们似乎对此均未予以足够的重视。

迄今为止，人们一直未能给"种族主义"下一个客观的、简洁的、宽泛的、使人易于接受的定义。人们从不同的种族主义概念出发，在其起源问题上自然产生了争议：作为人类社会的普遍特征，它的产生时间可上溯至千年以前；它是欧洲中世纪的产物，出现于14世纪资本主义萌芽时期；它产生于18世纪欧洲启蒙科学发展时代或19世纪西方工业化和民族主义发展时代。我们所要讨论的种族主义，是指从某种信仰出发，无视人类生物和文化特性，将其按照宿命论方式进行分类的理念与实践。

自1967年起，联合国以及有关国家和国际组织在每年的3月21日举行各种庆祝活动，纪念"国际消除种族歧视日"，以唤起世界各国政府和人民对种族歧视问题的关切和重视，共同行动起来为反对种族歧视这一人类社会的顽疾而战斗。1965年通过的《消除一切形式种族歧视国际公约》对"种族歧视"进行了明确的界定，公约称"种族歧视"为基于种族、肤色、世系或民族或人种的区别、排斥、限制与优惠，其目的或效果是取消和损害政治、经济、社会、文化或公共生活任何其他方面人权及基本自由在平等地位上的承认、享受或行使。冷战结束之后，欧美国家的种族主义问题不时出现在世界各大媒体之上，引起世人的广泛关注。

一般来说，种族主义研究通常关注的是具体的个案，探讨由多数人组成的社会中存在着的种族主义，而不是广义的种族主义。本章所关注的是1870年至今，种族主义在不断变化着的欧洲社会中的发展进程，试图从纷繁复杂的头绪中;梳理出欧洲现代种族主义的发展脉络;追溯种族主义理念和实践的产生与发展对岛屿争端之间的内在联系及影响。为此,我们设立了两个范式,一是排斥黑人的种族主义,其历史根源在于奴隶制和殖民征服;二是反犹太主义,其源头可上溯至中世纪基督教对犹太人进行压制、隔离和大屠杀的传统。中心议题是欧洲的"种族化"问题——一个集团(通常是作为欧洲人口大多数的"白人")自始至终地将矛头直接指向被其视作"下等人"的另一个集团(通常是非欧裔的少数人群体);其种族意识或观念(比如,黑皮肤的人为弱智群体)的构建,与相关法律、政治组织机制和政府政策的制定、建设和实施相生相随。

国外大多数有关欧洲种族主义的学术研究,或者倾向于关注黑人与白人之间的对立,或者聚焦于犹太人与非犹太人的抗争。仅仅根据殖民方式或反犹排犹形式,当然很难在"大陆"背景下对欧洲种族主义进行理论化和系统化的研究。这一问题产生的主要原因在于,从事殖民主义研究的学者与反犹主义研究的学者,由于学术传统等多种原因,往往会忽视,甚至否认其学术领地之间的联系,认为殖民主义与反犹主义从本质上说是截然不同的两个问题,不具有可比性。西方一些历史学家从广义上对种族主义的这两种表现形式分别进行了描述,他们的认识与上述观点大致相同。然而,无论怎么说,以往人们对于现代种族主义的探讨和分析,无疑将成为本章立论的前提和依据。

(一) 种族主义的形成及其特性

将 1870 年作为研究的时间起点,是探讨现代欧洲种族主义问题的重要前提。从 1870 年至第二次世界大战,种族意识在欧洲意识形态领域一直占据主导地位。我们之所以将 1870 年作为进行相关研究的分界线,是因为欧洲"种族问题"在此后发生了关键性的转变,从此出现的"新范例"在 20 世纪上半叶一直占据主导地位。

1870 年,"非宽容的种族主义"开始在整个欧洲大陆蔓延。伴随着种族主义同时出现的是,在以白人为主体的欧洲社会中,黑人与犹太人所受到的歧视加剧了。英国殖民机构的一名官员在谈到 1908 年的自由主义理想和黑人解放初期的憧憬被击碎时,表现出深深的懊恼,指出:"与那些可以希望和憧憬的东西相反，虽然民主、科学和教育的增长势头并未减弱，但是对于可称为种族的人群和有色人种的反感都在日益加深。"①与人们的希望相反，来势更为凶猛、分布更为广泛的种族主义成为现代化和"进步"时代的同伴。令人们感到困惑的是，这类事件怎么竟然会在当时的条件下发生，"我们是否可以相信这个时代本身，相信因为科学意识的存在我们就一定能够取得胜利？""事实上，我们这个时代正在经受不可思议的反犹主义的挫伤，它意在权利平衡时代的表现对每个人的影响是难以捉摸的。"②的确，在人类社会即将进入 20 世纪的门槛时，欧洲历史上重新出现了反犹排犹主义的种种征兆：政治上的反犹排犹主义在德国、奥地利和中东欧的其他地区散播开来，先前在犹太解放运动中业已取得的成果受到了践踏和扼杀。欧洲社会长期以来形成的以理性、科学和进步为基础的启蒙传统，以及建立在平等和广泛人权基础上的社会和政治秩序，呈现出受击和防御状态。

1870 年以后，欧洲种族学有关种族界限的理论观（并非革命的、进步的理念）的影响，已远远超出学术意义，给欧洲社会带来了令人难以置信的灾难。18 世纪，欧洲已经出现了有关种族的科学分类法。而此时，所谓"种族"却几乎成为人们剖析人类历史、理解现实社会，乃至人类社会未来演进趋势的无所不包或程式化的重要理念。社会达尔文主义源自较强种族与较弱种族间为争夺生存权而战的思想观点，蕴藏在种族退化、种族纯洁、军事冲突和帝国征服等理论当中，并逐步被付诸实施，欧洲社会乃至整个人类社会都因此经受了前所未有的打击。

19 世纪后期的民族主义意识形态，经常以种族主义方式表达出来。将民族主义与种族主义分开来进行表述是非常重要的。对于近代民族国家而言，一方面，它的出现是从政治、法律和机构上对生活在某一领土范围内的人口加以控制的过程；另一方面，它本身也是一种想象的共同

---

① Douglas A. Lorimer, "Race, Science and Culture: Historical Continuities and Discontinuities, 1850 – 1814", in Shearer West (ed.), *The Victorians and Race*, Aldersshot: Scolar Press, 1996, p. 18.

② Paul Weindling, *Health, Race and German Politics between Nnational Unification and Nazism, 1870 – 1945*, Cambridge: Cambridge University Press, 1989, p. 45.

体。民族国家的认同是通过诸多疆界表现出来的,这些疆界将属于"我们集团"的人,与所有其他的属于异族集团的人或潜在的属于敌人的外国人、外来者区分开来。集团认同从来都不是存在于真空中的东西,它是用来限制和反对那些与"我们"有着本质不同的"他们"的。近代国家从自身需要出发,在公民中制造了有力的凝聚意识和共享的认同,这些思想认识经常通过族裔的要求,以及有关共同宗教、语言传统、历史等文化方面的呼声来加强民族主义的基础。这种民族主义的表现形式,实际上将自己置于一种由种族主义构建的、更具种族性的集团封闭与排斥形式当中。种族主义与民族性的不同之处在于,它表述的是一种自然性的集团认同,再现了一个集团从其祖先那里继承下来的血缘与生物特征。而民族是"大写"的家庭,主题是亲属。血统是种族思想意识的源头、象征和纲要,是人们通过亲缘关系代代相传下来的,其本质包含着生物遗传和集团意识两方面因素。[①] 民族主义者倾力追求颇具种族性的理念,像护卫集团的疆界、族类认同和语言等,但这种做法并不能创造出一个广泛的、不可渗透的屏障装置来对抗"另一些人",比如人们可以通过学习来掌握某种语言。而种族主义者强调的是绝对的封闭原则,使"另一些人"永远不能跨越那些具有种族象征意义的分界线,因为人生来便在身体上打下了永远涂抹不掉的种族烙印。1860年以后,种族主义思想的影响力逐渐上升起来,并最终在欧洲社会获得了法律支持,在意识形态领域中占据了主导地位。民族主义的种族主义化现象的出现,是欧洲民族国家内外族际间与国家间矛盾冲突的逐渐深化、军备扩张和安全危机的不断加剧,在民族、种族关系层面上的具体体现。

1. 种族主义的沿革

(1) 欧洲种族主义的早期发展范式(1750—1849年)。

为认识、理解现代种族主义的两种范式,我们需要检验一下欧洲种族主义早期形式。我们认为,1870年以前,欧洲种族主义的发展范式,大致包括:

[①] Paul Weindling, *Health, Race and German Politics between National Unification and Nazism, 1870 – 1945*, Cambridge: Cambridge University Press, 1989, p. 45.

其一，人文主义（宽容）种族观的萌生（1750—1800 年）。有关"种族"的真正科学，是将人的种类在划分为不同的生物子群。但是，在 18 世纪中期之前，"种族学"并没有被明确地界定出来。1750—1850 年是"种族学"发展史上的重要时期。种族学的缔造者林奈、巴芬（Buffon）和布莱门巴赫（F. J. Blumenbach）等，通过运用体质人类学的比较方法，建立了将人类划分为不同种族集团的复杂的分类系统，在使有关动植物形态的混乱知识系统化的同时，将人类的类属细分为四个种族：白种（欧洲）人、黄种（亚洲）人、黑种（非洲）人和红种（美洲）人。尤其重要的是，他们提出的"人类起源理论"——将人类划为动物世界的一部分，打破了人类起源于神灵的经院学说。[1] 诞生于 1750—1800 年的"人类起源理论"，是欧洲种族意识——具有启蒙传统的"人文主义"（宽容的）种族观形成的明显标志。与《圣经》中的有关传说和人类皆兄弟的启蒙观念相一致的是，它认为人类各种族均源于同一人类集团。与前两者有所不同的是，一些新的内容被增加进来：人类是具有白种人特征的同一祖先集团的后代；后经"退化"演变，因为各地气候条件、饮食习惯、天灾人祸和生活模式等方面的差异，最终形成不同的种族集团。不管人们的种族归属如何，彼此间都存有亲属关系，其中的差别只是种族等级的不同。[2] 作为"人文主义种族学说"的核心组成部分，此观点在 19 世纪欧洲社会中一直占据重要地位。

其二，发展中的人文主义（"宽容"）种族观（18 世纪末期至 19 世纪中期）。在这一时期里，大多数欧洲思想家都在强调人类共有的特性和本质上的平等权利。启蒙运动、美国革命和法国大革命使人文主义价值观得到广泛的认同。人们普遍认识到，不论人们是怎样的阶级、宗教、肤色和民族集团，所有的人都属于同一种物质存在，享有同样的基本权利。1794—1865 年，随着奴隶贸易和奴隶制度的废除，以及犹太人的解放（法国于 1789 年、比利时于 1830 年、普鲁士于 1850 年、奥匈帝国于 1867 年、德国于 1871 年），上述观念得以进一步传播。这期间一些从事

---

[1] Thomas Bendyshe (ed.), *The History of Anthropology*, Anthropological Society of London, Memoirs, Vol. 1 (1863–1864), pp. 421–423.

[2] Thomas Bendyshe (ed.), *The Anthropological Treatises of Friedrich Blumenbach*, London: Longman, Green, 1865, p. 264.

种族差异问题研究的学者通过研究认为,人类各种族集团的进步均得益于白人所创造的文明和基督教文化。这一时期,"宽容"的种族主义观有了进一步发展。比如,"黑人"在种族阶层中通常被划为最底层,但此时黑人被给予了一个"较好的归属"。布莱门巴赫就曾经提出,黑人"几乎可以与其他人种放在一起考虑,不必单列为劣等种族";他们与其他种族的人一样"心肠温柔","这种情感存在已久,即使在灭绝人性的贩奴旅程或西印度群岛白人暴行肆虐的种植园中,也未曾麻木或泯灭过"。① 废奴主义者曾经有一个很经典的口号——即使黑人现在看似低等,也与其先天的种族特性无关,而这恰恰正是奴隶制酿成的恶果;如果不经历此种天灾,今天非洲人可以与欧洲人一样完美。

(2) 现代种族主义的雏形:"排斥性"种族主义的发展(1850—1869年)。

从1850年开始,欧洲社会的相关情况发生了一些变化。随着"非宽容种族主义"的出现和发展,不同种族集团之间被设置了不可渗透的疆界,其生物差异被进一步构建起来。其核心内容:人类通常存在的表面差异(如肤色、发质、身高和面部特征等),可最直观地体现人的素质;它们既是进行种族分类的标准,也是思想品德和文化水平优劣的基本表现形式。

1850年,一种"排斥性"种族主义观开始在欧洲出现。英国解剖学家罗伯特·诺科斯(Robert Knox)所著的《人类的种族》一书,长期以来一直被视为此种观念的集中体现。他认为,不同种族之间存在着绝对的生物差异,任何形式的混血(尤其是白人与非白人的混血)都是不可能的事情。在他看来,力量强大的高等种族有义务消灭力量弱小的低等种族,这种已发生在塔斯马尼亚人身上的事例,虽然看似"残酷、冷血、无情",实属自然法则发生作用的结果。② 诺科斯虽未使用"有性生殖"这一术语,但其有关种族特性的有关阐述已表明,其理论已与亚当为人类之父的基督教传说、启蒙时代提出的人类源于无性生殖的学说,以及

---

① Thomas Bendyshe (ed.), *The Anthropological Treatises of Friedrich Blumenbach*, London: Longman, Green, 1865, p. 264.

② Robert Knox, *The Race of Men: A Fragment*, Miami: Mnemosyne edn, 1969, p. 191.

人类大一统观念是有所区别的。① 尽管达尔文理论向人们展示了人类种群进化的事实，但在 1850—1945 年，在欧洲种族学界占主导地位的是，突出人类异质性的南希·斯特潘（Nancy Stepan）学说——强调种族品质的固定性和不可改变性、种族等级的高低差别、种族隔离和排斥、对低等种族的统治。诺科斯的思想理论的问世，标志着现代种族主义的雏形已经形成，象征着 19 世纪中期以后自由主义危机的加深，以及欧洲社会针对少数族类群体的非宽容的、内在的优胜者意识的滋长。现代种族主义的基本特征在于，反复强调种族理论决定一切，是理解人类历史、当代社会和政治制度的关键。诺科斯声称，"在人类历史上，种族无所不包"，"文学、科学、艺术都包括其中，一句话，种族为文明所依"，"种族即所有"。② 19 世纪中期以后，"种族学"成为揭示各种社会现象，认识不同阶级、民族集团间的渗透问题的主要认识论和方法论工具。

2. 欧洲现代种族主义范式的形成与发展（1870 年以来）

1850 年后，随着侵略性民族主义的出现，直接威胁欧洲的非安全力量的发展，现代种族主义开始将视点转向欧洲内部存在的不同种族。认为欧洲不同集团之间的斗争——种族与种族之间的斗争，是推动欧洲现代历史发展的动力。③ 1750—1849 年，人文主义种族观在欧洲种族学中占主导。在这个理论体系下，所有的欧洲人都被看作是同源的。但是，现代种族主义坚持认为，应将欧洲人划分为不同的种族集团（萨克逊人、凯尔特人、斯洛文尼亚人、萨尔马特人等），他们之间的差异如同红种印第安人、霍屯督人和其他"未开化的人"之间的差别一样。体质人类学的这种变化直接表现为两种完全不同形式的种族主义的诞生：一是针对欧洲社会以外的"其他人"的殖民种族主义（反对黑人的种族主义）；二是以生活在欧洲的"外国人"（特别是犹太人）集团为靶子的、形式更加偏激的种族主义。

值得关注的是，现代种族主义范式的形成与发展过程所体现的主要特征，笔者希望通过对相关内容的考察，有助于我们理解欧洲历史一度

---

① Robert Knox, *The Race of Men: A Fragment*, Miami: Mnemosyne edn, 1969, p. 158.
② Ibid., pp. 7, 10.
③ Ibid., p. 25.

呈现种族化特征的原因。

其一，具有相当伪科学成分的种族学思想理论的广泛传播。欧洲现代种族学的理论依据和分类标准的科学性都是值得怀疑的，从某种意义上说，它不过是由种族主义意识包装成的"科学理论"。从历史上看，像达尔文那样，在发现种族的生物真理后，再将科学的真理传播于世的案例并不多。

首先，种族学的缔造者大都是"坐在椅子里空想"的人类学者。其理论观点得自在欧洲图书馆中的旅行记录（而这类材料大都是耸人听闻的、极其主观的臆想），而不是他们本人对非洲人的直接观察和记录，通常是某种种族主义情感的表达。其中，布莱门巴赫尤为典型。他从未到过除瑞士、荷兰、英国、法国以外的地方旅行，他完成人类种族分类的主要依据，是他称为"Golgotha"的245个私人收藏——从世界各地收集来的头盖骨。18世纪中期至20世纪初，世界一流的种族学者在进行种族分类时所使用的学术语言，不外乎皮肤特点、眼睛颜色、发质类型、头盖骨形状和其他人体特征。比如，布莱门巴赫对"埃塞俄比亚人"所做的描述："前额多结、凹凸不平；白齿骨外突；眼突异常；骨阔颌宽；牙槽边缘狭窄，前部拉长；上肢倾斜；嘴唇（特别时上唇）肿大；下巴后塌。"[①]当这种主观的、推理性语言成为种族学方法论的核心概念时，其模糊的含义不能不使人产生错觉。其次，种族学者们将美学、道德、文化特征等方面的词汇应用到人体类型的描述上。他们认为决定种族类型的关键因素不是体质"标示物"，而是被描述对象所具备的品质。比如林奈对非洲妇女的描述：无羞耻心、狡猾、懒惰、粗心大意、反复无常。1899年，著名种族学家凯恩（A. H. Keane）对种族"质"（欧洲中世纪生理学概念）的描述也可说明问题。比如苏丹黑人的"质"：淫荡、懒惰、浪费、不定性、易动情、冷酷、没有自信；蒙古人种的"质"：没有积极性，耐力非凡，狡猾而非聪明。[②]

事实上，这种具有相当伪科学成分的种族学思想理论的生成和传播，

---

① Robert Knox, *The Race of Men: A Fragment*, Miami: Mnemosyne edn, 1969, p. 266.

② Douglas Lorimer, *Theoretical Racism in Late-Victorian Anthropology*, New York: Anchor Books, 1965, p. 426.

对欧洲社会产生了深刻的影响。从某种意义上说，这种"学说"为欧洲和白人殖民社会先前业已存在的对异族人的种种歧视和成见，插上了"科学的翅膀"。欧洲现代种族主义的产生和发展，是以人们对这种学说的广泛传播和普遍接受为前提的。19—20世纪，矛头指向黑人的种族主义的陈词滥调充斥于各种报纸、小说、旅行记录、吧屋笑料、孩童画册、百科全书、广告和杂耍表演中，黑人常常被描写成具有淫荡、性欲过度、懒惰、肮脏、弱智、幼稚、无德、说谎、偷盗等特性的人。这一时期种族学者并没有采用先进的方法（技术）去论证（印证）黑人的劣等性。而是着力反映和重申将黑人埋置在社会底层的时代与社会的价值。

其二，"生物差异断言"替代"懒惰土著神话"。"懒惰土著人的神话"源自欧洲人对非洲的殖民经历，是欧洲现代种族主义理论的重要组成部分，是欧洲人从自身利益和种族成见出发，对非洲人的人种特性所做出的主观臆断。其核心内容是，自然环境决定了非洲土著具有与生俱来的生物劣根性——懒惰，其依据是因天气炎热，他们不经常到森林中采摘或狩猎；被迫充当劳役的非洲人开展各种形式的活动抵制白人殖民者的掌控；他们从未也不必创造任何文明；支配他们的劳动是白人的天赋权利和使命；没有欧洲人的指导，他们永远不会从野蛮人转变为文明人。众所周知，非洲种植园黑奴劳动所创造的无以计数的财富，奠定了西欧资本主义发展的基础；非洲传统的粗放经济模式需要投入艰苦的劳动。然而，构建"神话"的欧洲白人根本没有顾及这一事实的存在。

19世纪70年代以后，欧洲种族主义的基本理论由"懒惰土著人的神话"转变为一种建立在宿命论基础之上的、有关种族生物差异的断言。认为根据自然法则，相对于萨克逊人的最高种族地位而言，黑人的劣等种族地位是不可改变的，他们缺乏一种"可将其与动物区别开来的基本品质"；不论民族性、气候、迁徙地和其他条件发生怎样的变化，每一个种族始终都保持绝对不变的状态。该断言并非科学发现的结果，而是欧洲社会内部发生巨大转变的反映。但是，这并非表明种族主义学说仅仅是一种附属物，从未产生过什么影响。事实上，作为一种特殊的知识，它的确可以构建出某种力量。在迅速发展的现代化时代，工业和技术的进步使"学术"承载了难以估量的声威和合法力量。这便是"种族主义实践"需要用"学术的"而非宗教的概念加以系统阐释的重要原因。

3. 现代种族主义的发展契机

1870 年以后，种族主义将矛头直指黑人和犹太人。如果将这种具有排斥性特征的现代种族主义的出现，仅仅理解为欧洲人改变种族观念或改革种族学研究的结果是远远不够的。这是需要在一个更加广泛的经济、政治、文化和社会关系中来加以探讨的问题。

现代种族主义为什么会产生于 1870 年后？我们认为其中的契机包括如下内容：

其一，资本主义经济的空前发展。无疑，资本主义经济的迅速发展是问题产生的根本，其他方面的因素都是以此为前提和基础的。欧洲资本主义的成长和"资产阶级欧洲"的建设并非呈现为均衡的发展状态。比如，当英国和法国的部分地区处于工业化早期阶段时，东南欧等一些地区还保持着相当多的农业社会的残余。这种地区性差异正是新型的现代种族主义产生的根源。但是在 1870—1900 年，即使最落后的地区也受到由现代化引发的这种影响。比如，19、20 世纪之交出现在乌克兰和黑海沿岸的反犹浪潮，虽然从中还可看到传统宗教观念作祟的痕迹，但主要原因还在于由敖德萨等城市经济发展水平的迅速提高所引发的矛盾。1870 年后，"资本时代（1848—1875 年）"已有的社会秩序已为哈布斯堡王朝的坍塌所冲击，工业化的迅猛发展给欧洲社会带来了难以预料的各种变化。如蒸汽动力机车的出现、工厂和矿城的发展、农业人口向中心城市的大量涌入等。大型的中心城市也随之迅速发展起来。1850—1900 年，伦敦人口由 230 万增至 640 万、巴黎人口由 130 万增至 330 万、柏林人口由 44.6 万增至 240 万、汉堡人口由 19.3 万增至 89.5 万。[①] 这一时期虽然是资产阶级赢得空前胜利、拥有空前力量和财富的时期，但也是非安全社会因素的超常速聚积期，由资本主义破坏性引发的诸多社会问题日益凸显。被压迫的无产阶级开始纷纷投身社会主义或无政府主义运动，资产阶级因此感到了来自社会下层的威胁。同时，他们在先前资本竞争中建立起的自信心，受到 1873 年的"证券交易事件"，强烈反犹理念和实践所激发出的反作用，以及发生在 19 世纪 90 年代的"大萧条"的沉重打击。经济的飞速发展意味着，从传统的土地所有者/土地贵族、到农

[①] Anna Davin, "Imperialism and Motherhood", *History Workshop*, Vol. 5 (1978).

民和手工业工人等众多社会集团,都不得不面对古老农业社会和小城镇的衰落。一些集团和组织的成员在受到由现代化所带来的负面影响后,转而用一种保守或反动的方式去求得生活的稳定和内心的安慰。他们认为,资本主义商业冒险和投机活动是依附于欧洲各民族诚实劳动的"寄生品",开展"社会主义革命运动"是颠覆现有制度的有效途径。事实证明,这些人比较容易接受种族主义言行,特别是将犹太人视为"内部"敌人和"攻击对象"的反犹太主义的理念与实践。

其二,悲观主义文化情绪的出现。随着资本主义经济的迅速变迁,欧洲政治领域出现了保守主义、"反自由主义"运动,文化上则呈现出浓重的悲观主义情绪。1870年以后,一种强有力的、保守的、"反自由主义"政治开始在全欧范围内蔓延。无法掌控的资本主义已使欧洲人渐生恐惧。从柏林到莫斯科,反对"曼彻斯特自由贸易观",被人们视为当务之急。保守的土地所有者和社会上层人士,不甘心旧的等级制度的崩溃与传统农业社会的远离。"维多利亚"晚期的成就虽然影响至今,但是在他们看来,那并不是一个进步的时代,而是一个充满浓重的悲观主义或曰文化绝望的时代。[1] 现代化给欧洲人带来的诸种不安,被其普遍转译为文化上的悲观主义情绪,认为欧洲文明在人类生理和种族退化过程中受到直接的威胁。

这种情况表明,部分欧洲人追悔在贵族政治制度衰落的同时,也开始以"种族学"词汇诠释其"怀旧"心态,认为欧洲文明与种族"退化危机"即将到来。其具体表现:对低等种族表现出"巨大恐惧";种族优生学、生物学理论的意义被极度夸大,有关种族潜能和民族力量的著说纷纷问世;为消除种族混血或污染,一系列关于种族隔离、排斥和灭绝的计划被构想出来;等等。尼迪克特·安德森曾指出,白人种族主义者关于"永久玷污"(由与低等种族混血而导致的对高等种族血统的玷污会永久存在下去)的梦想由来已久,并通过冗长的一连串令人讨厌的现象传播开来。[2]

---

[1] 参见 Fritz Fritz Stern, *The Politics of Cultural Despair: A Study in the Rise of the Cermanic Ideology, 1870–1900*, New York: Anchor Books edn, 1965.

[2] Benedict Anderson, *Imagined Communities: Reflection on the Origin and Spread of Nationalism*, London: Verson, 1983, p. 136.

其三，侵略性民族主义的兴起。随着非安全国际竞争的日趋激烈，侵略性的民族主义思想与实践开始兴起。与侵略性的民族主义结合，是欧洲现代种族主义的显著特性之一。众所周知，像种族一样，民族—国家是以一种想象的人们共同体形式发展起来的。它通过精心制定诸多边界来决定"人民"的民族归属。15世纪末，欧洲诸王国在向民族—国家转变的过程中，开始将统治触角伸及周边地区和当地的少数族类集团，试图通过消灭少数人的语言，强迫其接受本国的官僚集权制度和同质的（因遗传而构造相似的）"归属空间"，来扩大自己的势力范围。原始种族主义理念最早被应用于所谓的"民族化"过程，是在1492年的西班牙，当时的政府对犹太人和摩尔人采取彻底排斥态度。1449—1834年，血统纯洁程度一直由西班牙宗教法庭裁定。将血统纯洁程度作为决定个人族类归属的标准，被认为是种族主义的最初表现形式。当时的人们普遍认为，犹太人和摩尔人对新教徒血统的玷污是去除不掉的。"永久玷污"的概念，并非种族主义在其最初发展阶段的发明创造，它源自《圣经》传中的"不纯""不洁"观念和贵族政治中的门第观念（废除如夫妻之间年龄差距太大等不适当婚姻，禁止与贵族"门第"以外的人员联姻）。上述两种观念不应与种族主义的现代表现形式混为一谈。欧洲中世纪的"种族"概念，依托于贵族政治的门第原则、由严格的统治手段所监控的阶级内婚与家族内婚原则，以及避免血统混杂、阻止血统玷污等观念。在欧洲国家实现了从王国到民族国家的革命性转变后，它被人们使用的机会就越来越少了。19世纪，集团的纯洁模式通常被运作于家族范围之内，而王朝的血统范围则被扩展到民族国家的周边疆界。1800年，作为家谱、血统、祖先和高贵地位的表现形式，不列颠出现了爱国主义的新型语言，不列颠民族/人民的连续性被表述为"我们血管中流淌的是不列颠鲜血"。这样，有关现代种族主义的论述仍然充满诸多陈旧语言和观念。比如通过血统纯洁程度、想象中的血亲关系（如将家族等同为民族）等方面因素，来确定人们的种族归属。

19世纪中期以后，现代种族主义的表现形式，成为侵略性民族主义的有力思想武器。在欧洲，民族共同体的疆界被一种更绝对的方式管辖，犹太人、爱尔兰人和黑人等在被单列为"外国人""其他人"的同时，还被认作"从不曾、也不可能被同化或弃暗投明的人"，他们与白人之间的差距与生俱来、根深蒂固。19世纪80年代,是事态发展的分水岭:西方国家(包括美国和其他白人统治地区)的国际移民政策,开始由"自由开放"原则转向"有限迁移"原则——移民迁移范围仅限于民族—国家疆界之内;为排斥"与白人本不相容"的"外国人"或"其他人",欧洲国家政府开始改变民族构建方式,即排斥民族疆界内存在的"异己",包括制定限制"外国人"或"其他人"在企业中的从业人数等政府政策;欧洲众多民族由1870年以前争取独立自由阶段(包括波兰人反对俄罗斯人的斗争、希腊人反对土耳其人的斗争、意大利人为争取统一而进行的斗争,等等),转向列强争霸阶段(英、法、德、俄等国之间的竞争逐步升级,欧洲社会非安全因素日渐增长)。随着上述各种对抗性的加深,欧洲"种族学"由一种"偏见"(基本特征是对非欧种族进行全球性统合,以简单的、一元化的概念界定欧洲白人/高加索人的种族认同)转变为一种"内部专用科学"(将欧洲人的种族类型细化为——雅利安人、凯尔特人、日耳曼人、地中海人、阿尔卑斯人等)。一些偏激的民族主义者开始用种族主义和社会达尔文主义语言来阐释欧洲社会逐步升级的国际紧张关系。他们以"保持种族纯洁性"做诱饵来激发人们的"民族内聚力",并以此作为民族国家应对国际冲突的常备力量;而在政治上开展反犹主义运动,正是他们为受其鼓惑的大众提供的行动指南。当时,遍及欧洲的犹太人均被看作"无国家的另类",一个对主流社会完善性具有威胁的种族集团,其价值观与对民族生存最具危险性的力量(资本主义、社会主义、自由主义等)被紧紧联系在一起。

当民族之间的对抗性被种族化(如英国人讨厌爱尔兰人、德国人讨厌波兰人、法国人讨厌意大利人)时,这些对抗性的产生或解决往往会被限定到某个具体的民族身上。因而,从欧洲其他所有的民族共同体(包括吉普赛人)中划分出来的犹太人,便真正成为欧洲"国际社会内部的敌人"。

其四,"新帝国主义"和殖民主义的膨胀。1870年以后,伴随着侵略性民族主义巨浪的到来,欧洲"新帝国主义"和殖民主义的侵略行径迅速膨胀起来。列强争夺海外殖民地的斗争愈演愈烈,1880—1912年,它们以惊人的速度完成了瓜分非洲大陆的行动。值得注意的是,西、葡、比、英、法、德、意、丹等西欧强国,无一例外地受到殖民主义和种族主义宣传的影响。列强在"黑非洲"的激烈竞争，使黑人"顺理成章"地成为当时欧洲大众媒体和种族主义者所关注的对象。侵略性民族主义理念与实践的迅速传播和发展，成为"新帝国主义"与殖民主义侵略行径的迅速膨胀的助推器，激励人们为追求民族国家利益的最大化而不懈奋斗。列强在海外竞争的激烈程度及其殖民范围也因此得以不断加剧和扩大。法国一家报纸曾报道了当时欧洲人的心态：1871 年普鲁士的动荡给欧洲带来的危机，"我们必须从其他地方寻得补偿"①。

1870 年以后，列强在从南非到印度尼西亚和阿尔及利亚所开展的殖民实践表明，欧洲种族主义已从较宽容的表现形式，发展为具有强烈压迫性的统治形式。在"新帝国主义"时代（1875—1914 年）和大战期间，欧洲列强在非洲开展了令人难以忍受的种族实践活动，即一系列有组织的、合法化的野蛮行径，包括种族隔离、种族屠杀和种族灭绝战争等。比如，比利时在刚果犯下的暴行；德国在西南非洲建立的灭绝人性的集中营；意大利在埃塞俄比亚发动的种族灭绝战役。

列强在海外殖民地开展的种族主义实践活动，对"文明"的宗主国社会产生了诸多影响。重要的是，欧洲人原有的"种族优越意识"为针对非洲殖民地的、制度化的种族主义所取代；被种族主义者大肆推崇的种族主义理论和实践获得了巨大的应用与施展空间，列强的殖民地实际充当了"新帝国主义"和殖民主义制度的测试基地。②

其五，"为种族而战"：群众运动的"动员令"。随着选民人数的增加和"群众政党"组织的发展壮大，"种族"第一次成为群众运动的"动员令"。1870 年以后，伴随着大众政治组织的发展壮大，欧洲政坛出现了种族化倾向。1860—1914 年，通过选举制度的改革，男性普选权原则被德国（1871 年）、英国（1867—1885 年）、比利时（1893 年）、芬兰（1906 年）、意大利（1912 年）逐一接受，选举权延伸到中产阶级下层和工人阶级中的男性。这种形势对民族关系中反犹主义的政治化的出现，产生了重要影响。在选民范围被戏剧般地扩大的同时，"群众政党"组织

---

① William B. Cohen, *French Encounter*, p. 275.
② Kataryna Wolczuk, *History*, *Europe and the "National Idea"*, Routledge, part of the Taylor & Francis Group, Vol. 28, No. 4 / December 1, 2000, pp. 671 – 694.

也发展起来。它们开始改革组织机构，开展帝国主义、种族主义宣传，反复煽动大众对"其他人"的敌视情绪。1870—1914 年，各种作战组织、同盟、社团应运而生，如不列颠的"报春花联盟"（1883 年）、帝国联邦联盟和帝国联盟，德国的泛德联盟和海军联盟。在欧洲现代史上，"种族"第一次成为调动人心的、对选民行为产生重要影响的话题和群众运动的"动员令"。

其六，种族主义思想理论的传播。欧洲初等学教育的广泛普及、大众传媒业的显著进步与交通工具的日益发展，使得种族主义思想理论得以迅速传播。19 世纪晚期，欧洲初等学教育的普及程度已达到相当高的水平，同时大众传媒工具也取得了显著进步。1870—1900 年，成人文盲率开始大幅降低（奥地利由 50% 降至 23%、法国由 31% 降至 17%、比利时由 31% 降至 19%、意大利由 69% 降至 48%、西班牙由 72% 降至 56%、俄罗斯和波兰由 81% 降至 74%）。[①] 识字人数的增加，扩大了媒体（尤其是文字媒体）的读者群，随即也推动了出版、发行等行业的发展。到 1914 年前，现代化的印刷机可以在 12 小时内印制 5000 份 12 页的报纸。轮转印刷、机械化打字和图像复制等技术的进步，为大众传媒业的迅速发展打开了道路。一些群众性读物的发行量随之大幅度提升，1898—1901 年，《每日邮报》发行量由 40 万份增至 100 万份，《巴黎时报》由 69 万份增至 150 万份。[②] 上述形势的出现，极大地扩充了种族主义思想理论的传播渠道。随着印刷和摄影等技术的进步，色彩丰富的明信片、广告、香烟牌、电影等可视性较强的印刷品纷纷问世，人们从中常常可以看到种族主义者心目中的劣等种族形象，比如野蛮人、食人族、不守信的野人或恶魔、长鹰钩鼻的犹太人等。学校的教材、孩子们的连环画册、民族历史通俗读本和教会的传单等，也都成为宣传白人创造的维多利亚文明使命的工具，白人在其中总是被看作进步力量的代表和启蒙者的化身。1898 年以后，欧洲商业影院数量骤增。1917 年，英国有影院 4000

[①] Colin Crouch, "Social Change in Western Europe", *Industrial Relations Journal*, September 2001.

[②] David Sylvan, " Alternative Histories of Europe's Role in Globalization", *Europe and Globalization*, ed. Henryk Kierszkowski, Basingtoke, 2002.

家,每周观影人次达两千万。[①]

同时,随着火车、汽船和汽车等交通工具的日渐便捷,种族主义思想理论的传播范围与速度得到大幅扩大和提高。便捷的交通工具为欧洲各国种族主义者加强联系、扩大影响创造了有利的条件。在1882年、1883年分别举行的第一届和第二届国际反犹太人大会上,参会国由三国(德国、奥地利和匈牙利)增加到六国(奥地利、匈牙利、俄罗斯、罗马尼亚、塞尔维亚和德国)。

(二) 种族主义的特性

"种族"是否具有本体?如何将人类划分为不同的"种群"?迄今为止,没有人能够给出确凿的回答,也没有人发现一条行之有效的方法。我们所要阐释的是对这种意义上的种族主义的历史构建。

事实上,种族类型不能仅通过以生物或遗传方法为基础的学术体系来进行诠释,它们是人类思维的产物,是人们对在特定历史和社会状态下,彼此各异的族类集团所做的一种"类别"界定。种族类型没有本体状态,也没有对其可进行识别的具体的客观事实。当代欧洲社会倾向于将世界人口划分为性质截然不同的四大生物种群,即黑种人、白种人、亚裔人和其他种类人。这种划分的长期存在,实际上是将人类刻意地划分成高等、低等不同性质的种群,人为地将种族置于等级制度之下。

种族主义始终处于变化之中,体现为根植于某种特定历史关系中的一系列观念和实践,以及不断更新的政治、文化或语言的表达方式。种族主义的根基被深深地夯入欧洲社会结构中,并随欧洲社会结构的变化而变化。这就是人们至今仍未能给"种族主义"做出一个客观的、简洁的、宽泛的、令人们广为接受的定义的重要原因。

我们主要关注现代种族主义的三种表现形式,并非要给人们造成种族主义在欧洲仅此两种表现形式的错觉。事实上,与种族主义在世界其他一些地区的种种表现一样,欧洲种族主义的表现也是多种多样的,我们只是因篇幅所限进行了取舍。

[①] David Sylvan, "Alternative Histories of Europe's Role in Globalization", *Europe and Globalization*, ed. Henryk Kierszkowski, Basingtoke, 2002.

其一，反犹太主义。"典型的欧洲'内敌'是犹太人"，这一观念在欧洲由来已久，至今尚未销声匿迹。在19世纪中期的种族分类理论中，犹太人被划定为一个与众不同的生物种族。在犹太人获得解放时期（1782—1871年），犹太人通常被视为宗教和文化集团。其获得"解放"的基本前提是，他们被认为确实可以完全被整合，甚至同化为欧洲各国主体集团的一部分。从1850年开始，欧洲社会的相关情况发生了一些变化。"非宽容种族主义"有所发展，不同种族集团之间的生物差异被进一步构建起来。1860年以后，犹太人被逐步定义为民族国家中的"外国人"，拥有"国中之国"，是永远有别于欧洲人，且与之相分离的种族集团。

基督教传统上将犹太人定义为"杀死上帝的人"，如同被人抛弃的"活物"，但毕竟还保留了犹太人皈依的可能性。然而，"非宽容的种族主义"理论却表明，犹太人永远是犹太人，他们的种族命运会一直遗传下去。J. 诺德曼在《犹太人与德国人》一书中，将这种新形式的种族主义定义为"反犹太主义"。他认为，族内通婚等犹太人共同体的封闭特性，决定了他们必然会成为欧洲社会所无法同化的、独特的少数种族集团。数千年以来的与世隔绝、近亲联姻等生活方式，使其种族特性如其特有的思想方式得以不断强化。"全体犹太人"（Judaism）一词，不仅可以表示犹太教、犹太教徒，而且可表示犹太人的种族特性。[①] 反犹主义权威理论家W. 马尔强调指出，这种新型种族主义的出现和发展提醒人们，"当种族成为一个问题时，当'血液'出现差异时，宗教歧视无疑会从中生成"[②]。

其二，殖民种族主义。殖民种族主义是指以"黑人"为反对对象的种族主义。有关"黑人"种族类型的界定说法不一，意义也不明确。我们通常所说的"黑人"，主要是指那些非洲裔的民族，特别是来自非洲撒哈拉地区和美洲前奴隶制经济社会的群体。作为种族研究的核心对象，被称为"尼格罗类型"的黑人，一直是现代欧洲社会的歧视对象和欧洲

[①] Quoted in Jacob Katz, *From Prejudice to Destruction: Anti-Semitism, 1700 – 1933*, Cambridge, M. A.: Harvard University Press, 1980, p. 213.

[②] Peter Pulzer, *The Rise of Political Anti-Semitism in Germany and Austria*, London: Hallban rev. edn, 1988, p. 49.

文化的特殊表现形式。这个群体内部的成员在欧洲社会中处于同样的阶层、拥有同种的地位，都是被压迫和被歧视的对象。在现代欧洲，"黑人"这一概念的含义相当丰富，指生物等级和文化等级低下人群，包括"尼格罗人"和生活在欧洲社会中的所有其他少数民族，吉普赛人、爱尔兰人和车臣人等，因此都被视为"黑人"。

  这种种族识别方法显然是为种族殖民主义势力服务的。它忽视了种族偏见及其建构模式和历史延宕，背离了在对非洲的奴隶制、殖民统治及其与此相关的具体文化标识物进行追溯基础上，探究界定和识别"黑人"标准的科学研究方法。尤为重要的是，它在很大程度上限制、阻碍了人们对歧视黑皮肤的非洲人或非裔加勒比人的欧洲殖民种族主义的认识和研究，种族主义的一些特殊表现形式都被排斥在外，比如针对一些非裔少数族裔群体的种族主义。包括像发生在 20 世纪法国针对来自马格里布移民的种族主义行为，特别是针对来自阿尔及利亚移民的种族主义暴行尤为猖獗。其根源在于基督教欧洲与中东和北非的穆斯林、阿拉伯世界长期不休的冲突，包括针对亚裔人（华人、印度人和越南人等）与其他少数民族群体（土耳其人、索马里人和库尔德人等）的种族主义潮流。实际上，这些问题除了有些被学术研究用作参考注释外，大都被忽略了。

  1870 年以前，在资产阶级开展的各种政治斗争中，犹太人和黑奴都获得了不同程度的解放。期间，人们接受了有关欧洲人与"其他人"之间存在种族差异的观念。不同种族之间存在绝对疆界的意识，被当作科学理论构建起来。在世俗时代，纯宗教的阐释世界的理论为唯物主义理论所取代，这种有关种族类型的思考往往需要更多的知识分子和立法形式来加以确认，现代种族主义随即传播开来。

  殖民种族主义和反犹太主义是否同时表现出更为消极的形式？G. 摩斯认为，两种种族主义是彼此分离的，在地域上也没有联系。反对黑人的种族主义，主要集中在具有相对漫长奴隶制和殖民主义历史的西欧帝国和海上强国的版图内；欧洲社会正是在开展海外殖民活动的特殊背景下与黑人发生了频繁的"交往"。而"反犹主义"的核心区是在中东欧，那里是犹太人的聚居区和犹太文化的心脏地带，在那里可以清楚地看到犹太人给予黑人的地位——"野兽"①。实际上，摩斯的认识是虚构和错误的两分法。他认为种族主义的剧烈程度，取决于主体民族与人口较多的少数人群接触程度的高低，是没有什么根据的。事实上，各种肆虐的种族主义能够存在，与少数群体赖以存在的特定的社会、国家或民族条件密切相关。19 世纪晚期，作为著名殖民大国的英国和法国，尽管当时犹太人已分别占其人口的 0.5% 和 0.2%，仍然成为强烈的反犹排犹运动中心。而中东欧社会文化中的殖民传统或弱或无，但是中东欧社会却处处弥漫着反对黑人的种族主义气息。

19 世纪 60 年代以后，"反黑"和"反犹"两种种族主义在同时加剧，存在着一个大体相似的引发途径。我们同意将种族主义者的思想（在制定"种族"、阶级和性别等级的同时，又维护世界的"中性"性质）② 作为欧洲现代性的组成部分，特别是在一些科研计划项目中。用阿乌塔·布拉哈（Avtar Brah）的话来说就是，自信地关注世界上有关动物群、植物群和人群的认同、属种和分类，但是，这种在 18 世纪发展起来的有关种族的阐述，在 19 世纪最后几年开始呈现出一种特别重要的功能。在工业化、城市化和经济变迁出现令人难以估计的发展速度的同时，有关种族的认识成为猖獗的民族主义和处于危机中的社会集团的意识表达方式。

一般来说，在现代西方社会，要将种族学者的学术论述和种族主义者的反动演说区别开来，并非易事。它们都往往表现为由或多或少系统的思想观点构成的有机体，一种具有"共同意识"的大众种族主义。事实上，后者的影响范围和力度常常超过前者。比如 Jungle（美俚语，无业游民的露营地）、Cannibalism（食人族）、Wog（英俚语，贬指中东欧国家的人，尤指埃及人）和 Niggle（黑鬼，污蔑黑人的用语）等这些在街道、工厂、足球场等公共场所经常可以听到、见到的词语；像黑人是下等人，智力有限、代表低等人类进化类型等陈词滥调和"笑谈"，很少有学者将之作为科学的逻辑而加以详尽阐述，但它们却充斥在大众通俗文

---

① 参见 Geoge L. Mosse, *Towards the Final Solution*, London: Dent, 1978, pp. 56 – 70。

② Avtar Brah, "Time, Place, and Others: Discourse of Race", *Nation, and Ethnicity, Sociology*, Vol. 28, No. 3 (August 1994), p. 805.

化中。这种"大众种族主义"的扩大和加深,对其针对的少数人群体而言,其危害性远远超过种族学家在研究著述中所做的复杂的论证。根据欧盟基本权利局近年颁布的一份《种族主义和仇外现象年度报告》显示,波兰、斯洛伐克、匈牙利和马耳他等东欧国家的种族主义问题有上升趋势。欧盟大多数国家的种族主义犯罪都出现了增长。波兰和斯洛伐克两国的增长幅度超过50%。德国的种族犯罪案件在一年内高达8000多件。这份报告再次说明欧洲种族问题成为世界瞩目的焦点。欧盟负责就业、社会事务和机会平等的委员弗拉迪米尔·什皮德拉说:受到平等对待是一项基本权利,但在欧洲范围内,人们每天都要面临因为肤色而带来的就业、就学、住房和卫生保健方面的歧视。欧盟的"种族平等法令"对消除上述种族歧视现象"至关重要",但更为重要的是确保这些法令得到切实执行,从而确保欧洲人民在现实生活中得到相关的司法保护。

现代种族主义的产生,是欧洲资本主义发展的一个必然结果,是欧洲列强殖民主义实践的直接产物,是欧洲基督教传统陋识和早期"种族"意识的历史延伸。而它以1870年为起点这一事实背后,的确隐藏着若干契机:资本主义经济的空前发展;欧洲政治领域中保守主义、"反自由主义"运动的出现,文化中悲观主义情绪的滋生;非安全国际竞争的日趋激烈,侵略性的民族主义思想与实践的出现;"新帝国主义"和殖民主义侵略行径的迅速膨胀;选民人数的增加和"群众政党"组织的壮大,"种族"第一次成为群众运动的"动员令";欧洲初等学教育的广泛普及、大众传媒业的显著进步与交通工具的日益发达。

种族主义思想意识与公众行为的互相渗透程度问题,在种族主义发展史和种族主义社会学中,至今还是一个核心的、未完全解决的问题。通常来说,政府行为对发动或遏制种族主义运动或潮流可以发挥至关重要的作用。然而,一旦大众种族主义运动或潮流发展为既成事实,它很可能会拥有自己的意志和自治力。左右国家种族主义和大众种族主义之间辩证关系发展的关键动力,得自资产阶级,或受过教育的工薪阶层,包括职位较低的公务员、贸易联合体经理人等。政府领导人和政客们在采取种族主义行动时,经常把自己的行为解释为迫于大众压力,但从他们阐发的言论和制定的政策看,在陷于他们声称的不得不应对和做出让步的种族主义时,他们的态度几乎一直是主动的。比如,2000年,欧洲各国政府曾表现出一种非常消极的认识:将到收容所寻求庇护的人员看作"假难民",对民族认同与文化认同的威胁、对国家福利资源的消耗,以及疾病和犯罪的源泉。随之而来的是,地区或地方层面的大众种族主义得以推进和合法化,这便是政客们后来声称原则上要加以反对的种族主义浪潮。

我们希望人们透过现代种族主义两种范式的产生和发展历程,可以比较客观地认识和把握现代种族主义的现实状态与未来演进趋向。因此,没有尝试对过去已经做出界定的各"种族"集团给予同等的关注。问题在于,作为广义分类的子群,不同的种族类型一定还要分享某些共性的东西,否则此种识别便不能成立。希望我们对当代种族主义居于主导地位的两种表现形式的探讨,可以补偿我们不得不舍弃的东西。

偏见或臆断一旦被包裹上"科学"的外衣,往往会产生难以估量的影响。在迅速发展的现代化时代,工业和技术的进步使"学术"承载了难以估量的声威和合法力量。欧洲现代种族主义思想理论是没有科学依据的,从某种意义上说,不过是由种族主义意识包装成的"科学理论"。19世纪晚期欧洲现代种族主义的诞生意味着,集团差异的制度化开始出现,启蒙时代陈旧的、强调血统意义的种族主义概念已经被抛弃。自问世起,它就从未阐述过"种族学"的内容,而是以惊人的速度将有关"种族生物差异"的思想观念在欧洲社会传播开来,并使之成为被人们普遍接受的思想、历史,以及当代政治认同和民族认同的重要依据。两次世界大战均在欧洲发难,现代种族主义难逃其责。今天,岛屿争端的解决能否克服或抑制种族主义这一西方社会的"顽疾"的侵扰,仍有待观察。

三 全球化语境下的新殖民主义与霸权主义

全球化是指世界的压缩,也指将世界作为一个整体意识的强化。全球化时代,整合与分裂不仅发生于国家之间的层面,而且在地区民族、跨社会的层面运作。当今世界所卷入的互动关系,达到了前所未有的新境界，而"全球互动的中心问题是文化同质与异质化的紧张关系"①。全球化的国际实践包括如下三个层面的对应运作：政治层面对应超级大国的军事文化、霸权文化和反人道反人权等文化意识的强力推进；经济层面对应跨国公司的"投资"所包装着的"掠夺"；文化意识形态的实践层面对应消费主义文化的慢性推销以侵蚀民族意识。

所谓新殖民主义是指资本主义强国，主要是发达资本主义大国在不进行直接殖民统治的情况下通过各种方式对落后国家和地区进行控制、干涉与掠夺的政策及其活动。第二次世界大战结束之后，英、法等殖民帝国相继瓦解。在现代殖民帝国的发展过程中，没有任何事情比它消失的速度更引人注目了。1939年，现代殖民帝国似乎发展到了它的顶峰阶段。在1981年时，它实际上已经土崩瓦解。同时，应该看到，新殖民主义还会长期存在下去。

自近代国际关系产生起，欧洲强国就是依据各自的实力以及彼此之间实力对比的变化，来确立彼此的势力范围，逐渐造成由少数具有相当政治、经济、军事实力的强国起主导作用的国际政治、经济秩序。拥有殖民地的大小、多少意味着一个国家拥有权力的大小和财富的多少。对殖民地的占有，是国家实力的重要标志。西方列强就是通过抢夺、瓜分和再瓜分殖民地，从而分割了世界，确立起自己的势力范围。对西方列强来说，争夺到殖民霸权就等于确立了自己在欧洲、美洲、亚洲乃至世界的霸权地位。所以，对殖民利益的掠夺和殖民地的占领成为西方列强之间矛盾的焦点，是关系其"生死存亡的大事"。19世纪末，法国总理甘必大曾公开宣扬："要作为或成为一个伟大的国家，你就必须殖民。"这样，西方殖民列强之间的矛盾，通过对殖民地不断地进行分割、再分割而得到缓解。但随着19—20世纪初世界被列强瓜分完毕，在殖民地问题上达成妥协的空间已基本无余，新老列强之间在重新瓜分殖民地问题上僵持不下，彼此间矛盾急剧尖锐化，殖民争夺最终还是破坏了列强之间力量的平衡。所以，占据了国际关系史相当篇幅内容的是西方列强之间在激烈争夺殖民地和势力范围斗争过程中，引发的全球性的冲突、战争，

---

① 阿帕杜莱：《全球文化经济中的断裂与差异》，《文化与公共性》，生活·读书·新知三联书店1998年版，第527页。

包括人类史上两次残酷的、大规模的世界大战。通过对作为战争战利品的殖民地和势力范围进行的"分赃",列强间的实力对比发生新的变动,国际格局、地区局势也随之发生根本变化。

　　一般认为,万隆会议的主要精神是反抗殖民主义、反抗帝国主义和强调民族解放。但是如《苹果的滋味》① 等作品所反映出来的主体性则显示出殖民主义并未结束,也不再是一股外在于我们的力量,而是早已进入我们的主体性里面了。以美国为首的新殖民帝国主义正是通过"亲美"这样一个殖民认同化的过程而内化、延续了霸权主义的价值观。美国已经渗透到日常生活每一个细节之中,成为一种生活方式。就连那些热烈反抗美国的人,也难以摆脱把美国当作主要的效仿、学习对象的心理。这种"亲美"的主体性所导致的依附情结以及复制出来的扩张逻辑,正是当前岛屿争端发生地区的存在的问题核心所在。

四　大国强权与岛屿争端

　　战后岛屿争端问题,必须客观地放在新殖民主义的构造下来理解。在这样一个构造下,地区民族认同对象不是彼此,而是大国。由于彼此之间欠缺一种相互理解与共同体的意识,岛屿争端发生地区的国家与人民之间的关系更像是一种竞争、对抗、支配的关系;甚至彼此威胁对方、相互敌视、想要侵略或企图并吞对方。在大国强权之下,冲突地区内部仍然缺乏一套属于自己的坐标、认知框架来掌握自己所面临的问题、来决定自己要走的路。在大国霸权秩序的大伞之下,冲突地区国家之间、地区民族之间,以及其与美国等大国之间都还存在着极为错综复杂的利益关系、在很多问题上要看大国的脸色行事、相互掣肘,缺乏互信的基础与氛围来解决自己或外围的事务。"后殖民"文化研究对于大国新殖民主义的分析尚属空白。英、法等殖民主义,对于战后兴起的美国新殖民主义毫无批判性地讨论。即便有些理论家意识到新殖民主义的存在,但

---

　　① 根据台湾地区乡土作家黄春明的小说改编而成,讲述的是20世纪50年代的台湾工人被美国人开车撞伤之后的经历。

他们大多只是稍微点到为止,未进一步处理更实质性的、与当下现实有关的问题。由此可见,"后殖民"文化研究没有真正地解决现实的问题,以至于形成了和新殖民主义之间的共谋。为正视美国作为殖民国的理论趋势,应重新将文化研究与殖民主义、帝国主义的问题结合起来,找回被殖民主义撕裂的自我,并且在这个基础上去寻求一个独立自主的、民主的、相互理解,而不是对立的、真正脱离殖民的地区建构。

随着殖民体系的瓦解,明目张胆的殖民统治已基本消失。但是发达国家对发展中国家的政治干涉从来没有停止过,其主要表现不仅体现为对岛屿争端等地区性民族问题的染指,也体现于价值观念的输出以及代理人的培养。有学者认为,"就政治意义而言,全球化在政治上可以说是民主化的同义词。最新一波的政治全球化是自1989年冲破柏林墙、冷战的结束和铁幕的消失开始的。全球化的有形动力是经济一体化,全球化的无形动力是价值的一体化,民主政治与全球价值的一体化"[①]。在大众传媒和商业文化等手段的帮助下,西方发达国家运用自身的知识/权力话语对第三世界进行价值观和意识形态的控制和渗透,依靠各种意识形态策略的无可怀疑性的表述,对在"现代性"基础上构成的发展中"民族国家"实施影响和控制,从而形成一种全球化背景下的话语霸权,即所谓的"文化帝国主义"话语,这种话语霸权力图使非西方国家丧失表意。正如阿兰·伯努瓦指出的:"一件有利于理解文化全球化性质的新奇事物,即资本主义卖的不仅仅是商品和货物,它还卖标识、声音、图像、软件和联系。这不仅仅将房间塞满,而且还统治着想象领域,占据着交流空间。"[②] 美英联军对伊拉克赤裸的军事占领更说明了发达国家从没有放弃武力干涉他国政治这一手段。资本主义的政治革命和文化革命,随着电影等大众文化的入侵,改变了文化输入国人们的价值观,全面地瓦解了其传统文化和日常生活习惯。文化商品的流通是以全球发展的名义展开的,其中蕴含的经济、文化和政治因素值得深究。詹姆逊一针见血地指出:"我们现在必须回到美国的立场上来,强调美国与其他国家之间的根本不平等。换言之,这些地区之间不可能存在平等:在新的全球文

---

① 胡元梓、薛晓源主编:《全球化与中国》,中央编译出版社1998年版,第83页。
② 王列、杨雪冬编译:《全球化与世界》,中央编译出版社1998年版,第10页。

化中根本没有起飞阶段。"① 表面上的文化问题,其实质却是政治经济问题。文化融于政治经济、政治经济融于文化,甚至可以说,"这里的文化已经绝对地转化为经济,而且这种特殊的经济还确定性地规划了政治日程,并支配着政策的制定"②。如果天真地认为在全球化的政治体制中,发达资本主义国家仅仅是在灌输所谓"民主、自由、平等"的价值观,而忽略了发展中国家面临的国家、民族利益的威胁和挑战,就不能理解发达国家在全球化政治体制中的强权以及根深蒂固的殖民掠夺特性。

(刘泓)

---

① 弗雷德里克·詹姆逊:《论作为哲学问题的全球化》,陈永国译,《外国文学》2000年第3期。

② Fredric Jameson, "Globalization and Political Strategy", *New Left Review*, Winter 2000, 55.

第十一章

地区民族与领土主权：
当代世界岛屿争端中的民族国家统治行为

领土是民族国家组成的基本要素之一，是民族国家主权不可侵犯的象征。第二次世界大战结束后的50多年来，虽未爆发过世界性大战，但地区间或国家间的局部冲突却持续不断，而因主权国家间领土争端造成的冲突成为引发当代局部战争的重要动因，据不完全统计，1945—1986年，世界上因边界领土争端引发的较大规模的局部战争共发生近80次，其中国家间的战争32次，国内战争46次。

冷战格局终结以来，各种国际冲突此起彼伏，民族问题充当了其中的媒介，民族主义的冲动几乎成为一切冲突的本源。这种状况的出现是20世纪历史发展的必然结果。民族主义在这一时期不但完成了自身功能的演变，而且通过对三类不同意识形态国家集群（资本主义国家、民族主义国家、社会主义国家）的依次冲击，重构了历史，使民族主义最终成为国际交往的一个核心因素。这种重构的根源在于民族和国家利益对政治意识形态的超越，其实质是预示了自世俗意识形态否定宗教意识形成以来，民族主义将对超民族意识形态本身进行的否定。随着民族问题上两种历史趋势的平行发展，即将到来的新时代，势必表现为一个以民族平等为基础、以区域合作为基本构成的非中心化多极国际体系。

与多民族国家的民族共同体相比，地区民族在现实政治和经济生活中具有包括本国其他民族群体和边界另一边的同胞在内的更多的参照物，进而具有更多的精神依托和物质基础。地区民族的这种特性集中表现在地区民族与领土主权的密切关系中。第二次世界大战结束后，"现行政治疆界不变"的理论观点得到世人的公认,并成为当代国际关系中的一个基本原则。战后国际关系中确立起来的此类理念和原则,对地区民族与领土争端之间密切关系的确立产生了重要影响。

如前所述,西方殖民主义、种族主义和霸权主义行径构成了领土争端产生的重要外在根源。民族—国家自身的原因是什么?民族国家的政策取向、战略偏好和权力分配等在地区民族问题的呈现,以及随之而出现的领土主权争端中起到了怎样的作用?我们希望通过分析对民族国家统治行为在岛屿争端中的作用,为人们理解和认识地区民族与领土主权的相互关系提供参考。

一 领土主权与岛屿划界的基本原则

领土是指国家主权支配下的地球表面的特定部分,它是构成国家的重要因素,是国家行使主权的对象,也是国家物质财富的主要源泉和人民生存繁衍的物质基础。主权和领土完整是国家独立的重要标志,是国家安全利益的基本要素,侵犯国家领土就是侵犯国家主权、危害国家安全。

(一)领土主权

按国际法来说,国家领土是指处于国家主权支配下的地球表面特定部分,包括陆地、水域、陆地及水域的底土和上空。进一步说,国家领土是隶属于一国主权支配下的特定部分,包括领陆(即国家主权管辖下的全部陆地和岛屿),隶属于国家主权的全部水域(即领水,含内水和领海)、领陆和领水的空气空间(即领空),以及领陆和领水下面的全部底土。

纵观人类历史的发展进程,因领土而引发的族际冲突比比皆是。① 在研究动物或人类的行为结构时,人们通常认为领土是指"一种或一群动

---

① 参见尹庆耀《独立国协研究——以俄罗斯为中心》,台北:幼狮文化事业公司1995年版。

物，借由公开之防卫或宣传之排除手段，或多或少排外性地占据着的区域"。其核心在于有界线的、不一定永久固定的地理空间；一种有机体或繁殖交配的有机体群组对此空间的占领，以及对其中特定的食物等资源的排外使用权；抵挡外来入侵者的定界线策略，及对入侵此区域之外来有机体的物理攻击。① 排他性是领土的重要特征，这意味着国家在自己的领土内可以充分独立且无阻碍地行使其权力，排除一切外来的竞争和干涉。领土内的资源能强化生存的作用是由相较于他处可使用的资源之价值而定。领土对人类最根本的意义就在于，人需要领土才能生存。② "从《威斯特伐利亚和约》签订直到第一次世界大战爆发，因对领土的控制、使用和（或）所有权而引发的冲突约占这些年出现的所有战争的一半。不过自拿破仑战败以来，领土问题的重要性在逐渐下降"，"其在所有导致冲突的问题中的百分比以及成为战争根源的频率现在都处于历史的低点"。③

　　领土完整原则适用于一国的领陆、领海和领空。领土对国家的重要性有社会和政治两方面的意义：就其社会意义来说，领土是国家的物质基础；就其政治意义而言，领土是国家权力自由活动的天地。如果国家定位较低，即使在领土争端中不愿作出让步，也会倾向于保持低调或维持现状；如果定位较高，则会表现得比较强硬。④ 1949 年，国际法院在科孚海峡案中指出，独立国家之间尊重领土主权是国际关系的必要基础。⑤ 对于以各种方式袭击别国领土的行为，联合国大会和安理会曾通过许多决议予以谴责。⑥ 领土完整的精髓是一国控制进入其领土的权利。侵入他

---

① 参见 Edward Wilson, *Sociobiology*, Cambbidge, Mass: Belknap, pp. 256–278。

② 参见 Ralph B. Taylor, *Human Territorial Functioning: An Empirical Evolutionary Perspective on Individual and Small Group Territorial Conitions, Behaviors, and Consequence*, Cambridge: Cambridge University Press, p. 22。

③ [加拿大] 卡列维·霍尔斯蒂：《和平与战争——1648—1989 年的武装冲突与国际秩序》，王浦劬译，北京大学出版社 2005 年版，第 268—269 页。

④ John Bulloch & Harvey Morris, *The Gulf War: Its Origins, History and Consequence*, London: Methuen Lonnd Ltd, 1989, p. 7.

⑤ C. H. M. Waldock, "The Regulation of the Use of Force by Individual States in International Law", *Recueildes Cours*, Vol. 81, 1952-11, p. 492.

⑥ Louis Henkinetal, eds., *Right Might: International Law and the Use of Force*, New York: Council on Foreign Relations Press, 1989, p. 3.

国领土的行为被认定为构成对领土完整的破坏，任何武装部队未经有关外国的同意而强制侵入该国，是损害该国领土完整的行为。① 1970 年，联合国大会一致通过《国际法原则宣言》，其中第 1 项原则宣布："国家领土不得作为违背宪章规定使用武力所造成之军事占领之对象，国家领土不得成为他国以使用威胁或武力而取得之对象，使用威胁或武力取得之领土不得承认为合法。"1974 年，联合国大会一致通过了《关于侵略定义的决议》，其中第 3 条所阐明的侵略的各种形式，不仅包括侵入，还包括攻击或军事占领，不论时间如何短暂；还包含轰炸另一国领土、封锁该国港口、攻击另一国的陆、海、空军或商船和民航机、派遣武装小队或雇佣兵对另一国进行严重的武力行为等。国际司法判例也坚持对"领土完整"进行严格的解释以限制武力的使用。1986 年，国际法院在尼加拉瓜诉美国案中判称：美国在尼加拉瓜的内水或领水内布雷，攻击尼方港口、石油设备等所作所为，"不仅是非法使用武力，而且构成对尼加拉瓜领土主权的侵犯"是侵犯领土主权的行为。领土所有权存有争议的相关国家，一般会主张有权使用武力收复失地。《联合国宪章》第 2（4）条的法律论点是，在这类情况下相关国家使用武力不是针对目标国的领土完整，而是为了夺取其认为应当属于其本身的领土。

争议领土在国家地位之重要，已经"远远超出它固有的战略或经济价值，领土争端似乎比其他问题更能迅速且激烈地唤起国家的荣誉和尊严情感"②。有的学者认为，人类对领土之需求除了基于动物生存的本能外，还有主观的情感向度。人类竞争领土的原因不只是寻求资源而已，引起族群/民族冲突的领土甚至并不具备国防、经济等价值。③

主权是一个发展的概念，当代主权理论应是一种层次理论。国家是在既定领土上合法地独占了对暴力的使用权，"一个含有连续性组织的强迫性的政治联合体将被视为是一个国家，在其范围内行政人员成功地在执行维护它的秩序时，垄断了武力的合法使用"。国家强大的生命力是基

---

① U. Jimenezde Arechaga, "Elderecbointernational contemporanve", in Bruno Simma, ed., *The Charter of the United Nations: A Commentary*, Oxford: Oxford University Press, 1995, p. 74.

② Paul R. Hensel, *Charting a Course to Conflic: Territorial Isseuss and Interstate Conflict*, 1816 - 1992, http://garnet.acns.fsu.edul-phensel/Research/chart98.pdf.

③ 参见于蕙清《民族主义与领土》，《世界民族》2000 年第 4 期。

于其职能的多样性和适应性而非特定性。国家的职能大致包括内部秩序之维持，内部冲突的管制；军事上的防卫或攻击，抵挡来自武力或文化上的入侵；基本交流设施的维持，资讯流通的控制；经济的重新分配，满足人民基本的生活需求。[①] 而国家自主权力的最重要先决条件，就是拥有范围明确的领土，换言之，唯有国家才可提供一个对完整领土的主权。作为近现代国际法基石的国家主权概念则形成于16—17世纪，在国际关系发展中占有非常重要的地位。传统的国家主权理论主要强调主权的至高无上性和不可侵犯性，突出了国家的固有属性，但却未能解决主权依据问题，这使得主权无论在理论上还是实践上都具有矛盾性。国家主权是在特定的社会和经济条件下产生的，随着国际社会的不断发展和演变，它的内涵和外延也在不断得到改变和充实。20世纪90年代以来，随着信息技术革命的迅速兴起和全球化浪潮的蔓延，国际政治格局发生的重大变化，对传统的国家主权理论带来前所未有的冲击，使得国家主权理论与实践产生了分离，致使当今国家主权理论陷入困境。经济全球化和国际组织及大量全球性问题的出现导致一些"准超国家权力"的出现，导致国家权力的"泛化和弱化"，美国等少数西方国家凭借经济、军事和科技优势，极力推行"新干涉主义"，任意干涉别国内政，使他国尤其是发展中国家的主权受到严峻挑战。主权理论受到的冲击则具体表现为：当今国际法不断向国家主权渗透，超国家的国际组织限制了国家行使主权的空间，跨国公司严重侵蚀了国家主权。国际法学界因此出现了"主权弱化论""主权受限论""主权让渡论"等说法。有的学者认为，主权是国家具有独立自主处理自己对内和对外事务的最高权力。[②] 国家主权具有两方面的特性，即在国内是最高的，对国外是独立的。主权的特殊性与独立性是相关互联而不可分的。20世纪90年代以来，全球化浪潮迅速席卷整个世界，成为不可阻挡的趋势。全球化不仅给世界经济带来深刻影响，同时也使世界政治发生重大变化。当前，全球化对国家主权的影响已引起广泛关注，出现众多的争论。当前，"主权没落论"的理论偏差就

---

① 参见 Michael Mann, "The Autonomous Power of the State: Its Origins, Mechnisms and Results", in John A. Hall, ed., *States History*, Oxford: Basil B. I. Blackwell, pp. 120 – 121。
② 王铁崖、周忠海:《周鲠生国际法论文选》，海天出版社1999年版，第464页。

在于对主权认识的片面化、绝对化，其实质是为少数大国的霸权服务。全球化对国家主权的影响应当是双向的，机遇与挑战并存、扩展与削弱同在，把握主权国家的命运关键在于主权国家自身。

对绝大多数国际法和国际关系理论学者来说，国家主权的法理定义与其政治现实之间一向就有差距：用主权概念的创始者、16世纪法国政治理论家让·博丹的话说，法律上的主权是"国家的绝对和永久的权力，是最大的支配权"①，而运行中的主权，即在国内和国际政治中国家实际拥有和行使的权能，连同其实际享有的自主，总是达不到也不可能达到此种程度。在西方国际法的权威教本《奥本海国际法》看来，主权是最高权威，是在法律上并不从属于任何其他世俗权威的法律权威。因此，依照最严格和最狭隘的意义，主权含有全面独立的意思，无论在领土以内或在国土以外都是独立的。主权有不同方面，就其排斥附从任何其他权威，尤其是排斥附从另一个国家权威而言，主权就是独立。就其在国外的行动自由而言，主权就是对外独立；就其在国内的行动自由而言，主权就是对内独立。②

领土主权的性质表明，对某一领土主权的法律基础产生争议时，仅仅证明在某一时刻有效地取得了领土主权是不够的，还必须证明所主张的领土主权在被认为是解决争端的关键时刻继续存在，而且确实存在。③确定领土争端的"关键时刻"，即相关领土的主权争端发生的时间，这关系到证据的有效性问题，是国际法院作出判决的重要依据。在1953年英国诉法国的敏基埃岛和艾克利荷斯岛案中，争端的关键似乎表现得并非凸显，国际法院在判决时认为，争端发生前后的事情，凡是与这两组小岛的主权有关的，都应该予以考虑。④

---

① William Ebenstein, ed., *Create Political Thinkers: Plato to the Present*, 3rd edition, New York: Holt, Rinehard, and Winston, 1960, p. 349.

② Robert O. Keohane, "Sovereignty, Interdependence, and International Institutions", Linda Miller and Michael Joseph Smith, eds., *Ideas and Ideals*, Boulder, Colo: Westview Press, 1993, pp. 91–107.

③ 梁淑英：《国际法案例教程》，知识产权出版社2001年版，第48—49页。

④ 参见陈致中《国际法案例》，法律出版社1998年版。

(二) 岛屿划界的基本原则

陆地和岛屿划界的合法依据和程序规则与海洋划界的程序规则相比还不够完善。一般认为，陆地和岛屿划界的基本原则，是以遵守国际条约原则为首要原则。综观国际社会关于大陆架和专属经济区的划界主张主要包括：公平原则（即鉴于各国海域情况复杂，划界时应当公平合理地进行；公平并不等于在有关国家之间不顾一切情况地平分，而是依据大陆架和专属经济区与陆地领土密不可分的关系，把属于该国领土自然延伸的部分划归该国）、等距离中间线原则（即海岸相邻或相向国家进行大陆架和专属经济区划界时所做的一条其每一点均与领海基线的最近点距离相等的界线；等距离线适用于海岸相邻国家间的划界，中间线适用于海岸相向国家间的划界）和协商原则（即各国应根据国际法协商解决，最根本的原则是公平解决，如协议不成，可采用解决海洋争端的程序解决；是前两种原则以妥协方式而产生的折中方案，基本上是《联合国海洋法公约》所主张的观点）。①

在国际条约确实无效或不存在国际条约的情况下，国际法院可根据依法占有原则或有效控制原则来解决领土争端。在殖民背景下，依法占有原则要比有效控制原则得到优先适用。按照依法占有原则处理领土争端，就是承认殖民地国家独立时已经占有的领土是符合国际法的。它们独立时业已存在边界是法定的国际边界，不论这种边界在它们独立前是属于不同国家的殖民领土界限，还是属于同一殖民国家的不同行政管辖区或殖民地的分界线。新独立国家自独立之日起，其所占有的领土就是它的领土，它的领土界线就应依国际法给予尊重。适用依法占有原则解决国际领土争端有其特定的原因，在理论上和实践中是完全必要和可行的。

有效控制原则是国际法院解决国际领土争端经常适用的基本原则之一，是指国际法院在权衡诉讼双方提出的进行了有效统治的证据之后，将有争议的领土判给相对来说进行统治更为有效的一方。有效控制原则的构成条件在"东格陵兰法律地位案"中得到表述。有效控制必须具备

---

① 慕亚平等：《当代国际法》，法律出版社1998年版，第311—314页。

两个条件:"实施和继续实施控制行为的意愿"和"实际展示控制目的的行为。"① "展示统治目的的行为"是和平的、实际的、充分的和持续的。在国际法上,国际司法实践表明,有效控制原则的一般构成首先是受到国际法上另一个原则控制的,即时际法原则。据此,有效控制不仅需要符合领土刚取得时的国际法规则,还必须符合随后发生变化的国际法规则,直到产生争议的关键时刻。在现代国际法上,有效控制原则也只是一个相对的概念。除了受到时际法限制外,还受到领土对象的影响。对自然条件完全不适于居住的无主地,移民定居本身就不切实际,行政管理当然无从谈起。"行为与法律不符以及在已经具有合法所有者的地区被其他主体所有效控制的情况下,应当优先考虑的是权利的合法所有者,而不是实际控制者。在没有明确的合法所有者的情况下,则应当优先考虑有效控制者。"② 可见,有效控制原则是国际法院解决领土争端经常适用的基本原则之一,它是指,国际法院在权衡诉讼双方提出的进行了有效统治的证据之后,将有争议的领土判给相对而言进行统治更为有效的一方。有效控制原则指向的对象是有争议的领土,因此这些领土肯定不是无主土地。国际法院在难以根据国际法确定有争议领土的合法所有者时,便依据有关争议国家实施统治的行为,将争议领土的主权判给统治更为有力的一方。

  与有效控制原则相关的核心概念是有效占领和时效原则。前者指在领土的先占原则中,国家对无主地宣布拥有并行使主权,先占的主体必须是国家,是一种国家行为;先占的客体应该是不属于任何国家或为原属国放弃的土地。这种主权的行使能够连续保持一定合理的时间,并且在发生任何争端时,要具有行使其所有权的形式。后者指一国占有他国的某块土地后,在该领土上长期持续地、不受干扰地以和平方式行使其权力,而他国并不对此提出抗议和反对,或曾有过抗议和反对,但已经停止这种抗议和反对,从而使占领国取得该土地的主权的行为,而不论最初的占有是否合法或善意。在"行为与法律不符以及在已经具有合法

---

  ① P. C. I. J., Series A/B, No. 53, pp. 45 – 46.
  ② Frontier Dispute, Burkina Faso v. Republic of Mali, I. C. J. Reports 1986, p. 587; Territorial Dispute Libya Arab Jamahiriya v. Chad, I. C. J. Repotts 1994, pp. 75 – 76.

所有者的地区被其他权利主体所有效控制的情况下，应当优先考虑的是权利的合法所有者，而不是实施有效控制者。在没有明确的合法所有者的情况下，则应当优先考虑有效控制者"①。

事实上，由于适用有效控制原则有其特定的优势，虽然有效控制原则比条约必须遵守原则更具有争议，但在缺乏条约的明确规定时，在殖民背景之外，它是国际法院解决领土争端时优先考虑的重要原则。②

二　民族—国家权力分配与民族关系

民族—国家权力在各民族间的分享和分配，是影响多民族国家国内民族关系的一个重要变量。在权力分享和分配基本公平和公正情况下的民族关系，与在权力分享和分配根本不公平和不公正情况下的民族关系具有完全不同的表现形态。

权力资源与大多数资源一样，是有限的，具有稀缺性。所谓公平、公正，民族、国家权力在各民族之间的分享和分配，只能是相对而言的理念。仍然有可能产生这样或那样的问题，出现这样或那样的矛盾。比如，自治地方内自主管理本地区、本民族内部事务的权利如何体现，便是一个在实际政治生活中较难解决的问题。由于低一层次的自治地方的人民政府既是本级地方国家权力机关的执行机关，又隶属于高一层次的自治地方的人民政府，因此由享有自治权的不同民族、不同层次的人民政府在实际的行政过程中如何处理不同层次的自治民族管理本民族内部事务权利的关系，也是一个需要妥善加以协调的问题。再如，民族自治地方内部的权力分配问题。我国民族自治地方有主要以一个少数民族聚居区为基础建立的，也有以两个或多个少数民族聚居区的联合为基础建立的。在各民族自治地方，除了自治民族之外，还居住和生活着汉族和其他一些少数民族。因此，民族自治地方内部民族之间的权力分配问题

---

① 朱利江：《试论解决领土争端的国际法的发展与问题》，《现代国际关系》2003 年第 10 期。

② 参见 Sovereignty over Pulau Ligitan and Pulau Sipadan (Indon./Malay.), 2002, I. C. J. 625, 630 (Dec. 17)。

既包括自治民族与汉族之间的权力分配问题，也包括自治民族与非自治少数民族之间的权力分配问题，还包括联合自治的各自治民族之间的权力分配问题。因为干部是权力的具体掌握和行使者，所以民族之间的权力分配问题通常表现为不同民族干部任职的高低和比例问题。这个问题牵涉多方面的因素，相当复杂，由此引起的矛盾也具有相当的复杂性和普遍性。

民族利益是影响民族关系的重要因素。地区民族利益与领土和边界问题息息相关，乃是岛屿争端发生地区相关各国关系的焦点和诱发边界军事冲突或局部战争的一个隐患，也是我们考察地区民族与岛屿争端相互关系的一个重要视角。民族利益是社会利益的一种特殊表现形式。研究民族利益，必须对利益进行必要的分析与界定。

从本质上说，权力分配问题的根源在于利益分享中的分歧或差异。古今中外的人们已经从不同角度对利益进行了解释。较为人们熟知的是《辞海》对利益的解释，所谓利益意指"好处"。马克思认为，利益既是一个评价性概念，更是一个事实性概念，"利益是讲求实际的"[1]。有学者指出"利益就只是我们每个人看作是对自己的幸福所不可缺少的东西"。可以说，利益首先是一个主体多元的关系性概念和主体之间关系的纽带与基础，存在于需要与需要对象的矛盾之中，对主体表现为某种物质的，或精神的、现实的及潜在的好处，并成为人类活动的基础性条件和根本动力。它又是一个受限性概念，需要一定物质的、政治法律的条件，还需要相关利益主体的参与。利益冲突是社会中产生政治冲突的根源。冲突是政治社会固有的一种客观存在。政治源于冲突，政治冲突构成了政治生活的重要内容。社会中有限的利益和资源的分配是人们构成社会的深层原因。对利益的追求、争夺必然使社会充满冲突。只要有利益相互对立、相互冲突和社会地位不同的阶级存在，阶级之间的战争就不会停止。

"民族关系是多民族国家中至关重要的社会关系。"[2] 民族利益是在多

---

[1] 《马克思恩格斯全集》第 1 卷，人民出版社 1956 年版，第 149 页。
[2] 胡锦涛：《在中央民族工作会议暨国务院第四次全国民族团结进步表彰大会上的讲话》，《人民日报》2005 年 5 月 28 日。

民族国家中存在的民族之间发展的差异，通过一定的社会关系表现出来的需要。民族利益与民族同存，可以按不同的标准分为眼前利益和长远利益、根本利益和非根本利益、生存利益和发展利益等。① 利益对民族心理的影响是双向的，如果民族利益问题得到正确的处理，可能促进民族的心理认同，有利于和谐民族关系的建立和发展；反之，则可能导致民族隔膜与民族仇视。需要指出的是，民族利益并非在任何条件和任何情景下都具有正当性。由于利益是主体多元的概念，是主体需要与社会资源难以满足需要的矛盾状态，所以，在一定的条件下，民族利益也可能演变成一种狭隘的利益。所谓狭隘的利益，就是不顾客观条件、不顾国家的整体利益和社会的共同利益、不顾其他民族的正当利益，片面强调本民族的利益，将民族利益无限放大，走向极端。

地区民族利益问题关系到地区民族的生存和发展，是导致地区民族、地区国家之间冲突与摩擦的最基本、最常见的原因。民族利益冲突是不同民族和相关主体围绕利益得失所产生的冲突，其原因包括物质利益冲突，文化利益上的侵损等。众所周知，"利用民族问题打开缺口，是国内外敌对势力进行和平演变的重要手段"②，民族利益问题是敌对势力挑拨民族关系的重要切入点。民族问题往往表现为经济问题与政治问题交织在一起，现实问题与历史问题交织在一起，民族问题与宗教问题交织在一起，国内问题与国际问题交织在一起。外部敌对势力往往利用民族利益问题，挑动民族情绪，制造事端。值得注意的是，他们以现实中的民族发展差距为由，离间民族关系，破坏地区民族对民族国家的信任；以人口迁移、资源开发、宗教信仰等为借口，挑动民族纷争；打着关心地区民族利益的旗号，进行欺骗宣传，歪曲历史与事实，进行挑拨离间，甚至进行暴力恐怖活动，破坏民族团结和社会稳定。

可见，通过对民族关系问题本质的认识，从现代国家的领土管理和公民权利保护这两大基本职能出发，我们可以看到，民族权力与利益之间具有非常紧密的关系。权力都与利益相伴随，但是并非所有利益都有权力之争，而权力之争必然是为了利益。利益是行使权力的目标；权力

---

① 参见王伟光《利益论》，人民出版社 2001 年版。
② 江泽民：《江泽民文选》第 1 卷，人民出版社 2006 年版，第 182 页。

是创造利益、获取利益的有效的手段。公共权力的本质是为社会大众谋取公共利益,但是,许多时候并非如此,这就导致公共权力的异化;同时,民族国家权力分配对民族关系影响巨大,妥善处理民族利益矛盾,是维护社会稳定,促进共同发展,建构和谐的社会主义民族关系的需要。民族政治利益对多民族国家政治秩序的影响主要表现为少数民族平等参与国家政治生活、平等行使管理国家事务和社会事务,以及充分行使民族区域自治的权利,从而保证人身权利和政治权利得到有效的保护。

关注在处理民族利益中国家权力的运用是民族—国家保持长治久安的当务之急。协调民族利益冲突是民族—国家的重要职责,加快发展是满足民族利益需求,化解民族利益矛盾的基础,加强法治建设是协调民族利益冲突的重要途径。民族利益是影响民族关系的重要因素。在社会转型和发展市场经济的过程中,新的民族利益要求凸显,民族利益矛盾增加,少数民族利益意识增强。树立科学的利益观,是解决民族利益问题的重要保障;打击敌对势力利用民族利益矛盾的破坏活动,是维护和谐民族关系的客观要求。自近代国际社会形成之日起,追求和实现国家利益就成为国际政治斗争的根本动因,国家利益一词被广泛地应用于国际政治的理论与实践。但是,究竟什么是国家利益?怎样实现和维护国家利益?特别是在全球化时代如何定位国家利益?这些都是国家利益的概念原本就存在的争议,而在全球化时代更面临着来自国际制度、全球问题、全球利益与全球意识等方面的挑战。在此情况下,民族国家必须树立新的利益观,坚持全球利益观照下的国家利益和民族利益,注重把握国家利益和民族利益的层次性和动态性,在确定国家利益的优先顺序基础上,在国际制度的框架中实现国家利益和民族利益。

三 民族—国家的战略取向与岛屿争端

所谓争端是指国际或族际行为主体为了追求和维护各自利益、价值和目标而发生的摩擦、对抗与争斗。它与国际竞争及国际合作最显著的区别在于其所有的直接对抗性和结果的零和性,即冲突意味着利益、价值和目标的直接对立和交锋,一方之所得,乃另一方之所失。在无政府国际社会中，主权国家的每一项对外政策和发展战略的制定，都可能面临国家利益的损失，国家权威受到损害。主权国家衡量外交是否失败的唯一标准就是，主权是否正在或将要遭受侵蚀。

族际冲突是绵延已久的国际社会现象，不同的历史时期，族际冲突的起因也不同。冷战结束后，国际社会既保留了传统的冲突因素，又添加了由信息浪潮所带来的新冲突因子，众多被掩饰的冲突因素全部释放出来，使国际冲突的形式更加错综复杂。在众多的冲突因素中，强调权益观念的现实主义的思想，强权政治已成为当今贯穿国际关系的主要脉络。

在复杂的国际环境中，每个国家都会根据自己的国家战略来调适心理和行为，领土争端解决意愿作为国家心理的一部分也不例外。对经济利益和国际地位的关注是战后在多数民族—国家持续呈现的战略取向。随着全球性、地区性交往急剧发展和非国家行为体在数量、活动领域和作用三方面迅速增长，民族国家及其主权受到越来越广泛、深入的侵蚀和削弱，其传统功能的履行愈益被非国家行为体局部替换。挑战来自超国家或"准"超国家行为体、跨国行为体、亚国行为体以及国际社会内部的倾向于总体霸权的超级强国。作为全球化趋势的最大政治效应，民族—国家主权的被削弱和被局部替换也引起了一些带有根本性的政治和伦理道德问题。民族利益、国家利益，以及国际利益越来越成为国际关系交往中的核心话题。当今国际关系交往中对国家利益、国际利益的关注，成为各国制定国家内外战略政策的重大依据；能否实现民族利益、国家利益、国际利益的最优化同样成为各国关注的焦点；同时如何在国内、国际环境整合中，实现民族利益、国家利益最优化的前提下，协调民族利益与地区利益和国际利益的平衡十分重要。

国家战略的取向是国家对某种战略目标以及实现目标基本途径表现出的特别倾向性，并"在确定了大体恰当的轻重缓急次序以后，坚决地将关注重点和努力重心放在最优先最重要的事项上并始终如一，同时坚决和坚韧地对所有其他目标、利益和事项打上必要和合适的'折扣'"①的基础上得以形成。一切政治表达都与利益有关。所谓利益表达是社会

---

① 时殷弘：《国家大战略理论与中国的大战略实践》，《现代国际关系》2004 年第 2 期。

利益主体向外界表明自己的利益诉求以实现自己利益目标的行动。而利益的政治表达对象就是政治系统，它是主体试图通过一定的途径和方式将自己的利益诉求输入政治系统，从而影响政府决策或政治发展，以保护和促进自己利益的行为。所以，各民族充分的利益表达是构建民族国家社会主义政治秩序和谐和领土安全的前提与基础。

第二次世界大战后特别是冷战后，时代进步和历史发展的必然性招致"经济优先已成为世界潮流"。

经济是政治的基础，政治是经济的集中表现。人们的一切政治诉求和政治行为都不是"天生的"，而是在特定的经济环境的影响、促动和总体制约下后天生成的。政治行为理念的每一次嬗变和跃升无不留下社会经济生活的深刻烙印。经济利益"是对经济关系、经济活动及其成果产品的占有、享有和消费，或者是对一定收入（最普遍的形态是工资还有利润、利息等）的需要的满足"[①]。在全球化浪潮下，国际分工的深度、广度不断加强，世界贸易自由化、金融国际化和生产一体化速度加快，总体上把各国连成一个相互依赖的整体。它不但促进了世界市场的整体发育，而且使世界各国对国际资源和国际市场的依赖性大为增强，世界越来越进入一个相互依赖的时代。根据马克思主义的观点，经济基础决定上层建筑，国际政治关系乃至整个国际关系都将随着世界生产力和国际经济关系的整体性而发展。在层出不穷的全球性问题上，各国利益密切相关，人口爆炸、国际恐怖主义、核武器，以及其他大规模杀伤性武器的扩散、环境恶化、跨国毒品交易等，已成为国际社会而非单个国家面临的可怕困境，需要各国共同努力解决。共同利益和共同威胁呼唤各国之间的合作。国内经济发展的迫切需要、国际环境的相对和平，使得经济发展不但成为关乎各国国计民生、国家长治久安的要素，也成为关系到世界的和平与安全的重要砝码。通过军事手段解决争端的方式越来越得不到认同。获得或控制市场、资本、关键技术及劳动力供给的能力成为衡量国家之间竞争胜负的基本标准，大多数国家都希望在一个相对和平的环境下发展本国的经济，并通过对话、谈判来解决各种矛盾和争端。大多数国家已经认识到综合国力基础脆弱的根本危害，以及树立温

---

① 参见王伟光《利益论》，人民出版社2001年版。

和亲善的形象来争取外部世界的积极回应与合作，远离与自己不相干的国际争端以及淡化本国与其他国家争端的重要性和迫切性。从长远的角度来看，在争端相对方不予配合的情况下，单方面的克制往往会导致争端相对方有充足的时间获取或巩固在争端中的先占优势和主动地位，本国在领土争端中丧失主动权，甚至完全处于被动地位，时间越长被动性就越明显。

当今世界的诸多国家、地区间的矛盾和冲突，无不与领土主权有着直接或间接的关系。岛屿争端，以及海湾战争、波黑问题、厄秘冲突等，均是这一问题的集中体现。在世界人口不断增加、生存空间相对减少的现今及未来，由于领土主权所引发的矛盾和冲突还会越来越多，越来越复杂。如何妥善地解决这些问题，可以说是一个世界性的难题。

国家的地位是指国家在世界上现有权力结构中的现实位置，以及其可能的未来地位目标的主观界定。[①] 关注国际地位是民族国家战略目标的重要内容，也是国际关系研究的传统问题。

竞争是这种无政府体系的必然结果。从某种意义上说，国家间的关系是一种权力的关系，国际政治是一种权力的斗争。而国家在国际关系中的地位主要是由国家在国际政治中的权力地位来决定的。国家的权力来自国家的实力。国家的实力越大，它在国际社会中的权力就越大，也就越能够保护自己的国家利益。反之，国家的权力在国际社会中所能够获得的利益也就越小。[②] 国家必须使用自助的一切手段来保护其利益。在无政府状态的国际社会中，国家为了保护自己的生存权、领土主权和军事安全总是要追求权力。这些因素使民族国家深切地关注其在国际体系中的权力地位和相对于他国的优势。但是，过分追求国家地位的思维往往使某些国家不能准确地定位。高估本国的现有地位或对未来的国际地位存在过高的预期，民族国家战略取向的偏误往往会导致在处理与别国的领土争端时行为强硬和激烈。当对大国地位的追求成为不容挑战的意识形态时，民族国家就会对它认为妨碍其获取更高国际地位的国家实行强硬的敌对或进攻性政策，在领土争端问题上则容易引起外交或武装冲

---

① 参见庞中英《在变化的世界上追求中国的地位》，《世界经济与政治》2000 年第 1 期。
② 参见倪世雄《当代西方国际关系理论》，复旦大学出版社 2006 年版。

突甚至战争。

　　民族国家的战略取向出于国家的生存本能,是根深蒂固的。社会和谐、国家安全与经济发展,是关系民族国家生存与发展的重大战略问题。在当代国际社会,区域合作秩序的建构主要是主权国家在一体化中通过合作实现的。区域合作取决于国家社会性诉求,国家的社会性诉求又依赖于利益的社会性,即趋利避害。但在实践中趋利往往因国而异,避害往往因时而异。而成功的区域合作带来的示范效应则促进了当今区域合作的兴起。

(刘泓)

第十二章

地区性民族问题与地区安全

随着全球化的不断发展,安全问题的跨国性、地区性和综合性日益突出,安全的范畴不再局限于传统的军事、政治和经济安全,日益涉及社会、环境和文化等非传统安全领域。全球化不仅导致国家的经济安全利益越来越重要,而且使得科技安全、信息安全、生态安全等成为安全利益的新内容。

地区民族作为客观存在已是不争的事实,由此引发的地区性民族问题长期存在。冷战结束后,地区民族在世界民族主义浪潮中所产生的影响让世人不能不对这一人们共同体给予关注。大量的历史与现实告诉人们,在国际政治舞台上,地区性民族问题已经成为局部战争的敏感区,在相当长的时间里,地区民族作为族际实体不会消失,由此引发的地区矛盾和冲突也难根除;同时,在和平与发展的主流下,因霸权主义、强权政治和民族分裂主义等实践所招致的局部战争,会将地区性民族问题推向一个新阶段,从而给民族国家的疆界安全领土主权与地区安全带来威胁。

一 族际政治中的安全观

安全(security)是一个具有多义性的概念,国内外学者对此有不同的理解,也是国际关系研究的一个主题。第二次世界大战结束后,由于核武器的出现和冷战的爆发,在西方国家特别是美国,许多学者开始将安全问题从国际政治研究中分离出来,作为国际政治学的一个次领域做专门研究，即所谓"安全研究"。① 国家安全是国家生存和发展的基础，是一个国家或国家集团对安全的主观认识，取决于国内外客观形势与战略决策者主观认识，并随着时间和环境的转换而有所变化。

　　一般来说，安全是指个体或群体（包括民族学意义上的氏族、部族、民族、国家等各种人们共同体）的生命、心灵、躯体及其（就人类而言）外在所有物不受任何力量，特别是暴力的侵犯和损害。格劳秀斯曾通过对自然法基本内涵的阐释，表述了人的安全的哲理。他认为人类获得安全的条件包括：从人类个体而言，应不侵占他人所有，将所侵占的以及可能由侵占所生的利得归还原所有者，信守承诺补偿由自己的过错给他人造成的损失，按照某人罪过施予恰当的惩罚；从人类群体而言，所有群体只要互相履行这些义务，则每个群体也将是充分安全的。可见，个人安全即个人的生命、自由、财产权利无虞侵害和剥夺（在实际行使不侵犯其他人同等的当然权利的条件下）；国家安全即国家享有主权、独立、领土完整和选择国内生活方式的自由（在尊重其他国家同等的当然权利的条件下）；地区安全即在地区民族、国家普遍安全的前提下，地区社会处于类似洛克式的"自然状态"，即和平、有秩序和较有道德的无政府状态。同时，需要关注的是，在理解安全这一概念时要注意安全与安全感的区别。安全是客观状态；安全感是主观的，是主体对客观安全状态的反映，这种反映可能是正确的，也可能是错误的。客观上没有威胁，主观上有可能产生恐惧；客观上有威胁，主观上也可能没有恐惧感。从安全的这一要义出发，地区安全是指地区利益没有受到威胁，地区利益不受损失。由此，地区利益和威胁是决定安全利益的两个变数，安全利益的变化取决于地区利益与威胁的变化。在这两个变数中，只要有一个变化，安全利益也会随之发生变化。安全利益观念集中体现在对安全利益的界定上。地区民族利益是多层次的，一般将其分为政治利益、安全利益、经济利益和文化利益。如果把安全利益和政治利益、经济利益、文化利益并列，会造成利益的重叠，因为安全利益本身就包括政治利益、经济利益和文化利益的安全。美国则按照重要程度将国家利益进行分类，

---

　　① 参见 David A. Baldwin, "Security Studies and the End of the Cold War", *World Politics*, October 1995, pp. 117–141。

如 2000 年 1 月克林顿政府向国会提交的《新世纪的国家安全战略》报告中，把美国的国家利益分为关键利益、重要利益、人道主义及其他利益四类。

在现实主义主义者看来，族际政治应置于国际政治是处于无政府状态的，主权国家构成了国际政治活动的主导行为体，以及在无政府状态的国际政治中，国家安全是国家最重要的议题等若干框架下加以思考。① 认为安全首先是国家安全，"国家安全在客观意义上指不存在对既定的价值观构成威胁的状况，在主观意义上指不存在既定价值观受到攻击的恐惧感"②。"安全不仅指国家最终生存的欲望，而且还指国家应该生活在其视为重要或至关利益或价值观不受到外部威胁的环境中的欲望。"③

国家安全是相对的，不是绝对的。④ 在国家出现以后相当长的历史时期，国家安全的基本观念是确保领土和边界不受侵犯。资本主义时代，列强为攫取巨额利润，拼命争夺原料产地、资本和商品输出地以及交通要道，把本国的安全空间扩展到他国领土。不过，这时的安全空间仍然是以维护实地为特征的势力范围。冷战后出现的"新干涉主义"随心所欲地划分国家安全空间边界，各族体所关注的安全边界因其所处的地理位置、经济活动范围、文化传统、民族心理、国家对外政策和安全利益观念不同而不同。冷战期间，美国把本国的"安全"边界划到远离本土之外。地区民族大都与美国"安全利益"有关，美国可能以威胁自己的"安全"为由，以某种方式进行干涉所有地区争端发生区域的内部事务。冷战后霸权主义在其扩张欲望的驱动下，不断地扩展自己的安全空间。随着空间技术的发展，某些大国已把国家安全的空间边界延伸到外层空间，企图单方面谋取外太空军事和战略优势。

地区民族安全空间的变动取决于所在国家安全观的性质和国家经济、

---

① 参见 Paul R. Viotti and Mark V. Kauppi, *International Relations Theory: Realism, Pluralism, Globalism*, New York: Macmllan Publishing Company, 1987, pp. 6 – 7。

② 参见 Arnold Wolfers, "National Security as an Ambiguous Symbol", in Maclellan Olson and Sondermann, ed., *Theory and Practice of International Relations*, Drentice-Hall, Inc., 1960, p. 89。

③ 参见 Vernon Van Dyke, *International Politics*, New York: Appleton-Century-Croffs, Inc., 1957, p. 35。

④ 参见 Frederick H. Hartmann, *The Relations of Nations*, New York: Macmillan Publishing Company, 1983, p. 13。

科技实力与对外政策。只要其他国家或对手继续存在，任何国家都不会有绝对的安全。相对的安全观使每一个国家都认为，他国的强大与自己的虚弱成正比关系，只有将本国变得比对手更强大，才能获得安全感。可见，在地区民族族际政治生活中，国家不可能取得永久的、绝对的安全，因为其所归属的国家只可期望适当的"安全程度"。① 一国的安全意味着另一国的不安全，他国的安全可能招致自己的不安全。族际政治中不存在所有族体的安全，只存在某段时间某些族体的安全。

如何维护族际安全秩序，人们对此并没有达成共识。部分学者认为，地区民族的所属国家寻求自我保存、巩固和促进安全的最重要、最可信的手段就是最大限度地扩大单边军事能力，以对付潜在和现实的外来威胁。② 比较一致的意见是，片面强调以军事实力追逐国家安全，当一国发展军备，即使是防卫性的，也会被其对手视为威胁，从而不得不作出发展军备的相同反应，如此来回往复，只会造成整个国际政治环境的更不安全。因此，军备扩张行为的互动会使相关国家实际上处在"安全困境"。对现实主义理论家来说，族际关系的本质是族际间争夺权势的斗争。然而多数现实主义者明白，过度或无限制的族际权益斗争将损毁民族、国家及其利益本身，损毁它们在其中独立生存的主权国家国际体系。在这个意义上，地区民族懂得族体的根本利益即地区安全不仅取决于民族自助，也取决于国家安全。

二 民族—国家安全观念的创新

如上文所述，国家安全可以定义为国家生存免于危险与威胁。尽管有些国家追求所谓的"绝对安全"，事实上，在一个无政府状态的国际社会里，国家不可能免于危险和威胁，因而安全问题始终是国家战略的重要内容。当前，国家安全的内涵和外延都在发生着激烈的变化。国家安

---

① 参见 John Spanier, *Games Nations Play*, Washington Congressional Quarterly Inc., 1990, p. 75。

② 参见 Michael T. K. Lare and Daniel C. Thomase, *World Security: Challenges for a New Century*, New York: ST. Martin's Press, 1994, p. 2。

全的内涵是由国家安全所受的威胁和由此制定的安全目标所决定的，因此具有较强的动态性。在历史上，防止入侵的军事安全曾是国家安全的同义词，随后保障主权的独立完整成为国家安全的主要内容。传统的国家安全观将安全理解为国家安全是至上的，把安全视为高级政治领域的事务，强调安全内容的军事性和追求安全手段的军事化，将安全同国家主权紧密联系在一起，强调国家的自我保存和生存。传统的国家安全观喜欢引用华盛顿的名言，即准备战争是保卫和平的最有效手段之一。[①] 在当代，非传统安全如经济安全、信息安全、环境安全、社会安全、人的安全等交织的综合安全问题已成为国家安全的主要问题。

冷战时期，各国尤其是各大国的国际政治考虑和规划方面，国家安全是运用得最频繁、影响也最大的一个观念。在冷战后世界的国际政治讨论中，国际安全观念取得了近乎同样显要的地位。随着全球化的不断发展，安全问题的跨国性和综合性日益突出，安全的范畴不再局限于传统的军事、政治和经济安全，日益涉及社会、环境和文化等非传统安全领域。全球化不仅导致国家的经济安全利益越来越重要，而且使得科技安全、信息安全、生态安全等成为安全利益的新内容。[②] 目前在全球范围内，国际安全受到普遍的关注，并被作为理论研究、实际观察和努力追求的对象，这是前所未有的。然而，我们仍然有理由认为，目前世界政治格局虽然发生了巨大变化，但是基本还是处于国际无政府状态，较多地通行以国家利益为至高原则，国际安全尚未得到更多国家政府和民众应有的足够重视，对其认知也由于大多偏于时政论述和过度倚重社会科学方法而尚待进一步深入和哲理化。

冷战结束以来，威胁人类持续发展和生存的问题愈益突出。"从残酷的种族和宗教冲突到大规模毁灭性武器的扩散，从人口激增到艾滋病，从全球贫困到地球生态系统的过负。"[③] 这些问题威胁到整个人类。面对这些问题，传统的国家安全观是无法提供解释和答案的。对传统的国际关系、族际关系研究提出挑战，客观上迫使人们需要以全新的视角和方

[①] 参见 Robert C. Johansen, "Toward Post-Nuclear Global Security", in Burns H. Weston, ed., *Alternative Security: Living without Nuclear Deterrence*, Westview Press, 1990, p. 20。

[②] 丁志刚：《全球化背景下国家利益的认证与维护》，《世界经济与政治》1998 年第 8 期。

[③] 参见 *The New York Times*, December 23, 1992, p. A10。

法来回答和解决这些问题。世界安全观由此建立。在世界安全观的语境下,传统的主权观念被视为已难以适应当前国际合作深入发展的要求。认为世界是相互依赖的,在相互依赖的世界里,国际合作是必要和有益的,各个行为体间的合作是种"总和为正"的关系;国际政治研究单位不仅包括国家,还包括作为整体的世界、民族国家内的群体以及个人根据以上认识;安全是相互依赖的,安全是共同安全;现代战争的毁灭性和恐怖性,使得战争失去了其作为国家政策工具的意义。[①] 可见,在全球化时代,安全不是单边安全,而是合作安全。安全概念不仅要拓展到经济和环境层面的威胁上,而且更应推广到社会正义、个人心理甚至个人精神层面的安全部分等传统军事力量所不能企及的层面。人类共同面临的诸多非军事威胁(如环境恶化、贫困、疾病、跨国难民等)是军事手段不能解决的,这些问题具有跨国性、溢散性,往往是单个或少数几个国家难以对付的,因此,真正的世界安全需要各国的合作和共同努力。

国际政治的现实已今非昔比,传统的国家安全观已经难以适应冷战后世界局势的发展变化。以武力促进和平与安全的看法越来越为人们远离。经过新现实主义者修正的国家安全观,在许多国家的政策上得到体现和推行。世界安全观认为,安全是指个人、群体、国家乃至世界的共同安全,安全可分为高级政治和低级政治领域事务、国内安全和国际安全的总和,强调安全内容的多元性和追求安全手段的合作性,安全和主权的可分割性,认为主权并不是实现全球安全的必然条件,为达到真正的世界安全,有时需要限制甚至放弃必要的主权。

如何面对这个国际政治现实问题,不能不说是一个新的"安全困境"。新安全观的核心是互信、互利、平等、协作。互信是指超越意识形态和社会制度异同,摒弃冷战思维和强权政治心态,互不猜疑,互不敌视,各国应经常就各自安全防务政策以及重大行动展开对话与相互通报;互利是指顺应全球化时代社会发展的客观要求,互相尊重对方的安全利益,在实现自身安全利益的同时为对方安全创造条件,实现共同安全;

---

① 参见 Robert C. Johansen,"A Policy Framework for World Security", in Michael T. Klare and Daniel C. Thomas, ed., *World Security: Trend & Challenges at Century's End*, ST. Martine's Press, 1991, pp. 400 – 404。

平等是指国家无论大小强弱都是国际社会的一员，应相互尊重，平等相待，不干涉别国内政，推动国际关系的民主化；协作是指以和平谈判的方式解决争端，并就共同关心的安全问题进行广泛深入的合作，消除隐患，防止战争和冲突的发生。在一定意义上，新安全观可解读为安全威胁判断上的普遍安全论、安全基础上的共同安全论、安全内涵上的综合安全论、安全维护手段上的合作安全论。需要指出的是，新安全观的确为人类未来展示了乐观的前景，但是也存在缺陷，比如忽视了国家主权地位在世界安全合作中的积极意义，片面地把主权的销蚀作为实现世界安全的必要条件。

三　地区民族与地区安全内容

如前所述，地区是一个广泛使用但又没有得到清晰且准确界定的概念。在国际政治的层面上，它一般是指一群相邻的国家所组成的地理与政治的空间，往往被用来认定国际事务发生的场所。地区存在的意义，或者说我们将它作为一个分析国际事务的视角的意义，要超越它的这种给定的、自然的性质，在于它的社会性，在于有某些力量将地区内的国家连接在一起，并使它们具有特殊的互动关系，同时使地区在与外部世界的互动中体现出它自身的价值。传统的国际关系结构中，地区只是作为一个不变的背景和被动的客体对国家、国家间关系和全球范畴的互动产生影响，并不是一个比较完整和独立的体系单位，也不作为一个国际政治的自变量存在并发挥作用。相应地，在人们对国际关系的解释与理解中，地区因素很少得到考虑，即使是在强调国际体系与结构的新现实主义和世界体系理论中也很难发现分析地区（一般意义上的）含义与特性的话语。显然，对地区概念及其作用的这种传统观念，满足不了理解当代国际关系发展变化的需要，要认识越来越具有地区特性、受到地区特征与结构制约的那些国际事务，就必须赋予地区概念以更强的分析能力。

当今，越来越多的人开始着眼于地区内的安全或从地区层面上谈论国际安全问题。在世界安全环境实现了结构性的缓和与稳定之后，新的安全议程越来越具有多样和多层面的性质,其中地区层面的安全问题的重要性不断上升。全球(世界)整体安全虽仍面临着诸多的挑战,但大国关系、军备竞赛、安全制度的形成等在很大程度上是以地区为舞台或背景展现出来,具有了地区的脉络。即使是跨国犯罪、恐怖主义和武器扩散等构成的全球性问题,其影响主要还是在地区或地方范围内,其利益与动机的平衡也是在地区而非全球层面上促使国家与地区组织对此寻求政策的反应。民族或种族矛盾与冲突等国际安全的新内容更是在根源、过程和结果上被限制在地区范围之内。在新的安全形势下,判断一个国家安全程度的依据,主要是它所处地区的安全形势,以及它对其中的威胁因素的平衡能力,地区安全对国家安全利益与外交政策由此产生了重要而直接的影响。

地区民族作为一种民族共同体,无论何时何地,群体认同的情感都是排他性的。在许多民族文化中,用来指共同体成员的词汇与用来指人的词汇完全相同,而共同体以外的人被当成连人的基本尊严都没有的物种,甚至与"野蛮人"具有相同的语言学含义。[①] 地区民族主义的这种精神一旦在地区化为现实,就是一种排他性的独自发展本族利益的要求,从而使得地区舞台上,各国之间的利益争夺,尤其是涉及领土、边界等争端成为两相冲突的权利要求和"零和游戏"竞争,甚至演化为国际暴力冲突。实际上,地区民族主义的情绪和要求激化了每一处具体的矛盾,已成为当今国际暴力冲突的公因式。

地区民族问题可唤起地区危机环境及其蜕变。在和平环境中,地区民族主义通常以一种分散的方式被体验和表达。但是,在某种危机环境里,它可以被强烈唤起,并为解决危机提供有效的出路。因为在危机情况下,存在着多种社会紧张,而原先起社会维系作用的传统惯例(如道德、习俗或组织制度等)都不再发生作用。当人类本体的安全需要随之被惯例的破裂或普遍的焦虑化置于一种危险的境地时,民族象征所提供的公有性就为本体的安全感提供了一种支撑手段。现实主义理论家认为,人类固有的控制他人的心灵和行动的强权欲在国内社会常常受挫,但社

---

① 参见[英]安东尼·吉登思《民族—国家与暴力》,胡宗泽等译,生活·读书·新知三联书店1998年版,第141页。

会在同时又鼓励个人把受挫的强权欲投射到国际舞台，在那里认同于国家的强权追逐，从中取得替代性的满足，这是民族世界主义的根源。社会稳定性越大，社会成员的安全感越大，集体情感通过侵略性民族主义得以发泄的可能性越小，反之亦然。在此，民族主义已发生蜕变，从民族争取自我权利的斗争转变为征服其他民族的霸权战争。

在近现代世界历史上，民族问题大都与战争、冲突相伴相随，地区民族问题可以为国际暴力冲突提供巨大的军事资源。"民族主义的本质是自尊问题。"① 民族问题的巨大军事资源，使得现代民族国家在进行大众动员的战争准备时，都加强宣传民族主义。欧洲各国在世界大战前夕都弥漫着强烈的民族主义情绪。维护领土安全的军事行动，为民族主义的生长提供了肥沃的土壤。自法国大革命以来，民族问题与国际冲突尤其是暴力冲突之间有着密切联系。民族主义的出现，往往是国际暴力冲突的征兆，也是国际暴力冲突的鲜明特色。② 现代战争充分展示了民族主义情感的力量，并为新一轮的民族主义宣传提供了有效的素材。

四　民族—国家间的安全合作与地区安全架构

民族交往是民族生存和发展中必然发生和经历的一种社会现象和社会过程。民族交往过程也是一个文化的涵化过程，相关民族在这种涵化的过程中达到社会共生的状态。人类交往活动作为人的基本存在方式则是与生俱来的，对于交往的理性认识则是现代的事情。交往历来是推动社会结构发生变化的一个重要因素，甚至是决定因素。民族之间交往的扩大，对生产力发展所发挥的推动作用毋庸置疑。各民族之间的普遍交往推动了民族生产力、分工和内部交往的发展，民族的发展日益走向世界，其社会结构在这种走向世界的历史进程中日益具有人类社会的总体特征。

---

① 参见 Jean Bethke Elshtain, *New Wine and Old Bottles: International Politics and Ethnical Discourse*, University of Notre Dame Press, 1998, p. 26。

② 参见 Kalevi J. Holsti, *Peace and War: Armed Conflict and International Order, 1648 – 1989*, Cambridge: Cambridge University Press, 1991, p. 323。

现今的民族—国家对于地区安全通常会给予相当的关注，其安全政策与影响对地区国际安全举足轻重。除全球霸权国家之外，其他大国的利益与影响主要集中于各自所在的地区，其外交与安全战略基本上是以地区为舞台，把处理地区内的政治经济关系视作加强各自权力、影响，以及在全球与地区事务中地位的重要手段。这些国家与本地区安全事务联系程度的不断提高，增加了它们左右地区安全环境与走向的可能性。如何应对这些大国的挑战与冲击，也是地区内中小国家安全政策的优先考虑。为了更有可能地控制住它们的战略环境，尽量改变它们在国际政治中的不利地位，中小国家非常热衷于在地区内采取协调与集体行动，希望通过地区的多边安排、合作安全以及地区的特殊方式来获取安全保障，因此它们越来越认同地区合作的安全价值。①

地区安全是关系地区民族和国家生存与发展的重大战略问题。安全合作是国家在面临"安全困境"情况下的一系列行为，它能缓解国家间的安全困境，促进各国共同利益的实现。非传统安全问题在全球尤其是地区范围的急剧扩散和亟待解决，使安全共同体的建构作为一条有效而可行的解决问题的途径提上地区安全的议事日程。同时，非传统安全的特性和该领域的地区合作促使国家角色身份发生积极的转变，有助于集体认同的形成，使安全共同体的建构成为可能。当代国际社会处于由"无序"向"有序"进化的无政府状态中，各国由于处境和利益的不同，形成了各种不同的安全观，并在此基础上采取不同的安全模式来追求安全。当代中国处于一个崛起的时代，安全合作成为当代中国安全追求的一个必然选择。中国倡导的新安全观符合时代发展的潮流，符合当代中国安全追求的实际，为中国选择安全合作提供了理念基础。

与"安全合作"相关的一个重要概念是"共同安全"。这一概念源于欧洲，它是作为对东西方对抗的一种反动，尤其是对战略核威慑的一种反动而出现的。最早对共同安全进行论述的是以瑞典的帕尔梅为首的委员会所发表的报告。帕尔梅委员会的报告题目为《共同安全：一种生存蓝图》，它对共同安全做了如下界定："避免战争，尤其是避免核战争，

---

① 参见 Galla Press-Barnathan, "American Hegemony and the Regionalization of Security after the Cold War", Paper for the Annual PSA Meeting, 2001。

是一种共同的责任。世界各国的安全——甚至生存——是相互依赖的。不管是东方还是西方,避免核灾难有赖于对国家间和平的关系、国家行为的克制和缓解军备竞赛的相互体认","因为以军备为基础的稳定是无法永久维持的。一种以军备为基础的国际体系的脆弱的稳定会突然崩溃","确保安全更为有效的方式是开创各种能够导向和平与裁军的过程。"接受共同安全作为一种组织原则以减少战争风险、限制军备和走向裁军意味着,从原则上说,在解决利益冲突时以合作代替对抗。"所谓"合作"表明参与合作的国家要全面思考国家利益和跨国的利益,提供了一种可以以更为合作的方式接纳问题和行为者的过程。合作安全承认了国家利益的首要性、各国保卫领土的现实、各种利益互相竞争甚至互相冲突的不可避免,以及国家、地区和全球事务日益加深的互相作用和互相渗透,它明确地认为绝不能用"零和"及安全困境的观念看待安全的促进。为此,合作安全承认双边关系可能继续是(至少在短期内)国家确保其在国际社会中地位的主要手段。"合作安全表明的是磋商而非对抗,确保而非威慑,透明而非秘密,预防而非纠正,相互依存而非单边主义。"① 意味着摒弃对抗和威慑,各国互相尊重、互不施压、尽最大的可能寻求共同利益,并通过对话缩小分歧,由低级到高级逐步强化合作,共同确立规则,共同维护国际和平。作为一种较之集体安全在概念上更为清晰、较之共同安全更为灵活的概念。合作安全是在20世纪90年代发展起来的、正在被付诸实践的一种新的安全观,与集体安全概念相比,这种安全观呈现出更强的生机和更为光明的发展前途。

当然,对理性主义传统中的国际安全机制构想不应过于否定。从20世纪后半叶特别是冷战后大国间战争的发生概率,经济发达国家互相间关系的和平稳定程度,国际和睦、公正的实现范围、区域和世界性国际组织在促进安全与和平方面的作用大小等角度看,"民主和平""商业和平""法制和平"这三种观念远非全然谬误,虽然检验这些观念的时间尺度仍不够长,起重要作用的因素也是多种多样。一方面,必须批判西方主流思潮在冷战结束后提出的"历史终结论";另一方面,必须认识到自

---

① 参见 Gereth Evans, "Cooperative Security and Intrastate Conflict", in *Foreign Policy*, *Fall*, 1994。

由国际主义取得了局部成功和有限认证,从中去思考一系列应予探究的重要问题。

安全合作是国家在面临"安全困境"情况下的一系列行为,它能缓解国家间的安全困境,促进实现各国共同利益。当代国际社会处于由"无序"向"有序"进化的无政府状态中,各国由于处境和利益的不同,形成了各种不同的安全观,并在此基础上采取不同的安全模式来追求安全。探讨地区民族与地区安全相互依赖、相互促进、相互制约的有机联系和特殊规律,从历史与现实、理论与实践的结合上得出有益启示,对指导当前和未来民族国家安全与国防经济发展,实现在宏观运筹和战略指导上的创新和突破将会有所助益。

(刘泓)

第十三章

地区性民族问题与地缘政治

地缘政治是关于国际政治现象制约于地理的理论。地缘政治有别于其他形态的政治,总是伴随着具有位置、方向、区域等维度特征并可以度量的空间性质,如"破碎地带""铁幕""岛屿锁链"等地缘政治术语中蕴含着特定而明确的地理空间含义。① 在国际关系中地缘政治利用地理因素来为人们观察国际问题提供重要视角。其主要特征是:"把领土国家视为国际政治力量的主要单元,而气候、植被、土壤、位置、矿物资源、海拔高度、陆块分布等因素则构成地球自然性质的内涵。"② 换言之,它无论何时何地都不以存在于纯理论范围内的东西为目标,它固有的本质表现在公开以变成行动的指南为目标。地缘政治理论在运用上有深刻的历史性,伴随着世界经济、政治的发展变化,其对各国国际政治行为的影响,不同历史时期又呈现出不同的特点。在现实社会中,人们常常运用地缘政治学的"立场、观点和方法",来确定或校准国家当局的对外政策,尤其是涉及国家安全与发展的政策。

当今社会,全球化在经济、政治、文化等不同层面影响和改变着人们的生活。伴随着全球化进程向纵深发展,不同国家的民族文化交流也日趋频繁,碰撞也日益增多。冷战结束以来,地区性民族问题已日益成为当今国际关系中热点问题之一,由此引起的种族或部族冲突在一些地区频频发生,甚至在一些民族主义盛行的地方导致了剧烈的国际冲突或国际危机,对相关地区的政局的稳定、社会繁荣和经济发展,以及相关

---

① 参见 Geoffrey Parker, *Geopolitics: Past, Present and Future*, London: Pinter, 1998.
② 王逸舟:《当代国际政治析论》,上海人民出版社1995年版,第178页。

国家的对外政策的制定和推行都产生了不可估量的影响。

地区民族本身的特殊性决定了地区性民族问题与地缘政治存在着密不可分的关系。从某种程度上可以说，地区性民族问题是地缘政治的主要组成部分。

一 地区性民族问题与地缘政治形式

地区民族是一种特殊的人们共同体存在形式，由"历史民族"因民族发展不平衡和强势民族的民族国家建构运动分化而成。民族作为人类历史上一种社会现象，有其自身发生、发展的客观规律，而民族的分解和结合过程是一种自然而然的现象，是受诸多因素制约的。人为的强制作用往往产生可悲的后果。作为特殊族体的地区民族，其民族过程同样有其自身的客观规律可循，这种客观规律正是学界共同探索和追求的一个目标。从民族学角度看，地区民族包括一切因政治疆界与族体分布不相吻合而跨国界居住的民族。其主要特性包括：其一，传统聚居地为政治疆界所分割，居住地跨政治疆域，即居住地跨两个或两个以上的国家边界，并且在地理上连成一片；其二，原生形态民族本身为政治疆界所分隔，政治和社会心理认同对象存在差异，即在现实政治方面有着程度不一的所属感，以及在社会心理方面有不同的认知。

地缘政治是一种极其复杂的人类政治现象，是世界政治的重要组成部分，在国际关系运行中扮演着独特角色。地缘政治灵活多变，其动态易变特征长期以来都受到关注。真正意义的地缘政治学，是伴随着资本主义向全球扩张及西方列强的政治利益需要而产生、演变的，它主要揭示了权力政治学与其奉行的地理范围之间的关系。近代地缘政治学强调的是"强权政治"，带有浓厚的时代"政治"色彩。冷战结束后，西方大国已从依仗军事优势向依仗金融和经贸优势来占领世界市场，从而保持其在国际舞台上的强权地位。新的局势也使国家安全观念从传统的领域扩大到经济领域。新的地缘政治学与传统的地缘政治学存在很大差异，开始考虑到现在和未来宇宙空间的征服及其对力量对比和世界政治均势的影响，并从集体的、普遍的、共同的活动角度，即从人类的角度来思考问题，如从投资动向、能源及环境保护等世界经济问题的角度去重新认识地缘政治的意义。

地缘政治因"地"而生，其竞争对象是领土地缘政治、石油地缘政治、水资源地缘政治、海洋地缘政治等地理要素和物质形态。地区性民族问题的产生和发展与地缘政治的基本形式存在着密切的联系。民族问题是在民族交往联系中，基于民族文化差异、民族群体利益的关注，或者阶级不平等的延伸等原因造成的民族间复杂的社会矛盾问题，是民族交往、互动、关系的体现。地区性民族问题的特殊性在于，它涉及所在国的政治、经济、文化、宗教信仰、风俗及价值观念等多个领域，对所在国的民族利益、民族感情和民族尊严都会产生影响，并直接威胁国家稳定。地区性民族问题是地区民族在现实社会生活和政治活动中围绕利益要求、权利规定和政治表达时，由于与外界发生矛盾和冲突的国际社会现象，它是地缘政治权力结构和利益资源分配状态的直接或间接的体现，是原来同一民族及其聚居地被国家政治分割的外在动力、民族传统文化的感召力和民族自身的驱动等内在动力交互作用的结果。综合内外因素来看，"现代泛民族主义"思潮诱发下的大民族主义思想是地区民族问题的症结。所谓"现代泛民族主义"是指以地区民族为基础、以建立新的"单一民族国家"为目标的非现实的和反历史的政治民族主义。

地缘政治是由人类政治与地理环境的相互作用形成的，两者互动决定了地缘政治的基本形式，其中人类政治是主动因素，地理环境相对被动。人类作为世界政治的缔造者和主体，是政治—地理互动关系中的主动因素，具有主动的选择能力，它可以通过对政治行为与政治模式的选择、对政治进程的改变，主动改变地缘政治。日本和韩国对独岛（或称为竹岛）的争端导致了该地区政治格局的形成；东南亚诸民族对南沙群岛的争端，导致了该地区成为大国争霸的角斗场。对美国来说，经济上，东南亚是新兴的市场，潜力较大，前景广阔；政治上，随着亚太地区国际格局的变化，为防止中、日任何一方对美国在东南亚的国家利益和亚太战略构成威胁，美国不断加强与东南亚国家的关系，扩大经济、政治甚至安全方面的援助与合作。与静态的地理环境相比，活跃的人类政治自身的运动，更能塑造出动感世界的地缘政治现实。地理环境本身并不会自动地决定或改变地缘政治，主要通过对人类政治行为的反作用影响地缘政治。比如，限制政治的形式与进程，使地缘政治成为"看得见"的政治。结构变化导致的地缘政治局势的变革是动荡的，行为体的数量和它们之间的实力分配状况决定了地区冲突的强度和频度。无论是地区民族人口数量的增减，还是所属国家之间实力对比的变化，都将改变地缘政治形式。

二 地区性民族问题与地缘政治关系

通常情况下，地缘政治追逐物态的权力与利益，总是围绕着具体的地理目标进行，通常表现为领土之战、边界之争、资源争夺、交通运输线控制等形式。虽然地区民族所属国家之间的地缘政治现实关系纷繁复杂，但其本质及主题特征清晰且相对稳定，这是由地理环境的稳定性决定的。

地区民族居住的地理环境特征决定其地缘政治利益的基本方面。地区民族问题是由于强势民族通过战争对弱势民族进分割或肢解，或者几个强势民族对同一弱势民族进行殖民瓜分产生的。从国家层面看，地区民族政治利益的稳定性使一国国家战略和对外政策具有稳定的目标，并影响其决策动机与模式。[①] 在处理北爱尔兰问题中，英国和爱尔兰两国解决问题的方式由武力冲突到和谈协商的转变就是一例。[②] 从国际层面看，国家间的地理结构特征构筑了地缘政治利益关系的基础，彼此处在对方的地缘战略考虑之中。各国之间利益的不整合以及利益资源的稀缺性与分布的不平衡性，决定了地缘政治关系的竞争性。围绕利益进行争夺、协商与分配构成地缘政治关系的实质，其轴心是各方的地缘政治利益。在全球化不断深入发展的条件下，处于少数和弱势地位的地区民族，在维护其民族权利的时候，总会与国界外的同一民族相比较，在其愿望得

[①] 参见梅孜编译《美国国家安全战略报告汇编》，时事出版社1996年版。
[②] 参见刘泓《对抗与联合：英国的北爱尔兰问题》，国家民族事务委员会民族问题研究中心2008年版。

不到满足的情况下，总想得到跨界同一民族的政府的帮助，甚至希望民族统一。在阿富汗国家重建中，阿富汗的相关族体所作出的现实反应便是例证。① 地区民族问题易于诱发地区冲突，影响地区稳定。泰米尔人问题、库尔德人问题、波黑战争、巴以之争、印巴冲突等都是由地区民族问题引起的。国际敌对势力和部分逃亡国外的民族分裂主义分子往往利用地区性民族问题制造事端，进而对地缘安全构成威胁。事实证明，地区性民族问题可以加剧民族分离势力扩大，诱发民族冲突、民族战争、民（种）族仇杀和国家政局动荡，甚至使国家政权解体和重组，民族团结和主权统一受损；可以削弱国家的凝聚力，为民族分裂主义者以民族解放、民族独立为借口，从事恐怖主义活动，危害所在国主权独立提供条件。以打破现行国家疆界，按民族疆界重新划界来解决地区性民族问题是不可行的，也是不可取的。对存在地区民族问题的国家来说，较为可取的态度是维持现行边界，按国际准则去行事，尽力处理好两国或数国内原统一民族共同体各部分之间以及与其他民族之间的关系，让地区民族的各部分按其自身发展规律存在下去，加强国家间睦邻关系的积极纽带。人为的重新结合，必定会引起国家关系不睦，同样，少数部分所在国如果对其强行同化，也必然引起纠葛，往往产生事与愿违的后果。

三　地区性民族问题与地缘政治区域

地缘政治区域是人为划分的，不可避免地受到研究者主观因素的影响，但是，它必须建立在对区域中地缘政治性质和区域间地缘政治边界的冷静判断基础上，尤其需要客观地分析以行为体为代表的地缘政治力量之间的互动及其结构特征。地缘政治对结构内的所有行为体的行为以及行为体之间的关系产生约束和控制作用，即使是缔造结构的主角行为体也不能置身结构约束之外。由于地缘政治结构对地缘政治行为体具有

---

① 参见刘泓《民族主义与国家利益：民族学视野中的阿富汗国家重建》，《民族研究》2006年第5期。

总体上的约束力，它在较大程度上支配着结构范围内的地缘政治态势。地区性民族问题关系到国家领土主权的安全。地区民族大都建立了主体民族独立的国家，另一边处于非主体地位的跨界民族往往有可能以此作为自己精神和物质的后盾，并随时准备用这一优势保护自己，谋求利益。他们甚至会举起民族统一的旗帜，希望和同胞一起建立自己的国家。此外，一国内部的民族问题往往会在国际上引起一系列的连锁反应，一个国家处理自己民族的态度会引起其他相关国家的关注。

地区民族为实现其利益诉求而做出的实际努力，可以作为一种地缘政治力量的运动架构起地缘政治区域，并使地缘政治区域呈现动态性。当今世界秩序主体大致可分为国家行为主体和非国家行为主体。国家行为主体主要是指主权国家；非国家行为主体主要指主权国家以外的其他国际行为主体，包括国际组织、非政府组织、跨国公司、个人等。在国际关系学以及其他诸如国际政治学等学科中，在划分国际关系主体类别时，往往是把民族与主权国家等同的，另一方面又把国际组织、跨国企业、民间组织甚至个人都作为国际关系的主体。事实上，民族尤其是地区民族无论作为一个政治单位还是作为一个文化单位，都完全具备了国际关系主体的基本特征。单一民族国家的民族作为国际关系的主体与主权国家保持一致是无可厚非的，但多民族国家的情况则并非如此，尤其是出现分离主义倾向的地区民族，有时完全处于国际关系的主体地位。地区民族之间相互联系与作用紧密，且具有明显有别于其他行为体的特征，其行为集合及其覆盖的范围因而就构成一个地缘政治区域。地缘政治区域具有地理区域的部分性质，即在同一区域之内行为体具有较多的共性而在区域之间表现出明显的差异和边界。但不同的是，地理区域的划分以差异和边界为原则，而地缘政治区域的形成更多的是以地区民族及其所属国家为单元的地缘政治力量之间的相互作用。地缘政治区域是由地缘政治力量之间的关系和运动形成的，具有区别于其他地缘区域的内在特征与边界，更具有相对独立的力量互动关系及在此基础上形成的内在结构。各地缘政治力量，它的增长与衰落、扩散与收缩、发力与受力，力量之间的对抗与合作、分化与组合，以地理空间为基础形成一种动态结构。这些力量及其结构所覆盖的区域形成一个相对独立的整体，在内部自成一体，同时排斥外界力量的介入。当今世界，地区民族的地缘政治，往往成为超越一个主权国家治权范围的国际政治问题，因此非常容易受到各种国际势力的干涉和影响。由于国家疆界与地区民族的文化界线无法重合，便产生了矛盾，而这种矛盾的大小是与地区民族人口、居住地域、资源、文化传统与现代国家构建程度等众多因素相关的。地区民族的政治诉求以及由此产生的政治、经济文化、社会行为对所属国家政治与地区国际关系产生的作用和影响便构成了相关的地缘政治及其区域。

地区民族作为一种地缘政治力量，其特性决定了地缘政治区域具有显著的动态性。地区民族与所属国力量所及的边缘形成地缘政治边界，因而地缘政治边界往往是模糊的、柔性的和变化的。一个自然地理区域的形成，其时间是以地质年代衡量的。人文地理区域也是经过长期的人类历史时期演化而成的。而地缘政治区域从形成到消亡，其时间单位通常不需太长久。比如，岛屿争端地区的地缘政治边界会因为相关领土主权的变化而变化。

四　地区性民族问题与地缘政治内容

在不同生产力条件下，地区民族利益的构成不同，地缘政治的具体对象与内容也随之变化。地缘政治在具体内容上表现出较强的时空差异。

从时间上看，不同时代地缘政治的主题是变化的，反映了不同生产力条件下生产方式的变化。自然经济时代，其经济形态主要是以土地和劳动力为资源的农业经济为特征，争夺土地成为当时地缘政治的主题；工业经济时代，占有和获取矿产资源和其他形式的自然资源成为地缘政治的重要内容；全球化、信息化使世界地缘政治进入一个全新的时代，表现出新的地缘政治形态。16世纪，葡萄牙建立了世界上最强大的海军，远征亚洲的马六甲、澳门、爪哇、苏门答腊，以及美洲、非洲的大片土地，从殖民地掠夺了巨大的财富，建成了海洋帝国。19世纪末20世纪初，自由资本主义向垄断资本主义过渡，此时的地缘政治成为欧洲列强向外扩张、争夺空间的理论工具。各国此时所制定的地缘战略的宗旨是，根据既定的自然地理条件使本国在激烈的国际角逐中处于有利的地位。①从不同民族集团所处的地理环境看，不同的地理特征在空间分布上的不平衡规律，造成了不同地区和国家之间地缘政治利益的不一致，从而决定地缘政治内容的空间差异。印度和巴基斯坦两国为克什米尔地区的领土归属而处于战争边缘；斯里兰卡政府军与其北部的"猛虎"组织为统独而战；中东地区的族体正在为水资源分配而斗争。当发达国家提出如何通过限制传统工业以保护环境时，许多发展中国家还不得不以牺牲资源和环境为条件保障最低的生存需求。应该说明的是，由地区民族所组织的泛民族主义的组织与活动都有一个共同的特征，即借用现代国际政治所承认的民族权利原则，追求本族人民的政治统一与地域一体。在当今世界上，"国家主权高于一切"是一种理念，是各个国家都遵循的准则。国家主权就是一个国家固有的处理其国内事务和国际事务而不受他国干预或限制的最高权力，就国际法的意义而言，它是一个国家不受外来控制、完整无缺、不可分割而独立行使的最高权力和尊严。国家主权的物质基础是领土完整、不受别国的侵犯。一国主权不能受别国的限制和干预，这是在《联合国宪章》和其他国际法文件中均获得确认的。这一国际法范畴的问题直接与处理地区民族问题有关。众所周知，民族国家建构是以大民族为核心的现代主权国家运动，而不是单纯以民族为界线的国家的建立过程。现在的时代已不是增生新国家的时代，而是以现有国家为基础，各民族走向一体化的时代；现在的时代当然也是一个民族繁荣和民族差别继续存在的时代，但这并不意味着必然伴随着政治分离。

"地理上的距离可以产生政治上的吸引力。"② 在地缘政治力量结构中，行为体是相互作用的。每个行为体既是发力方，又是受力方。其中，距离显著地影响行为体之间的相互作用。地理和权力之间的关系体现为：一个国家有能力在任何时候运用权力去影响或控制它视为具有重要战略意义的领土。一方面一国的实力对外扩散时，离本土距离越远，其力量

---

① 参见萨本望《新兴的"地缘经济学"》，《世界知识》1995年第5期；尼古拉斯·斯皮克曼《和平地理学》，商务印书馆1965年版。

② 参见[美]布热津斯基《竞赛方案——进行美苏竞争的地缘战略纲领》，刘晓明等译，中国对外翻译出版公司1988年版。

就越弱；另一方面，传送力量的费用将随距离增加而增长。距离产生的费用可以把有效的能量储备消耗殆尽，离开核心到达一定距离后，用来施展的力量额度将趋于零。如果两个机遇出现在离核心的不同距离上，将力量投向近距离目标比投向远距离目标要更为便利。[①] 力量随距离增加而衰落的原理，无论对发力方还是受力方，都具有丰富的含义。在一个开放的地理空间平面上，任何一个力量源都处在该地理场中的一个特定位置上，其影响无论是有益或有害的，都会随着离开源的距离而发生规律性变化，向周围地域传播。从精神方面来看，距离严重影响个人和群体的精神意志。劳伦兹认为：由于力量随距离延长而削弱，远离本土的争夺者将因此而在精神上失去勇气。[②] 社会生活和经济地位不平衡发展是现代经济发展中的正常现象，但是，这种社会现象在地区民族居住的地区如果得不到正确的政策指导和相关的补救措施，处于发展滞后的一方易于从民族意识出发，对发展较好的一方产生羡慕心理，而后者则产生同情心理，此时泛民族主义就会抬头，地区的安全随之受到威胁。可见，地区民族问题不仅是现存国家分隔力的产物，还是现存国家政治分隔力和民族向心力这两种相反社会力量交互作用的产物。即是分属于不同国家的同一民族及其聚居地，被国家政治所分隔的外在力，与民族传统文化的感召力及民族自身利益的驱使等内在动力交互作用的结果。地区民族因地理上的接近性很容易与境外的同胞有着直接的联系，尤其在受宗教影响较深的民族中，宗教因素更是民族机体中的一个不可缺少的组成部分，民族意识和宗教意识往往相互影响、相互渗透。宗教狂热与民族因素相联结，通常会导致其潜在的排他性过度膨胀，成为引发与其他地区矛盾和纠纷的诱因，并产生民族分离主义思想和行为。

　　需要说明的是，随着科学技术的进步，地理距离对地缘政治内容的影响开始减少。技术的发展引起经济结构和生产方式的改变，带动国际层面生产关系的变革，从而改变地缘政治。科技革命造就了产业革命、国际分工、资本流动、资源和市场供求关系等一系列国际经济关系发生

---

　　① 参见 Patrick O. Sullivan, *Geopolitics*, London & Sydney：CroomHelm, 1986, p.56。
　　② 参见［英］P. 奥沙利文《地理政治论——国际间的竞争与合作》，李亦鸣、徐兰、朱安译，国际文化出版公司1991年版。

改变，进而推动国际政治、社会、文化关系的变化，导致国际政治从内容到结构、秩序等深层变化，从而改变地缘政治的实质内容。比如，信息革命带来的交通与通信技术变革推动全球化加速发展，导致国家间的交流与融合空前加强，世界整体性、行为体之间的相互依存关系加深，使当今富有全球化特征的世界地缘政治现实明显有别于以往任何形式的地缘政治关系。国际政治经济关系是世界政治的重要内容和标志性反映，直接建构地缘政治，是塑造地缘政治的主动因素。因此，技术通过国际政治经济关系对地缘政治的作用和影响往往是直接的和灵活的。

（刘泓）

第十四章

民族主义与地区建构：
处理当代世界岛屿争端的理性思考

在现代国际关系中，民族主义是建构国家利益的文化符号和政治思想，国家利益是民族主义存在和发展的衡量标识，决定民族国家对外政策制定的原动力，以及构成国际关系体系的内在动因。在地区建构的进程中，国家利益的动力主要表现在它的建构作用方面。

在全球化语境下，随着民族—国家相互依存关系的逐步加深，地区主义变得日趋重要。一方面，战争的洗练使民族—国家大都清醒地认识到，过分追求国家利益的结果必然导致丧失驾驭彼此间关系的能力，没有任何一个民族—国家能够对其他国家保持长久的霸权地位，对古典民族主义的传统理念及其实践方式不能再抱有幻想。另一方面，全球化所营造的现实，也使许多曾极力推崇国家与权力的民族主义者接受了新的理念——"民族国家缺少实现当前众多要求的能力"，而"地区合作远比诉诸国际机构更为实际和令人满意"，"地区主义使其能够免受大国对其主权和自主权的干涉"。

众所周知，当代世界岛屿争端具有强烈的国际化倾向，争端的发生致使两个或两个以上的国家牵涉其中。出现问题的一方总是希望得到他国的支持，干涉的一方往往通过政府力量和民间活动等形式参与相关事务的处理，而大国总是会利用各种借口插手其中，争端随之呈现国际化态势，相关地区国家关系陷入紧张状态。

如前所述，国外学者曾以历史学、政治学、社会学等角度对岛屿争端进行了介绍和研究，取得了一定的成果，积累了大量宝贵的资料。但人们对从民族主义角度研究、考察岛屿争端未予以充分的重视，对其中的民族原因尚缺少深入的分析和认识。比如有人将岛屿争端产生的原因仅仅看作是大国争霸的结果；有人则单纯强调经济利益关系对岛屿争端发展态势的影响。新中国成立以来，国内学者对岛屿争端的研究日益增多，出版了一些专著，发表了一些文章。但是从民族主义角度，特别是从民族主义与地区建构关系的角度研究岛屿争端的著作、文章还未见到。①

有鉴于此，本章试图从民族学的视野出发，通过考察岛屿争端存在的现实与发展态势，分析解决岛屿争端可遵循的原则和采取的措施，阐释相关的理论依据和现实意义。

一 国际体系中的民族国家与地区

国际体系是国际政治行为体之间相互作用形成的对立统一的有机整体。② 在国际体系中，国家是最主要的构成体，地区是国际体系主要的子系统。国际体系的形成与建立，对于置身其中的行为体具有重要的影响。体系的性质决定了行为体的目标、利益和行为方式，体系的变迁是行为体权力和力量分配的反映。在国际关系发展史上，体系、地区与国家的互动构成和决定了地缘政治的运行态势，以及族际与国际关系的发展轨迹。

（一）国际体系中的民族国家

民族国家是法国大革命和美国革命的产物。在现代意义上的"民族"出现之前，国家就已存在。国家体制首先从欧洲，然后在世界各地崛起，

---

① 参见杨金森、高之国《亚太地区的海洋政策》，海洋出版社1990年版；王玉玮《岛屿在国际海洋划界中的作用》，《河南省政法管理干部学院学报》2002年第2期；袁古洁《国际海洋划界的理论与实践》，法律出版社2001年版；陈克勤《中国南海诸岛》，海南国际新闻出版中心1996年版；刘清才、孔庆茵《亚太地区领土争端的成因及其解决方法》，《东北亚论坛》2003年第3期；王国富《论日俄之间的领土争端》，《渤海大学学报》（哲学社会科学版）1993年第12期；韩占元《试析解决领土主权争端的有效控制原则——兼论我国的无人岛屿主权争端问题》，《太原师范学院学报》（社会科学版）2008年第3期。

② 参见梁守德、洪银娴《国际政治学理论》，北京大学出版社2000年版。

通常是早于民族主义以及今天的许多民族,虽然其核心族群 (core ethic groups) 被排除在外。从18世纪开始,民族意识和民族主义蓬勃发展。"民族产生后在相当长的时间里只存在于人们的思想意识中,而不是现实中。"① 18世纪晚期,国家和民族整合为一体。民族—国家和民族在时空上的错位是今天许多民族冲突的主要原因。② 并不是所有潜在的民族都能够成为真正的民族,许多潜在的民族对此根本没有尝试过,"不可能应用简单的公式计算出哪一个将成为真正的民族"③。民族意识最初发生在城市知识分子当中,然后在社会大众中得到呼应。

需要说明的是民族与国族具有诸多不同。近代以来在欧洲形成的国族概念,指以本民族为主体建立现代国家的民族,即民族国家的统治民族。国族的概念直接与国家的概念或至少在一定程度的自治观念相关联。民族与国族的区别在于,前者"不必有自治权及国家形态",后者"必须有国家的实质"。④ 国族的建构过程,也是民族的国族化过程,指那些无权建立自己国家的民族,把自己并入统一的大民族——国族的过程。其实质是实现从民族认同到国族认同的转变。它意味着各民族和谐与稳定关系的产生与维护,其对抗与冲突的大幅缓解,有序与稳定的国内环境的营造,以及在此基础之上的共同利益的重新界定与发展、国家利益的形式和内涵超越民族的疆界而纳入"跨族"因素。近代以来的历史事实表明,多民族国家的独立富强,必须以国族化的实现为基础;民族独立意味着国族获得国家主权,而不是国内各族的独立。国族化过程是一个不断增进权力共管、国家统一、文化同质的过程,其他社会、政治力量的意向难免与之相悖。非主体民族集团与主体民族集团必须寻找到诸民族利益的结合点并以之为行为准绳,以对国家的忠诚代替对民族的忠诚,是多民族国家生存的基本条件。在国族化过程中,主体民族必须不断地

---

① [德] 尤尔根·哈贝马斯:《包容他者》,曹卫东译,上海人民出版社2002年版,第131页。
② 参见 Leonard Tivey, The Nation State, New York: St Martin's Press, 1992。
③ Ernest Gellner, Adam's Navel: "Primordialists" Versus "Modernists", in Edward Mortimer and Robert Fine, People, Nation & State: The Meaning of Ethnicity & Nationalism, London and New York: L. B. Tauris Publishers, 1999, pp. 31 – 35.
④ 王云武:《云武社会科学大词典》第10册,台湾商务出版社1975年版,第94页。

完善自己，使自己有能力采取向非主体民族倾斜的政策，有实力为各民族共同利益的发展主动做出必要的利益让步。

在政治及文化多元化的世界，国家和民族以和谐的或非和谐的关系及疆域概念在运作着，民族冲突成为难以根治的社会问题。从根本上说，民族国家是一种以主权和领土为基础的组织，依靠法律和暴力工具对业已划定疆界的领土范围加以控制和维护。主权观念在18世纪中期才被提出。民族国家就是对特定领土行使主权的组织。对古代和中古时期的国家而言，领土意味着管理权，是国家生命的象征。而对民族—国家而言，领土则意味着公民身份，公民身份决定了管理机构的性质。有学者认为，许多民族在现代之前的族裔纽带、传说和传统中已经历史性地埋下了种子，民族所发挥的重要的社会和政治作用，要远远超过《马斯特里赫特条约》规定所发挥的作用。[1] 在充满竞争和不平等的社会机制和流动性的世界中，民族和民族主义出于政治的需要往往会对立法提出更广泛的诉求。民族国家的存在和发展要求各族体成员对国家忠诚。这既是国家获得合法性的基础，也是国家力量和效率的体现。国家的凝聚力和国民对它的忠诚，取决于国家保证个人利益的能力。

回顾近代以来的历史，民族—国家的建构意义昭然可见。当世俗化的国家实行政治统治的宗教基础崩溃以后，国家必须为自己找到新的合法化源泉。民族认同（national identity）在帮助民众克服地域局限的同时，也赋予其为祖国而战的精神和勇气。民族文化建设，则为法治国家的诞生奠定了文化基础。民族—国家的集体认同在形式上可以分为族裔（ethnic）认同和公民（civic）认同两部分。前者来自成员的共同历史记忆、文化传统和血缘关系，而后者来自共有的政治、法律等制度规定下的一种公民身份。[2] 公民民族主义既反对民族又反对马克思主义，同时，激发了来自不同国家、源自不同传统的学者的想象力。面对共产主义体制的崩溃瓦解以及族裔民族主义（ethno-nationalism）、原教旨主义的兴起，它认为公民的利益在于尊重公民国家的权威而不是国家对公民权的

---

[1] 参见 Anthony D. Smith, *Nationalism and Modernism*, London: Routledge, 1998。

[2] Brigid Laffan, "The Politics of Identity and Politics Order in Europe", in *Journal of Common Market Studies*, Vol. 34, No. 1, March 1996, p. 85.

尊重。通过族裔特征来定义民族的观念正"在欧洲思想中艰难航行"①。越来越多的人已经开始认识到，基于统一的民族性、单纯的种族性、血统、宿命或语言的传统民族主义应该给予彻底否定，民族—国家应该包含"所有愿意服从该国信条的人，而不考虑他们的种族、肤色、宗教、性别、语言或族性""相互平等""联合在爱国的旗帜下"的公民应为"共同的政治实践和价值观"建构在国家整体框架下的多样性，而"民族—国家应因包含混合杂交的各色人等而感到骄傲"②。的确，民族认同是维系民族—国家的社会—政治基础。③ 民族认同确定了民族这一群体的地域边界、领土，在时间和空间上确定了民族的身份，它们使国家和作为其文化对应物的民族形成有机的联系。在民族的地域范围内，所有成员根据民族认同形成了一个利益共同体。

民族国家的建立为欧洲资本主义的产生和发展提供了巨大的动力，给欧洲带来令人注目的社会进步。但是，民族—国家自问世始，便不得不面对一种与生俱来的、难以摆脱的困境。权力平衡原则是民族—国家追求的基本目标，但是"以暂时共同利益为基础的权力平衡原则不会产生异种稳定的平衡关系"④。作为一种特定的人们共同体，利己和排他是民族认同情感的基本特征。它决定了近代出现的民族—国家的宗旨是"增强自身的力量、财富与繁荣"。一方面，民族—国家从本性出发需要不断追求至高无上的"国家主权"，同时，在现实中又难以摆脱彼此间深厚的依存关系而独立发展；另一方面，依赖于民族—国家的技术—工业革命若想求得自身的发展又难以不削弱民族国家体系。

全球化是世界趋于整体化和结构化，在国际社会的所有层面上不断进行大规模重组的开放性进程。在这个过程中，世界各部分、各领域间的联系日益紧密，人们渐渐开始以新的、全球性眼光来审视与解决问题，逐步形成了全球意识。全球化始自地理空间的拓展，然后延伸到经济、政治与文化领域，因此世界呈现出整合与分化的两大总体趋势。作为前

---

① Michael Ignatieff, *Blood and Belonging*, London: BBC Books and Chatto and Windus, 1993, p. 4.
② Ibid..
③ Anthony D. Smith, *National Identity*, London: Penguin, 1991, p. 16.
④ Klause E. Knorr (ed.), *British Colonial Theory*, London, 1963, p. 5.

所未有的历史性变迁,全球化以其宏大的规模和多重的维度冲击着国际社会的所有成员,而民族国家则首先受到影响。一直以来,民族国家在国际体系中占据着中心位置,但随着全球化的深入,民族国家的地位受到了越来越大的挑战。从地理上看,通信技术革命和全球信息网络打破了民族疆域的封闭性,使其日趋开放;从经济上看,现代资本主义体系迅速膨胀,把绝大多数国家纳入其中,形成了相互依赖的跨国生产,宣告了自足经济的终结。从政治上看,核扩散、恐怖主义和环境污染等全球性问题迫使各国通力合作,从全人类的利益出发作出回应,主权的不可让渡性遭到了质疑。20世纪末,全球化的不断深入导致了民族疆界不断淡化,世界剧烈的整合与重组使民族认同陷入了前所未有的困境,全球性力量崛起冲击着民族认同的合法性,民族国家在被削弱后,其所属的族体又向原有的认同回归,民族认同的感召力受到了极大的削弱。全球化是近年来在不同领域的社会科学工作者讨论的共同话题。不过对于全球化这一复杂多变的历史过程,人们一直难以给出一个同一性的定义。不同的学科倾向于从各自的领域去理解和认识全球化。很多研究大多从通信、商业与金融市场的全球化与经济的整合这一相互依赖的全球市场体系为出发点,把全球化理解为一种同质化的过程,甚至更极端的观点把全球化理解为西化或美国化。作为以研究全球文化中的多样性著称的人类学研究,基于对全球范围中多样性文化的研究和积累,更加强调的是地方化、本土化以及异质化的过程。

　　随着全球化时代的到来,民族国家体系与地区安全和发展之间的冲突表现得更为显著,极力追求主权至上几乎将民族国家带入绝地。全球化具有解构民族—国家的根本功能。它所推动的世界经济制度的结构性转变,从根本上限制了民族国家的行动余地,国家的塑造力将不得不转让给跨越地域的、不受限制的市场。它所带来的"国界的祛除",使得每个民族—国家的主权决定受制于现实存在的先决条件。地区性、全球性问题需要在相应的框架下解决,这就需要部分主权的让渡。维护和恢复世界和平不再是每个国家自己的主权决定,而是地区乃至全球的责任。当一个国家或地区发生冲突时,仅仅强调尊重国家主权而不加干预是不能解决问题的。美国等西方国家大谈如何应对全球化带来的世界范围的恐怖主义问题,同时又不对其自身的"自由"进行必要的限制,反恐力度当然会受到影响。有人认为,现在的欧盟已成为国际政治中具有准联邦性质的、多层次治理结构下的一个政治实体。它是一种超出国际组织,但又不完全符合联邦国家模式的新型政治体制。在欧盟一体化过程中,国家主权与超国家主义之间的斗争在涉及国家核心主权的外交与安全政策领域中尤为凸显。在全球化语境下,民族—国家遭遇上述困境是必然的。随着经济全球化的发展,民族—国家政府逐渐失去对赖以赢利和收入的课税控制,从而无法获得国民的认可与支持。随着民族—国家政治国际化的逐步发展,国民对涉及国际事务的国内政治问题的影响力与决策权的有限性日益加剧,民族—国家在决策过程中不断出现合法性危机。

在威胁和挑战人类前途的全球化面前,各民族国家需要以多边主义或相互协调的方式实施共同治理,但是超国家治理又难以不对它们的民族认同产生威胁。跨国政治共同体形成的前提是必须有一种相应的政治意志。欧盟委员会主席雅克·德洛尔曾经指出:"不考虑这种认同(欧洲认同),不努力确定欧洲人应该对他们自己有什么样的认识,能够重新统一欧洲吗?坦率地说,我认为那样是不可能的,尽管这个使命被证明是具有冒险性和困难重重的。"[1] 事实表明,民族—国家无法抵制国际行为体所做出的决定以及由此产生的后果,不再能够依靠自身力量有效保护其国民,需要将自己的部分权力让渡给国际组织。从现实上看,这必然招致民族—国家对外、对内主权的丧失,以及民族—国家在决策中不断出现合法性危机。民族—国家是现代国际关系中最重要的效忠和认同的对象,这种认同"来源于个体对自己作为某个或某些社会群体成员资格的认识,以及附加于这种成员资格之上的价值和情感"[2]。尊重和保护民族认同是"非安全化"的重要内容。当这种所谓"认同"遭到威胁的时候,民族—国家必须采取措施使之安全化。有些学者认为,欧洲一体化进程已经涉及了民族—国家的"社会安全","社会安全"遂成为冷战后

---

[1] Jacques Delors, "Europe: The Continent to Doubt", *Aspenia*, Fall 2000, p. 37.
[2] H. Tajfel, *Human Groups and Social Categories*, Cambridge: Cambridge University Press, 1981, p. 255.

欧洲新的安全挑战。① 跨国政治共同体是否可以形成一种超越民族界限的集体认同，并因此而满足后民族民主的合法性条件是能否解决问题的关键。② 当代政治的现实证实：离开民族国家的保护，民族在国际社会和国际组织中得不到承认，甚至连基本的生存权利都难以保障。吉普赛人、库尔德人，以及一定程度上的巴勒斯坦人，都提供了这方面的佐证。国际体系的生存竞争决定了任何成功的实践（创新），必然在整个体系内被迅速模仿和扩散开来。民族国家，同其他政治组织方式相比，是加强凝聚力、动员和集中社会资源、提高政治效力的最好手段；是保护确定的共同体抵御有害的全球性影响，特别是抵御国家控制力以外的政治及其他事态之有害影响的一个重要装置；是现代史上最大的创新之一。③

随着全球性国际（跨国）交往急剧发展和非国家行为体在数量、活动领域和作用方面的迅速增长，民族国家及其主权受到越来越广泛、越来越深入的侵蚀和削弱，其传统功能的履行愈益常见地被非国家行为体局部替换，如"超国家"或"准超国家行为体""跨国行为体""亚国行为体"，以及来自国际社会内部的一个倾向于总体霸权的超级强国。作为全球化趋势的最大政治效应，民族国家主权的被削弱和被局部替换引起了一些带有根本性的政治和伦理道德问题。

（二）国际体系中的地区

迄今为止，学界没能对"地区"给出准确的定义。有的学者提出，"地区"是继民族国家之后的第二种人类一体化形态，如同民族国家一样，也是全球化运动深化和高级化的必然产物。因此地区不是"给定的"，而是在全球化进程中被创造和再创造出来的。作为人类一体化的更高级形式，地区仍然是以领土和地缘经济政治联系为基础的国际体系的

---

① 参见 Ole Waever, Barry Buzan, Morten Kelstrup and Pierre Lemaitre, *Identity, Migration and the New Security Agenda in Europe*, New York: St. Martin Press, 1999。

② ［德］尤尔根·哈贝马斯：《后民族结构》，曹卫东译，上海人民出版社 2002 年版，第 103 页。

③ George Modelski, *Long Cycles in World Politics*, Seattle: Washington University Press, 1987, p. 208。

次级体系。① 在国际政治语境下,地区一般是指一群相邻的国家所组成的地理与政治的空间,往往被用来认定国际事务发生的场所。传统的国际关系结构中,地区只是作为一个不变的背景和被动的客体对国家、国家间关系和全球范畴的互动产生影响,并不是一个比较完整和独立的体系单位,也不作为一个国际政治的自变量存在并发挥作用。相应地,在人们对国际关系的解释与理解中,地区因素很少得到考虑,即使是在强调国际体系与结构的新现实主义和世界体系理论中也很难发现分析地区(一般意义上的)含义与特性的话语。显然,对地区概念及其作用的这种传统观念,满足不了理解当代国际关系发展变化的需要。

地区主义和全球主义是冷战结束以来国际关系研究中引起普遍争论的两大问题,是对当前国际关系结构和现状发生重大变化的概括和总结。地区主义对国际关系的贡献不仅仅在于它促进国家间的合作,更重要的是它赋予不同的地理区域以政治和经济的意义,改变了地区在传统上单纯的地理含义。② 冷战后,人们对地区的认识发生了改变。以往地区常常被看作是介于全球层次和民族国家之间的中间层次,是行为的层次和空间,而不是行为体。但随着地区性的提高,地区逐渐成为一个多种共同因素塑造出来的、有着地缘色彩的国际关系概念,是国际体系中现实存在和正在出现的一种以经济合作和解决共同问题(如市场、发展、安全和生态)为目的的区域性次级国际体系。它拥有自身权利的行为体,"正在从客体转变为主体",国际政治已经成为"一个地区的世界"。③

作为全球和民族国家的中间地带,地区对国际体系的变动具有重要影响。地区意识形态趋势的兴起,制约着地区内各国和其他政治力量变体或为其创造机会。由此产生了超越地区的影响,在地区政治中具有利害关系的领域,或地区过程的输出对其生存和福利构成影响的领域,非地区行为体因相互依赖关系对重大的地区变迁作出反应,相关的理念、

---

① 参见庞中英《族群、种族和民族》,《欧洲》1996 年第 6 期。
② 参见朱锋《关于区域主义与全球主义》,《现代国际关系》1997 年第 9 期。
③ 参见 Bjorn Hettne, "Development, Security and World Order: A Regionalist Approach", *The European Journal of Development Research*, Vol. 9, Issue 1, June 1997, p. 97.

经济或技术等随之扩散到整个地区,并影响着其他地区的政治。① 地区内民族国家通过地区对焦点国家的变迁作出反应的形式在地区蔓延,即使全球变迁的条件不存在,世界也将发生变化。

同时,地区与地区内的民族国家具有紧密的关系。地区内民族国家的变化会对地区,乃至全球体系产生不同层面、不同程度的影响。相关的范围和程度取决于作为行为体的民族国家在国际体系中的现实地位。民族国家对利益和政策的界定取向是产生变迁的主要途径。一个国家的变迁会导致地区甚至全球的变化。当这样的国家发生变迁的时候,外在的环境以不同的方式作出反应。首先,地区里具有既得利益的外部力量可能作出反应。其次,变迁的精神或理念可以扩散到整个地区。

地区从客体变为主体的条件就是由地理单元逐步发展为安全共同体。卡尔·多伊奇于20世纪50年代提出了两种安全共同体概念:合并型安全共同体和多元型安全共同体,前者是指由原来相互独立的各政治单元组成一个有统一政府的单一安全共同体,后者指由彼此分离并在法律上保持独立的政府组成的安全共同体。② 伊曼纽尔·阿德勒和迈克尔·巴奈特继承和发展了多伊奇的理论,将安全共同体定义为由主权国家组成的跨国地区,在该地区内的人民对和平变革有着可靠的预期;同时,依据共同体内互信和制度化水平,将安全共同体划分为松散的安全共同体和紧密的安全共同体。多元安全共同体要求成员间能确保彼此不会开战,能通过其他途径妥善解决彼此间的争端,其前提是一组国家存在持久的积极交往和互动关系,这种关系造就了共识,排除了使用武力解决争端的可能。安全复合体不仅包括已经存在安全共同体的地区(如北大西洋),也包括尚不存在安全共同体的地区(如南亚)。在安全复合体存在的地区里,安全互动也是紧密的,但起决定作用的是竞争和敌对而不是合作的逻辑。③ 地区安全共同体有特点体现为,共同体的成员拥有共有的认同、

---

① 参见 Zeev Maoz, *Domestic Sources of Global Change*, Michigan: The University of Michigan University, 1995, p. 18。

② 参见[美]詹姆斯·多尔蒂、小罗伯特·普法尔茨格拉夫《争论中的国际关系理论》,阎学通、陈寒溪等译,世界知识出版社2003年版。

③ 参见 Bjorn Hettne, "Development, Security and World Order: A Regionalist Approach", *The European Journal of Development Research*, Vol. 9, Issue 1, June 1997。

价值观念和思想意识；成员之间在广泛的领域有着直接的联系和交往，以及共同体表现出着眼于长远利益的互惠及体现责任和义务的利他主义。共同体的成员之间通过非武力途径解决地区争端，采取共同行动解决威胁本地区安全的问题。

二 民族主义与国家利益

民族主义与国家利益之间存在密切关系。国家是民族的最高代理人，是维护民族属性和实现民族目标的基本载体，因此民族主义在界定国家利益的过程中具有决定性的影响。民族主义的重要性在于"能够依靠或反对现存的国家以及国家体系，动员全球各个地区的许多人民，联合起来进行政治行动"①，其目标是"使公民的或族裔的民族成为国家的模子和尺度，使国家服从于，并且表达民族的意愿"②。

（一）民族主义与国家利益的界定

从理论上讲，民族是一种"对他而自觉为我"的社会分群形式，也是一种"想象的政治共同体"，并且是被想象成范围有限、享有主权的共同体。③ 作为民族的信条，民族主义强调民族与国家的关系，本质是民族国家的内部事务或国家的基本属性，内涵主要包括从本族利益出发的社会和政治运动、属于本族的情感或意识、本族的语言和符号体系，以及国家的建立和发展过程等。④ 国家是民族的代表，国家利益是民族意志的体现。民族主义的内涵是国家属性，民族主义的表现形式往往以国家的面目出现。

---

① ［英］安东尼·D. 史密斯：《全球化时代的民族与民族主义》，龚维斌、良警宇译，中央编译出版社 2002 年版，第 131—132 页。
② ［美］本尼迪克特·安德森：《想象的共同体：民族主义的起源与散布》，吴叡人译，上海人民出版社 2001 年版，第 94 页。
③ 同上书，第 5—6 页。
④ Anthony D. Smith, *Nationalism: Theory, Ideology, History*, Polity Press, 2001, pp. 6–7.

1. 关于民族主义

民族主义通常是指人们在历史上形成的对本民族的认同、归属、忠诚的强烈思想意识和实践活动，是思想、学说和运动的统一。其外延和内涵都相当广泛和复杂，是一个特定的历史现象与观念，一经产生便改变了世界政治理念的格局。今天，民族观念已成为人们新的价值判断标准。在民族之间发生冲突时，这种标准往往会压倒其他的一切标准，使本民族的利益成为高于一切的准则。现代民族主义起源于欧洲，是现代资本主义经济发展的产物。在民族主义意识的形成过程中，日益壮大的商品经济提供了最初的动力，而民族国家则起着决定性的作用。民族主义自诞生起便具有多种多样的表现形式，尤其是自它与"民族国家至高无上"学说和推动现代化的力量结盟后。无论何种形式的民族主义，其贯穿核心的都是一种共同的历史，以及由此而产生的"民族"认同感，一种与其他现代的集体观念如集团、种族和阶级等完全不同的观念。

多年来，民族主义一直是中外学者关注的话题。民族主义内涵随着民族主义的扩展而铺陈开来。各国的思想家和学者都在不同程度上给民族主义加进了新的内容，使人们对民族主义的理解更加复杂化。有关民族主义的基本概念理论、运动和内涵的认识众说纷纭。

民族主义是欧洲民族—国家当代政治生活中的一个棘手问题。冷战时期地缘政治对立的结束开启了一个新世界。随后，民族和民族主义的愿望强烈滋生而不是减弱，因此，要实现和平的世界秩序，各国公民都必须面对这一问题。但是，在欧洲现行政治中，的确存在着不容忽略的认识，即拒绝承认民族主义问题，不承认实际潜在问题的差异性，认为在处理民族问题时就不应考虑民族和民族主义那些"令人厌烦"的要求，除非"民族"指的是已被承认的国家。事实上，问题的关键在于即使转移视线、回避问题，但问题依然存在。事实上，因为被忽略，问题也许会变得更加危险，更加恶劣。如果说欧盟现在真的是"超越主权国家"的开路先锋，那么欧洲人也许正在建构某种至关重要的框架。如今，那些创造并向全世界推广独立政体思想的人，在某种程度上似乎正凭直觉来建立一种政治和经济合作的后继模式。虽然这一模式继续保存了国家，但它已是成员国而不是传统主权意义上的民族—国家了，而且，它只是存在于合作的法律秩序中，而不是完全独立的决策者。

西方思想家们提出了两种理想的民族主义形式。一是公民民族主义，它建立在认同感的基础上，主体为那些因共同的诉求被联系在一起的共享公民机制的人，其诉求被于尔根·哈贝马斯（Jurgen Habermas）称为"宪法的爱国主义"[①]。公民民族主义认为，民族是开放的，所有认可公民机制的人都可以自愿加入。二是族裔民族主义，它强调由历史，甚至是基因决定共同体的自决，这种共同体具有文化上和渊源上的归属感。

作为当今国际关系实践中最具有力量和最富影响的现象之一，民族主义曾被称作"20世纪的宗教"。它起源于近代欧洲，在由欧洲向全球范围扩展、蔓延的过程中，促进了现代国家的增生，但同时也引发了暴力纷争，带来了国际秩序的变更。尤其在后冷战时代，民族主义在政治、经济、文化等领域所显示出的与全球化和一体化趋势相悖的特性，强烈震荡和冲击着转换中的国际格局和重组中的国际关系。

民族主义作为一种意识形态和社会实践运动，一直是影响国际格局变迁的重要因素之一。回顾国际格局二百年的历史演变，历次国际格局的变迁和重塑都渗透着强烈的民族主义因素。毋庸置疑，在当前国际格局转型的历史时期，民族主义对未来国际格局的形成也必将起着举足轻重的作用。

民族主义是一种政治运动，而政治现代化的中心特征就是主权与边界国家的发展，以期成为相互竞争之国家体系中的一员。无论是生物的基本需求还是民族国家的政治需求，都使民族主义与领土问题交织在一起。领土是族群怀有特殊情感的土地，国家则在领土范围内行使其基本职能，主权是在"民族领土"内部运作的。由于民族主义的目的就在于建立具有主权的民族国家，而没有领土，主权将丧失意义。因此，在各种民族冲突中总会涉及领土这一因素。可见，现代意义上的民族主义，是思想（包括情感）、学说和运动的统一。作为一种政治运动，它有两个本质特征：对本民族的认同和忠诚高于一切；渴望拥有自己的国家。民族主义的政治特征与其深厚的历史、文化底蕴密切相关。民族主义的历史文化底蕴不仅是民族认同的基础，它也塑造了每个民族自尊的灵魂，使民族主义与国家主义息息相关。这首先是因为，具有强烈自我意识的

---

① 参见 Jurgen Habermas, *Between Facts and Norms*, Cambridge: Polity, 1997。

民族多半希望自我治理,而非受治于其他实体,尤其是民族压迫或歧视的实体。因而,有的学者指出,为了完成这个任务,民族就需要强权来保护它免受其他民族的侵犯和刺激它本身的发展。因此,"一个民族——一个国家",就是民族主义的政治要求,民族国家是它的理想。[①] 所以,国际体系内全球层次和区域层次的竞争性生存逻辑,导致基本政治单位的趋同。民族主义理念因此都倾向于把起源神话与"故土"的概念联系在一起,强调"领土权"的观念。民族主义的本质特征,决定了其与国际暴力冲突的内在联系。民族追求国家的成功,意味着原来统治它的母国会产生分裂变化,民族伸张自由的斗争会引发暴力冲突,甚至国际暴力冲突。有人认为,创建民族国家是世界上引发国际暴力冲突的首要因素,在它所出现的场合,有50%以上最终导致或促成了国际暴力冲突。[②]

民族主义是国际关系的产物。第二次世界大战结束之后,由于德、意、日三个法西斯国家战败;英、法等老牌帝国主义国家受到削弱;亚、非、拉各大洲殖民地半殖民地国家相继开展了民族解放运动,形成一次民族解放运动高潮。战后的民族解放运动因具有反帝国主义反殖民主义的历史进步作用,得到了世界各国人民和联合国等国际组织的大力支持。国际关系特别是国际社会和全球体系的发展又对民族主义产生了很大的制约与影响。因此,民族主义与国际关系之间的关系问题体现为,民族主义国际关系与国际社会的形成与演化的影响,以及国际关系与国际社会的发展对民族主义的影响。

民族主义关注的重心在民族国家,但就民族主义发展的历史阶段来说,历史上民族国家刚刚开始建立时期的民族主义和当今全球化时代的民族主义就有很大的差别,全球化的特点是跨越民族国家边界,而且民族主义本身又和不同的地区文化社会环境结合,这样一来,中国目前的民族主义意识与其他地区的民族主义意识就有着很大的不同。东西方民族主义的本质性差别,在欧盟的框架内发展起来的民族主义已经是一种丧失了其原有的政治诉求的民族主义,而在东亚民族主义则与亚洲近代

---

① [美]汉斯·摩根索:《国际纵横策论》,卢明华、时殷弘、林勇军译,上海人民出版社1995年版,第215页。

② 参见 George Modellski, *Long Cycles in World Politics*, Seattle: Washington Univesity Press, pp. 310 – 319。

以来的历史社会文化环境结合,产生了一种应激型的、保守型的民族主义,它保护了东亚各民族国家在政治和文化上的特质,为东亚各个国家提供了一种政治上的合法性。①

目前,民族主义意识面临着来自超国家的、次国家的认同意识的挑战,如果我们不能正视民族主义意识发展中的问题,那么民族主义意识的发展就有可能偏离正确的轨道,而这种非理性的民族主义意识必将给民族—国家带来消极的影响。由于特定的历史文化环境,民族—国家对于国家主权有着比较强烈的依赖,正是这种民族主义发展类型和阶段的差异导致了民族—国家在未来的民族主义意识有着不同的选择。民族主义是民族由自为进入自主的一种推动力,民族主义依其构建国家方式不同,对现实国家有不同的影响;民族主义内整体利益与个人权利之间的关系对国家制度建构具有重要作用。要防止民族主义的负面影响,现实中的民族国家应加强其合法性,并且创建一种综合性文化。

2. 关于国家利益

国家利益是一个难以给出明确界定的概念。它涉及的内容十分丰富,其构成要素不具有可操作性。就其界定和实施途径而言,在理论和实践上都存在许多值得探讨的东西。但其内涵所指的内容则是公认的——涉及国家存亡的因素通常都应属于它所包含的范畴。

根据《现代汉语词典》的解释,"利益"的词义是"好处"。② 在国际关系中,行为体所追求的"好处",是极其多样的,可能涉及政治、经济、军事、文化、生态环境等不同领域,从地方到全球的不同范围。不同的行为体可以共享某些利益。国家的生存与发展需要国土、人口、主权、和平的周边环境、充分的能源供应、平等的贸易关系等条件,主权国家的基本职责或义务都是尽可能多地得到"好处"。有人认为,国家现实存在的需求和欲求即可视为"国家利益",通常指国家相对其他国家而

---

① 参见 Richard N. Hass, *What to Do With American Primacy*, Foreign Affairs, Vol. 78, No. 5, 1999。

② 中国社会科学院语言研究所词典编辑室:《现代汉语词典》,商务印书馆 1983 年版,第 698 页。

言的基本的需求。①

人们对国家利益的界定一直没有形成共识。通常认为,确保主权国家自身的生存、促进其人民的经济福利与幸福以及保持其政府体系的自决与自主是主权国家的国家利益的本内容,也是国家的核心价值和最基本的对外政策目标;凡涉及国家的需求与欲求,不论大小,都可以说是国家利益。有学者指出,国家利益即权力、权利和利益,"是国际政治的动因和直接目标,是各国参与国际政治活动和扮演行为体角色的出发点和归宿",②包括相互影响制约、部分主次和不可分割的国家安全权益、国家政治权益、国家经济发展权益和国际社会中的平等互助权益。2000年,美国国家利益委员会发布了一份《美国的国家利益》报告,其中将美国国家利益分为生死攸关的国家利益、对于极端重要的利益、重要的利益等不同层次。③

事实上,由于对国家生存和发展构成影响的因素的纷繁复杂,以及概念界定者性质的差异,要对国家利益给出一个具有普遍性的、明确的界定是比较困难的。每个国家都是特定的和独一无二的。每个国家都有它要完成的历史使命。它的命运和使命是不能选择、改变或拒绝的,因为这些东西是深深地植根于特定国家的文化、历史和地缘政治地位之中的。不能追随其使命的国家注定要衰落,并最终会崩溃。政治领导的目标就是揭示这种使命,精心地阐述它并把它灌输于社会之中。政治家的智慧就在于他们能以适当的方式就国家的长远未来建构这种国家利益概念。这种方法使国家利益变成了一个价值和信念的问题。从建构主义者的角度看,国家利益是由国际共享的规范和价值塑造出来的,规范和价值构造国际政治生活并赋予其意义。从国际关系学的角度看,国家利益的界定与国际体系密切相关。

由此可见,"国家利益"的综合、取舍、确定了一项复杂的工程。有的学者提出通过整体的方法(假定"国家利益"是与"国家观念""国

---

① 参见 Frederc S. Pearson and J. Martin Rochester, *International Relations*, New York: McGraw-Hill, 1998, pp. 170–179。

② 梁守德、洪银娴:《国际政治学理论》,北京大学出版社2000年版,第81页。

③ 参见 *The Commission on America's National Interests*, July 2000, http://www.nixoncenter.org/publications/mono.graphs/nationlinterests.pdf。

家路线"等概念相联系的）和实证主义方法（基于社会和国际关系的比较理性的基础认定国家利益包括政治、社会、经济、地区、种族利益等，是社会中多元的，有时甚至是相互排斥的集团利益的最小公分母，政治领导人不能揭示或发明国家利益，只能加以理解和平衡）来解决问题。[①] 但是，这些方法是否具有可操作性，尚有待商榷。无论如何，国家利益所包含的内容是公认的，即国家利益关系到国家的生死存亡，是国家行为的动因和归宿。大体说来，涉及国家生存的关键因素都属于国家利益范畴，关键问题在于国家利益的界定者的合法性（构建国家权力和执行统治的普遍信仰政党）。政府权威建立于合法基础之上，公民即可感知其责任与义务。[②] 在国际关系语境下，国家利益是指与国家生存发展密切相关的要素。不同的国家具有不同的国家利益，表现为不同的关系观念和行为。要实现国家利益，国家就必须根据自己的需求与欲求制订出具体的行动计划。国家目标就是战略所要达到的目的。这些目的包括国家已经拥有仍需加以保卫的东西，也包括国家并不拥有而需要获取的东西。一般来说，国家采取维护自身利益的行为，总要根据客观情况对国家利益进行重要程度的划分，其意义在于确定指导国家行动的原则。国家根据不同的利益等级，会采取不同的行动，特别是采取不同的强制性行动。

（二）民族主义与国家利益的相互关系

民族主义与国家利益之间存在着互动关系。学术界对于民族主义这一术语的界定，至今没有达成共识。基本得到公认的是，因各国历史、文化、宗教等方面的差异，民族主义的表现形式形形色色，其特征也各不相同。民族主义的历史复杂多变，时常与其他的政治观点发生冲突，它所可能引发的暴力让政治精英和普通民众倍感心悸。人们通常认为，民族主义是19世纪产生于欧洲的一种学说，"大体上是工业化及伴随它

---

① 参见 Andrey Kortunov, *Russian National Interests: The State of Discussion*, http://www.fsk.ethz.ch/documents/studies/volime_1/kortunov.htmtwoApproachestoNatonalInterests。

② 参见 Robert J. Jackson and Doreen Jackson, *A Comparative Introduction to Political Science*, New York: Prentice Hall Inc., 1997, pp. 10, 13.

而来的民族与平等意识形态的产物"[1]。有些学者认为,民族主义划分为"温和"与"邪恶"两种形态。但事实上,此种两分法在理论上回避或否定了民族主义在政治实践中存在的各种可能性。有学者将这种做法理论称为"内在绝对性理论"。[2] 在历史上,民族主义曾服务于近代民族—国家的崛起,但这不意味着它能为自己所组织的所有行动提供合法的标准。厄内斯特·盖尔纳认为,民族是划分人群自然而理性的途径,民族主义是人们需要的神话,是当代的必然现象。[3] 国家利益是一个难以给出明确界定的概念。它所涉及的内容十分丰富、广泛,其构成要素不具有可操作性。就其界定和实施途径而言,在理论和实践上都存在许多值得探讨的东西。但其内涵指向则是公认的,即国家利益关系到国家的生死存亡,是国家行为的动因和归宿。通常来说,涉及国家存亡的因素都应属于它所包含的范畴。尤尔根·哈贝马斯(Jurgen Habermas)指出,无论"民族主义"曾经在反殖民主义的斗争中以及在福利国家的建设中发挥过怎样的作用,"现在它已死去","制度爱国主义"取而代之并开始发展了。[4] 我们以为,这种结论值得商榷。应该说,民族主义的形式与内涵会随着社会背景的变化而变化,它是一个形态多样、内涵丰富的国内和国际现象,它以历史和文化为基础,以现实经济—政治生活为平台,但是,它与政治、经济、文化等要素并非一定构成因果关系。西方的国际政治理论对民族主义问题一直没能给予应有的关注。[5] 现实主义、功能主义、新功能主义、核心马克思主义往往将民族主义视为国家内部的事务,忽视了民族主义在国家政策制定过程中的重要作用。然而,民族主义与国家利益之间存在的密切的联系是不能否认的。民族主义的表现形式和本质内容对国家利益的内涵具有相当的规范作用。

在多民族国家中,国家利益应是各民族利益的叠合,是不同民族集

---

[1] Anthony D. Smith, *Nationalism: Theory, Ideology, History*, Cambridge: Polity Press, 2001, pp. 6–7.

[2] Howard Caygill, *Walter Benjamin: The Colour of Experience*, London: Routledge, 1998, Chap. 1.

[3] 参见 Ernest Gellner, *Nations and Nationalism*, Oxford: Blackwell, 1990。

[4] 参见 Habermas, *Between Facts and Norms*, Cambridge: Polity, 1997, Appendices 1 and 2。

[5] Rodney Bruce Hall, *National Collective Identity: Social Constructs and International Systems*, New York: Columbia University Press, 1999, p. 3.

团对国内问题和国际环境享有一致或相近认知的产物。国家利益的建构作用通过各民族因应对共同的非安全因素而组建的联盟或联合而得以形成。

民族主义与现代主权国家是共生关系。从人们共同体的发展进程看，在今后相当长的时间里，主权国家仍将长期充当国际关系中的行为主体，因此民族主义并非全球化所能取代的过时的观念，其存在和发展的合理性不会因其具有变态的表现形式而丧失。阿民族主义的表现形式消极而变态，但不会因此而失去存在和发展的合理性。反恐防恐任重道远。

民族主义与国家利益之间存在着密切的联系。通常说来，在国际关系语境下，民族主义是建构国家利益的文化符号和政治思想，国家利益是民族主义存在和发展的衡量物，是决定民族国家对外政策行为的原动力，是构成国际体系的内在动因。国家获取合法性的基础是，它作为政治经济组织存在的实质体现为，服务于国家中的每个人，为其提供不可划分的、普遍的利益。[①] 换言之，国家必须体现民族意志，促进民族利益。在民族与国家的相互建构中，国家获得了统治人民的合法性，民族集团获得了可以代表他们利益的归宿。

在当今地区性民族问题的发生区，理念上的国家利益的内涵与现实中各民族对国家利益的认知差距甚远，作为各民族利益迭合的国家利益，对各族体而言还是一个模糊的、不确定的概念，一种尚未被全体人民所认同的思想理念。比如，在地区民族占人口大半的阿富汗，其民族主义的表现形式主要包括：大民族主义，即强调主体民族普族人的政治、经济、社会和文化权利。比如本族成员在法律方面的平等、共同的公民文化与意识形态等，较少考虑其他少数民族的利益，"海归派"、塔利班"温和派"与卡尔扎伊临时政府（卡尔扎伊家族属于普什图族伯帕扎伊部落）以及拉巴尼领导的伊斯兰促进会、希克马蒂亚尔领导的伊斯兰宗教

---

① 参见 Larry Goodson, "The Fragmentation of Culture in Afghanistan", *Journal of Comparative Poetics*, No. 18, *Post-Colonial Discourse in South Asia/Khitab Ma Bad al-Kuluniyaliyah fi Junub Asya* (1998), pp. 269–289。

学生运动（塔利班）和萨亚夫领导的伊斯兰联盟只代表其自身利益；① 民族权利主义，其主要依据是血缘和语言，目标是寻求本民族地方自治或实现分裂，如在阿部分少数民族中存在的分离主义倾向和独立运动，许多周边国家与阿在经济发展水平上的明显差异，对阿非主体民族产生了强烈的诱惑，也进一步引发了他们对现实处境的不满，接受在边界另一方同胞的"援助"，并与之结成"盟友"便成为自然而然的事；② 宗教民族主义，主要是指一些宗教或教派突出强调本教或本派的优势、排斥和打击其他教派的狂热信念和行为，其目标是建立一个宗教性的世界秩序，在塔利班政权被推翻后，形成了以乌鲁兹甘和扎布尔省为中心的根据地。③ 阿富汗民族主义特有的表现形式，界定了不同民族主义在国家重建中的具体目标指向，也界定了不同民族集团的利益疆界；各族往往将对本族利益的获得与保护放在首位，对自己族体的忠诚超越于对民族国家的忠诚。

民族主义与国家利益的悖逆在阿富汗的地区民族中表现为：首先，阿富汗的民族主义成为分离国家主权的重要理念。随着普什图大民族主义的盛行，民族权利主义理念和实践得以不断发展，并形成一定规模。一些少数民族开始认为，只有主权才能使其免受主体民族普什图的压迫并张扬其民族文化。他们关注术语"阿富汗国家"的兴趣在逐渐丧失，主张通过建立本民族控制的政府来寻求能够充分体现自身价值和利用的最理想的管理形式。其次，阿富汗民族主义为国家利益的实现设置了重重障碍。个人与民族融为一体的民族具有强大的生命力，强大的民族方能建立强大的国家。这一点对于阿各民族而言，无疑是其在相当长的时间里所应树立和追寻的信念与理想。在阿民族主义框架下，人民并未成为国家机器的组成部分。他们可以为本民族利益流血牺牲，但难以将国家视为本族和个人的意志及命运的精神体现。维系各族集团成员个人与

---

① 参见 Anders Fänge, "Afghanistan after April 1992", *Central Asian Survey*, Vol. 14, No. 1, 1995。

② 参见 David B. Edwards, "Learning from the Swat Pathans: Political Leadership in Afghanistan, 1978 – 1997", *American Ethnologist*, Vol. 25, Nov., 1998。

③ 参见 Nazif M. Shahrani, "War, Factionalism, and the State in Afghanistan", *American Anthropologist*, New Series, No. 3, Sep., 2002, pp. 715 – 722。

国家间心理纽带的羸弱，致使国家失去了稳定的结构和力量基础。任何民族集团都难以独立承担起结束阿冲突的责任。事实上，在塔利班崛起之前，普什图族人集团已显得相当衰落，他们在内战中所表现出的"中立"，既非出于国家统一的考虑，也非意在制定内聚性政策，实属无奈之举。塔利班的突然出现超出了许多人的意外，但稍加思考便知它不过是以美国为首的国际力量想利用的一杆枪罢了。力量日益强大的塔吉克人无心亦无力制止内战；事实上，他们即使"有心"亦是"无力"。普、塔两族难以做到的事，让其他民族来完成则是不现实的。再次，阿富汗民族主义未能为国家取得合法性提供有效力量。在阿富汗民族主义框架下，国民对国家的忠诚严重缺失。他们大多认为，国家是抽象的、遥远的，而部落和家族才是具体和最值得效忠的。[①] 苏联撤军而招致的共同敌人的丧失，使各族间潜在的矛盾逐渐暴露出来。各族有限的实力和对诸民族共同利益的淡漠，促使各族群众将反对普人政府的高涨情绪转化为对能够代表其利益政党（而非强大国家）的渴望。同时，阿富汗国家政府保证其国民个人利益的能力一直十分有限。在过去的20多年里，阿富汗人始终在自己的家园里经受着战争的创伤。数以百万的人因此丧命、流离失所，大部分人需靠联合国救济勉强度日。

　　国家利益是分析民族主义的关键因素，是民族主义的动因。民族主义的表现形式和本质内容对国家利益的内涵具有相当的规范作用。民族主义是一种建国进程、一种理论信念、一种政治运动、一种共同体认同，是建构国家利益的文化符号和政治思想以及决定民族国家行为的原动力，与现代国家的崛起紧密相连。在当今国际关系交往中对国家利益的关注，已成为各国制定国家内、外战略政策的重大依据。实现国家利益、地区利益的最优化同样成为各国关注的中心。同时，如何在国内、国际环境整合中，实现国家利益最优化的前提下，协调国家利益与地区利益的平衡已经变得十分重要。

---

　　① 相关资料由波兰科学院辛凯维奇教授提供。

三　国家利益与地区建构

在国际体系中，国家之间的互动不仅塑造着国际体系的结构，而且塑造着国家利益。国家通过在国际互动关系中建构的共同利益而参与到地区化进程中。在当今的国际体系中，国家利益的地区建构作用主要体现为：

其一，相近的地理位置和相似的文化传统，使得同一地区的国家观念具有更多的相似性。随着全球化时代的到来，地区与地区主义正在成为当代世界政治的核心。同一地区不同国家具有相似的文化传统，成为参与地区合作的国家形成共有知识的主要条件。冷战结束以来，经济全球化、地区集团化进程加速，成为两大历史潮流。全球化是世界范围内的互动体系，本质是全球集中趋势，兼具分散趋势，而地区化（区域化）则主要表现为集中趋势。从全局看，地区化是全球化的有机组成部分，在深度和广度上都大大高于全球化。从长远看，地区化是通向全球化的阶梯，是全球化漫漫征途中的中继站，地区化与全球化在本质上是相互依存、相互补促、相互制约、同步进行的，两者是矛盾的统一体。区域化，特别是区域集团化，总有些排他性，在某种程度上阻滞全球化，但是地区化几乎都是开放性的，都是互动的，都要融入全球化，而不愿作茧自缚。全球化和区域化会并行不悖地迅猛发展下去，需要加以协调，以求得共同的健康发展。地区化的国际政治意义主要体现在安全的地区化及其影响方面。地区国家合作的主要原因是应对共同的不安全因素。包括来自地区内的威胁，可以是一个具有威胁性的国家或组织，也可以是一个能够引发动荡与冲突的事务，地区内各国或组织都将其视作各自安全、地区稳定与和平的决定性问题，因而处理这种地区的威胁处于这些国家或组织安全议程中的优先地位。安全的互动在本性上是自发的，即使国家间不存在任何互动关系，一个有威胁的国家、组织或事件也会影响到其他国家的安全，地区内也会有很强的安全联系与相互依存。也就是说，安全的地区化既是有意识的政策结果，也是一个由安全问题的本性与逻辑所决定的自动进程。地区安全互动的后果（代价或收益）更多的是在地区范畴之内，而非直接扩散到全球层面上去。地区内的安全相互依存关系，在地区社会间创造出了"安全外在性"。在地区安全的战略与制度方面，主要是由地区内的国家或者通过力量的相互牵制，或者凭借集体协调与合作来处理所面临的地区安全挑战。当然，在一个相互渗透和不断全球化的世界中，外部力量对地区安全事务的参与和影响是不能排除的，甚至是日益加强的，但安全地区化意味着它们不会成为地区安全与稳定的根本。同时，在地区社会中的中小国家在希望获得发展、安全和参与地区社会中的有关决策的需求方面有着诸多相似性。与超级大国的全球战略相比，中小国家更关心其周边或其所在区域的安全、发展。"在世界发展进程中，多数事态具有区域意义而不是全球意义。对于大多数人与国家来说，全球事务显得过于遥远与空泛，他们宁愿把注意力集中于直接关系到自身安全、稳定、发展、福利的周边区域，周边关系更能体现唇齿相依、生死与共的切身利益关系。"对广大发展中国家而言，地区化比全球化更为实际。① 中小国家实力的提升和现实国际关系中政治、经济等参与程度的相对滞后，必然造成这些中小国家对一定地区内大国所主导的秩序、规则的认同落差。这种落差往往使这些国家产生"挫折感"。与此同时，尽管中小国家的综合国力与其历史上相比较获得了较大发展，但贫富差距继续拉大。在整个世界，在收入和财富的分配上存在巨大的不平衡，而且随着全球信息流动的日益加快，对这种不平衡的认识也在逐步加深。世界上任何一个地方的人都可以将其与最富裕的发达社会相比较，而且他们迫切地要缩小收入和消费上巨大的差异。这些不平衡不解决，势必会带来越来越多的不满。这种"挫折感"和"压力"如果没有相应的缓解机制就会引起国际社会的不稳定。冷战后，随着全球性政治议题与危机的相对弱化，随着国家自主意识的释放，发展中国家的参与需要得到进一步的张扬。

其二，共有观念使得国家之间可以彼此信任，协商解决问题。20世纪末期以来，全球性的政治议题与危机相对弱化，地区冲突、地区灾难、地区经济的发展趋势日趋强化。世界各国从两极体制下解脱出来后，它

---

① 参见俞正梁《区域化、区域政治与区域治理》，《国际观察》2001年第6期；朱锋《关于区域主义与全球主义》，《现代国际关系》1997年第9期。

们被压抑的活力主要释放于所在区域,逐渐构成地区性的行动集结体,经济地区主义与安全地区主义空前发展,冷战时期的东西方意识形态对立与军事对抗,转向地区多边经济合作与安全合作。在世界发展进程中,多数事态具有区域意义而不是全球意义。对于大多数人与国家来说,全球事务显得过于遥远与空泛,他们宁愿把注意力集中于直接关系到自身安全、稳定、发展、福利的周边区域,周边关系更能体现唇齿相依、生死与共的切身利益关系。

其三,地区化所招致的国家利益的重新界定,推动了地区化的深入发展。大多数国家从以往的经历中认识到,在民族国家体系有限的发展余地内,国家自我利益和主权的单边认定通常会导致自取灭亡的结果。彼此相邻的国家过分追求自身的安全,实际上是在合力营造更为广泛的不安全氛围。[①] 致力于大欧洲建设的欧洲人已清楚地感到,为避免因极度坚守国家利益而导致的系列战争,只有把彼此的主权联系起来,对自身的能力要求加以限制,才能有效实现国家主权的根本目标,并获得安全的生存与发展空间。在地区的框架下,民族国家的经济被融入地区经济中,共同的民族经济政策使其得以保持密切的合作关系,主权的作用在合作中得到发挥。尽管国家的本质是私利的,但在彼此依赖、武力不再起主要作用的条件下,各国有可能通过合作的方式来解决利益冲突或者促进共同的利益。欧洲一体化过程也是欧洲联合机构的权限和范围不断扩大的过程。"煤钢联营共同体"既有重要的经济意义,也有巨大的政治意义。从"煤钢联营共同体""原子能共同体""欧洲防务集团""欧洲共同体"到"欧盟""欧洲防务联盟",这种机构的变迁是欧洲联合成就的明显标志。这些联合机构在维护民族国家的利益,协调、保证其共同发展方面发挥了日益重要的作用。1958—1970年,欧共同体成员国间的贸易额增长了6倍;1970年,其国民生产总值超过了苏联;1995年,欧盟的国民生产总值增长到7.5万亿美元,因此有人预言,联合的欧洲将会成为新的超级大国。[②] 当然,地区合作并不意味着各民族国家之间所存在

[①] 参见 Miles Kahler, *The Survival of the State in European International Relations*, in Charles S. Maicr, ed., *Changing Bounderies of the Political*, Cambridge University Press, 1987。

[②] 参见[美]K. 沃尔兹《国际政治理论》,胡少华、王红樱译,中国人民公安大学出版社1992年版。

矛盾已经终结。其政治生活中的敌对情绪和互相竞争不会因它们组成联盟而消失。互相竞争和权力平衡是欧洲民族国家政治生活中的正常现象。① 宪政民主制度下的内部团结，是通过为各种政治力量的相互竞争提供一个相对合理的框架来实现，这个框架确立了限制强国、保护弱国与推动共同利益发展等一系列原则。欧洲人构建欧盟的出发点在于为其成员国提供一个制度性框架，保护各民族国家的权力，促进共同利益的发展，而并未寄希望于消除欧盟属下各民族国家原有的矛盾。地区合作是自愿形成的，它不应也不能剥夺和损害各成员国的自由、尊严、利益和权力。对于作为其成员国的诸民族国家而言，加入合作共同体并非意味着要抛弃国家利益，而是要在确定国家利益时，可相对合理地考虑和处理本国利益与其他民族国家利益的关系，在形成国家利益时自觉地与他国进行对话，防止一个占有绝对优势的国家出现。

四　民族认同与地区认同

认同一词译自英文"identity"，是一个学科交叉术语。"identity"一词的词源是拉丁文"idem"，起初主要用于代数和逻辑学，曾一度属于哲学范畴，后为心理学所借用。心理学注重个体研究，往往集中关注个人认同，人类学、社会学、政治学则侧重于从群体层面出发，研究个体对群体、群体对群体的认同归属。弗洛伊德将儿童把父母或教师的某些品质吸收成为自己人格的一部分的行为称为认同作用，用以表述个人与他人、群体或模仿人物在感情上、心理上趋同的过程，是一种个体与他人有情感联系的最早的表现形式。随着心理学学科地位的不断提升，以及对认同研究的深入，认同的外延不断扩展，认同一词被广泛应用于人文和社会科学领域。20世纪50年代，随着身份认同问题的出现被广泛使用。② 它的生成意义在于构建有关"我们是谁""我们与他人差异"方面

---

① 参见 Lord Gladwyn, *World Order and State-Nation: A Regional Approach*, in Stanley Hoffmann, ed., *Conditions of World Order*, New York: Simon & Schuster, 1970。

② 参见 Philip Gleason, "Identifying Identity: A Semantic History", in *The Journal of American History*, Vol. 69, No. 4, March 1983。

的概念。

认同的需要根植于人性之中。可分为个人认同和集体认同。归属于一个身份群体的欲望是人类的天然需求。人是一种"政治动物",它不仅必须以共同体的形式存在,而且必须过有组织的生活。所以个体总会归属于某个群体。一切人类活动都要受到如下事实的制约,即人必须过社会性的生活。

民族认同是国家认同的基础,国家认同是国家利益的重要组成部分,从某种意义上说,是国家存在和延续的关键。实现从民族认同到国家认同的转变过程,也是民族的国家化过程。这一过程的完成,是主权国家的基本属性和必然要求。

民族认同的建构是一个持续、动态的进程,表达了民族成员强烈的归属感。民族政治认同诉诸法律和权力,统一不同的族裔,实现国家公民的普遍权益;民族文化认同借助历史与文化凝聚民众,抵御他者,捍卫民族身份的特殊性。两者互相借重,互相依存,一道推动民族共同体的发展。问题的焦点在于民族文化中的族裔内核。现代民族几乎都是多族裔的民族。一般而言,主导族裔的文化成为民族文化的主体,其他族裔的文化或被同化,或被兼并其中。因为多族裔的民族基本上是在主导族裔吞并或吸纳了其他少数族裔之后,在以它的政治影响划定民族边界,以它的文化赋予民族特性的基础上形成的。[①] 一旦族裔间的力量对比发生显著变化,新的文化诉求就会出现,直接威胁到民族认同的维系,"集体认同倾向于以扩张或收缩的方式来填补政治空间"[②]。

民族认同的出现改变了国内的主权认同。被界定和分割的民族拥有固有主权的自决权的理念,对于国际和国内的社会规范、规则和原则都已经具有了因果关系。民族认同最普遍的基石是语言、宗教、族裔。民族主义者通常利用这些特征作为划分不同民族的特性,并使之成为民族国家合法化的根源。[③] 民族主义的动力在于利用一套神化、记忆等符号,

---

① 参见 Anthony D. Smith, *National Identity*, London: Penguin, 1991, p.39。
② 参见 Donald L. Horowitz, "Ethnic Identity", in Nathan Glazeretal. eds., *Ethnicity: Theory and Experience*, Cambridge: Harvard University Press, 1975, p.137。
③ 参见 Ernst B. Hass, *Nationalism, Liberalism, and Progress: The Rise and Decline of Nationalism*, Thaca and London: Cornel University, 1997, pp.30–40。

在民族领土范围内将公民共同体团结起来,并将之融合在一种可以认同的文化共同体之中。

但是,民族认同并非经久不变。它在表现出高度的稳定性和连续性的同时,也在不断地演变。引起民族认同演变的有诸如战争、征服、流放、奴役和移民等多种原因。大体上看,这些原因可以分为两大类:一类是历史性的;另一类是社会性的。从历史性原因看,民族认同产生于特定的历史情境之中,因而不可避免地打上鲜明的历史烙印,其文化诉求随时代的交替而更变。从社会性原因看,同一时代社会结构的变化也会导致民族认同的演变。社会结构的变化主要取决于社会政治力量分布的改变,而国内和国际社会结构的重组都可以引发连锁反应,导致民族认同的演化和更变。民族认同流变本身并不一定是件坏事,但我们要区分流变的不同性质。对于民族来说,遗忘与记忆同样重要;有选择地记忆以及大量地遗忘直接关系到它的生存。不应拒绝那些能够为民族共同体注入新的活力、增进民族自信心的积极的演化,而要抵制那些打断民族的连续性,特别是那些以非法的政治权力强行扭曲民族意志,伤害民族情感,造成民族身份异化的蜕变。①

伴随着18世纪领土—专权国家的种种行为,现代意义上的国家主权认同开始出现。国家认同是国家利益建构的结果。国家认同的出现,改变了帝国主义的行为和社会目的。国家认同不仅动员了整个社会,而且转换了国家的经济结构。民族国家认同作为现代主权国家的基本属性先后为统治者界定国家利益的主要原则。在当代国际体系下,国家竞争实质上是争取认同的竞争。

民族国家认同,简单地说,就是指一个人确认自己属于哪一个国家以及这个国家的心理活动。观念形塑并影响着国家的利益与国家认同,观念的变化意味着国家利益的变动,观念的变化意味着认同的改变。如果说国家制度是现代国家构建所必需的"硬件",那么国家认同就是"软件"。国家认同是一种重要的国民意识,是维系一国存在和发展的重要纽带。国家认同是现代国家的合法性基础,为国家这一共同体维系自身的统一性、独特性和连续性提供保障。国家认同是民

---

① 参见 Anthony D. Smith, *National Identitl*, London: Penguin, 1991, p.25.

族国家通过政治与文化的动员来建构共同意义的过程。在所有形式的集体认同中，它最具根本性和包容性。国家认同不仅确立了民族国家的身份，而且还使它获得巨大的凝聚力和复原力，对其统一与稳定起着至关重要的作用。

民族—国家认同的危机孕育于国家构建的进程之中，通信等被用来融合或同化其公民的工具，"反过来成为反对民族国家的工具"，其合法性因此受到质疑。① 民族国家为应对挑战，一方面，通过强化国家力量，树立民族主义意识增强人民的凝聚力；另一方面，可以通过地区化、国际化的方式与其他国家一起解决普遍关心的问题，以缓解国内压力和地域来自国际层面的挑战，地区认同随之形成。

从国家认同到地区认同过程是地区建构的过程。多边主义承诺、安全合作与地区特有的成员资格标准，是地区认同的主要标示。国家认同是国家利益的结构结果，地区认同也同样可以通过国家利益进行构建。国家共有观念的形成既是历史的产物，也是现代国家国际化及其互动的产物。

地区化的形成基于地区认同的建构，是现代国家促进国家利益的手段。地区认同的形成要求地区人民改变传统的认同方式，在认同层次中纳入地区这一对象。应该承认，地区认同的出现，地区化的产生和发展已无言诉说了民族国家的"无奈"，但"无奈"并非等于或意味着"终结"。从欧洲一体化的实际程度看，各成员国政府调节本国经济的职能已意味着"终结"。从欧洲一体化的实际程度看，各成员国政府调节本国经济的职能已经有限，而"经货联盟"意味着它们需将整个经济决策的权力让渡出来。面对经济一体化的深层次发展和冷战后期欧洲局势的变化，形成一种能够进行政治与安全决策的政治一体化应该是顺理成章、势在必行的事情；即便如此，完成这一过程也尚需时日。从目前情况看，民族国家不可能迅速走向"终结"，至少在国家主权的让渡问题上的"讨价还价"还要持续一段时间。同时，从欧盟机构到各成员国政府、非政府组织和个人，都不能马上接受新的欧洲认同，不能处理好这一新认同与

---

① 参见［英］安东尼·D.史密斯《全球化时代的民族与民族主义》，龚维斌、良警宇译，中央编译出版社2002年版，第29页。

原有国家认同间的关系，因为认同作为一种观念具有相对稳定的性质，不可能在短期内完成变化。换言之，民族国家退出历史舞台并非指日可待。

当今世界诸多民族国家所开展的地区合作实践活动，向西方民族主义传统理论提出了挑战。欧洲和东盟整合的事实说明，国家并非族际政治的唯一舞台，主权政治单位、族际政治实体具有多样化的特征，欧洲国家的进一步统合具有相当大的国际空间。欧盟的成就表明了，民族国家的存在形式在与民族利益的真正实现发生冲突时，前者必须让位于后者，将民族国家作为至高无上的价值观来追求并不能真正维护本民族的生存与发展。历史已经证明，欧洲一体化是一种成功的模式，它使投身其中的民族国家之间养成了互相妥协的习惯，逐步确立了一种内在的、极为复杂的、独特的、高层次的国际关系体制与人们共同体形态，并将其整体利益与局部利益融为一体。这些历史性飞跃对当代世界的重大意义和深远影响，并非我们今天完全可以估量得到的。

五　处理当代世界岛屿争端的途径

在当代世界范围内的民族冲突中，岛屿争端引发的冲突已成为焦点之一。与民族国家内部通常意义上的少数民族相比，在争端发生地区具有跨疆界属性的地区民族背离所属国的可能性似乎更大。由于各民族之间差距的存在，他们易于把边界另一边的族人当作精神和特质的后盾，并随时准备用此"天性"为自己谋求利益，并向世人昭示本族与众不同的优势和力量。他们也有可能会以被分裂民族的身份出现，以民族统一、建立自己的国家为鹜。

冷战后霸权主义在其扩张欲望的驱动下，不断地扩展自己的安全空间。随着空间技术的发展，某些大国已把国家安全的空间边界延伸到外层空间，企图单方面谋取外空军事和战略优势。合作安全成为维护国际安全的有效途径，各国需要通过加强各领域合作扩大共同利益，提高应对威胁和挑战的能力与效率。和平只能建立在相互的、共赢的安全利益之上，共同安全是维护国际安全的最终目标。过去，中国最担心的是自身安全受到威胁；现在，周边国家及世界主要大国对中国崛起是否会带来威胁充满疑虑。正是这种内外互动促使我国提出了以互信、互利、平等、协作为核心的新型安全观，通过上海合作组织付诸实践，并将之延伸到中国—东盟自由贸易区的构建之中。

新安全观的核心是互信、互利、平等、协作。互信是指超越意识形态和社会制度异同，摒弃冷战思维和强权政治心态，互不猜疑、互不敌视，各国应经常就各自安全防务政策以及重大行动展开对话与相互通报；互利是指顺应全球化时代社会发展的客观要求，互相尊重对方的安全利益，在实现自身安全利益的同时，为对方安全创造条件，实现共同安全；平等是指国家无论大小强弱，都是国际社会的一员，应相应尊重，平等相待，不干涉别国内政，推动国际关系的民主化。协作，是指以和平谈判的方式解决争端，并就共同关心的安全问题进行广泛深入的合作，消除隐患，防止战争和冲突的发生。

新安全观的实践是民族国家地区化的具体表现，它既是民族国家建构国家利益的结果，也是其投身地区建构的战略目标。从民族学的角度看，地区民族和民族国家需从各自的角度出发，完成认同对象的转换。

首先，地区民族需将认同层次中纳入民族国家（居住地所属国家）作为认同对象。民族认同虽然具有形成后的惯性和稳定性，但不是一成不变的，可根据环境和条件的变化而不断自我调整。民族认同是集体认同的基本对象，但不是终极指向。随着经济的发展，民族难以完全满足其成员的多元化的诉求。以国家认同取代民族认同，意味着认同的层次多元化的出现。这是多层次、多维度的族际关系与国家关系发展的必然要求。民族主义可以利用民族利益、民族安危等词句去动员人民服从国家利益。

其次，民族—国家需将认同层次中纳入地区作为认同对象。在全球化背景下，国家利益与利益观念的变化与扩展，可使地区认同的出现成为可能。国家认同是以传统文化符号为工具，通过国家的组织和制度化建立起来，可通过国家政策加以引导和塑造。地区化的形成过程也是地区认同的形成过程。民族国家之间共有观念的形成，既是历史的产物，也是民族国家化及其互动的结果。换言之,地区化是全球化时代民族国家促进国家利益的手段,地区认同也是民族国家利益的建构结果,在国际互动过程中形成的共同利益观念建构着地区认同。

最后,地区民族和民族—国家实现认同层次内容的更新,需对可行性的途径做出理性的思考。认同层次内容的更新、转变是理性化活动。在这一过程中,"通过给予人民一套符号,使狭小和局部的认同归属于一个更大的认同"①。而地位与文化是这种集体认同构建的基本因素。对致力于地区建构的地区民族与民族国家而言,可通过以下途径来实践上述原则:

一是兼顾和协调个人利益、民族利益与国家利益。地区认同的形成要求地区民族集团、民族国家改变传统的认同方式,在认同层次中纳入国家和地区观念,并视为新型的认同对象,支持国、本地区的地区化政策,挑战曾作为最高认同对象的"民族"和"国家"。从本质上说,地区民族和民族国家实现民族认同向国家认同、国家认同向地区认同的转变过程,是民族集团、主权国家政府协调个人、民族和国家利益的过程。集团越大,个体获得集体收益的份额就越小;任何个体或集团子集从集体物中获得的收益很可能不足以抵消其为此所支出的成本,而获得集体物所要跨越的障碍却要增多。当这些利益抵触时,民族集团、主权国家政府应当遵循的原则是:尽可能兼顾和协调三类利益。在确实难以充分兼顾和协调的场合,其应有的轻重缓急次序当依据具体情况而非抽象原则来确定。同时,应较多地关注人类共同体利益或全球安全,它们尚无足够有力和独立的权威代表,需予以格外的关照。在这一过程中,民族—国家必须不断完善自己,使自己有能力采取向非主体民族倾斜的政策,并为各族共同利益的发展主动做出必要的利益让步,使民族国家获得生存的基本条件。

二是民族—国家和地区政策需关注改善不同群体间的不平等地位,以及不公平和不合理的社会现象,建立能够容纳不同民族利益观念的文化体系。包括营造适应现代化的政治、经济和文化氛围,提高社会"弱

---

① Ernst B. Hass, *Nationalism, Liberalism, and Progress* (Vol. 1): *The Rise and Decline of Nationalism*, Cornell University Press, 1997, p. 30.

势群体"和"边缘人群"的收入，实行法律面前人人平等，尊重和承认少数民族使用本族语言的权利和合法性等措施，使少数人群体客观认识和解决自身发展的困难，正确对待现存的国际政治经济秩序等。以此增加有关群体改善社会地位的机会，消除不同地位集团之间的壁垒。同时，通过保存和发展族裔框架下的体现血缘意义的本土文化，构建公民框架下体现共享的法律意义的公共文化，将民众的族裔共同体与地域政治共同体相融合，在民族—国家领土范围内将公民共同体相联合，并使之融入为各族成员所认同的文化共同体中，地区化的理想和结构，民族认同、民族国家认同与地区认同的统一因此得到巩固和强化。

（刘泓）

结　语

　　民族是历史的产物，是以差异为基础的人类共同体。在人类历史上，民族经历了从血缘氏族、部落、部落联盟到民族的发展过程，并与国家交互影响，其命运和面貌随之不断改变。从成员成分看，民族是由众多被动员起来的个人组成的可分群体，民族成员具有共同的群体符号及其由此而产生的差异性和独特情感，它们共同建构起民族的基础，并以此作为保护其成员利益的前提。现代民族与主权国家一脉相承。资本主义的出现与发展是现代民族形成的基本条件。从国内层面上说，民族主要表现形态为政治民族（一种"想象的共同体"，"同时也享有主权"）和文化民族；从国际层面上说，其表现形态主要为地区民族和世界民族。

　　现代民族—国家是一种以主权和领土为基础的组织，依靠法律和暴力工具对业已划定疆界的领土范围加以控制和维护。它以边境线的方式确定了国家的领土范围，同时也确定了属于相关领土范围内的人民。对于现代民族国家而言，领土意味着公民身份，公民身份决定了管理机构的性质。现代民族国家层面的民族，是指享有该国公民身份的所有居民。对于绝大多数国家来说，人民都是由多民族构成的。但是由于历史的原因，在确定国家边界的过程中，也普遍存在某些历史上属于同一民族的群体分属于不同国家的现象。

　　所谓"争端"是指国际或族际行为主体为了追求和维护各自所确认的利益、价值和目标而发生的有目的的摩擦、对抗与争斗。它与国际竞争及国际合作的最显著区别在于其所有的直接对抗性和结果的零和性，即冲突意味着利益、价值和目标的直接对立和交锋，一方之所得，乃另一方之所失。在无政府国际社会中，主权国家制定的每一项对外政策和发展战略，都可能面临国家利益的损失，国家权威受到损害。

所谓"民族问题"通常是指民族从形成、发展直到消亡之前的各个历史阶段，不同民族间在社会生活的各个领域发生的各种矛盾。"民族问题"可视为一种社会政治问题，属于一定的历史范畴。它随着人们形成不同的民族而发生，也将随着民族差别的消失而消失。冷战格局终结以来，各种国际冲突此起彼伏，民族问题充当了其中的媒介，民族主义的冲动几乎成为一切冲突的本源。这种状况的出现是20世纪历史发展的必然结果。民族主义在这一时期不但完成了自身功能的演变，而且通过对资本主义国家、民族主义国家和社会主义国家三类不同意识形态国家的依次冲击，重构了历史，使民族主义最终成为国际交往的一个核心因素。在近现代世界历史上，民族问题大都与战争、冲突相伴相随，地区民族问题可以为国际暴力冲突提供巨大的军事资源。民族问题蕴含的巨大军事资源，使得现代民族国家在进行大众动员的战争准备时，都加强宣传民族主义。欧洲各国在世界大战前夕都弥漫着强烈的民族主义情绪。维护领土安全的军事行动，为民族主义的生长提供了肥沃的土壤。民族主义的出现，往往是国际暴力冲突的征兆，也是国际暴力冲突的鲜明特色。现代战争充分展示了民族主义情感的力量，并为进行新一轮的民族主义宣传提供了有效的素材。

所谓"地区"是一个广泛使用但又没有得到清晰且准确界定的概念。在国际政治的层面上，它一般是指一群相邻的国家所组成的地理与政治的空间，往往被用来认定国际事务发生的场所。地区存在的意义，或者说我们将它作为一个分析国际事务的视角的意义，要超越它的这种给定的、自然的性质，在于它的社会性，在于有某些力量将地区内的国家连接在一起，并使它们具有特殊的互动关系，同时使地区在与外部世界的互动中体现出它自身的价值。

如何界定"地区民族"？学界对此尚未达成共识。事实上，使用该概念的著述并不多见。本书所谓的"地区民族"是指跨越国家疆界而居住的民族，通常由"历史民族"经历了若干质的变化后，发展、分化而形成。这类族类群体既包括跨界民族，居住在岛屿争端发生地区的民族，也包括居住在残存殖民地的民族。"地区民族"是在人类社会文明进程中，人们共同体的民族过程与人类社会的国家过程普遍发生的一种叠合现象。从政治人类学角度看,"地区民族"基本限定于那些因传统聚居地被现代政治疆界分割而居于毗邻国家领土、领海岛屿的民族。其基本特征有两点:一是原生形态民族本身为政治疆界所分隔;二是该民族的传统聚居地为政治疆界所分割。作为一种特殊的人们共同体,"地区民族"的自治或独立诉求通常直指领土主权等国家的重要物质基础。与多民族国家的其他民族共同体相比,地区民族在现实政治和经济生活中具有包括本国其他民族群体和边界另一边的同胞在内的更多的参照物,进而具有更多的精神依托和物质后盾。他们易于把边界另一边的族人当作精神和特质的后盾,并随时准备用此"天性"为自己谋求利益,并向世人昭示本族与众不同的优势和力量。他们也有可能以被分裂民族的身份出现,以民族统一、建立自己的国家为目标。地区民族的这种特性集中表现在地区民族与领土主权的密切关系中。作为一种民族共同体,地区民族的群体认同的情感总是排他性的。在许多民族文化中,用来指共同体成员的词汇与用来指人的词汇完全相同,而共同体以外的人被当作连人的基本尊严都没有的物种,甚至与"野蛮人"具有相同的语言学含义。地区民族主义的这种精神一旦在地区化为现实,就是一种排他性的独自发展本族利益的要求,从而使得地区舞台上,各国之间的利益争夺,尤其是涉及领土、边界等争端,往往会成为两相冲突的权利要求和"零和游戏"竞争,甚至演化为国际暴力冲突。实际上,地区民族主义的情绪和要求激化了每一处具体的矛盾,已成为当今国际暴力冲突的媒介。冷战结束后,地区民族在世界民族主义浪潮中所产生的影响让世人不能不对这一人们共同体给予关注。

"地区性民族问题"可以理解为地域范围涉及两个或两个以上主权国家的民族问题。它的形成大都与国家疆域争议相伴随,是近代列强划分势力范围的结果。众多民族因被人为强行划分到不同的国家而形成了日后以领土为核心的争端。地区性民族问题的存在与发展,不仅关系到主权国家的国防建设、国家和平与安全,而且始终对相关诸国所在地区的发展与稳定具有极其深刻而重要的影响。一方面,不同民族之间多年来的相互仇视和武装械斗,给冲突各方都造成了大量的人员伤亡。另一方面,为了战争,双方都不得不投入大量的资金和物力,即使某一方在交战中取得了暂时的胜利,但因战争而造成的损失却永远无法挽回,况且这种以武力取得的安宁不可能永远维持下去，一旦某些条件发生变化，战火便会重新燃烧。地区性民族问题是地区民族在现实社会生活和政治活动中围绕利益要求、权利规定和政治表达时，由于与外界发生了矛盾和冲突的国际社会现象，它是地缘政治权力结构和利益资源分配状态的直接或间接的体现，是原来同一民族及其聚居地被国家政治分割的外在动力、民族传统文化的感召力和民族自身的驱动等内在动力交互作用的结果。从内外因素的结合上看，"现代泛民族主义"思潮诱发下的大民族主义思想是地区民族问题的症结。

族际冲突是绵延已久的国际社会现象，不同的历史时期，族际冲突的起因也不同。冷战结束后，国际社会既保留了传统的冲突因素，又添加了由信息浪潮所带来的新冲突因子，众多被掩饰的冲突因素全部释放出来，使国际冲突的形式更加错综复杂。在众多的冲突因素中，强调权益观念的现实主义的思想，强权政治已成为当今贯穿国际关系的主要脉络。当代世界岛屿争端与殖民主义统治与种族主义暴行紧密相连，西方殖民主义者对欧洲以外地区的人为分割，是今天国家边界争端和纠纷的历史根源和种族冲突的祸根。战后岛屿争端问题，必须客观地放在新殖民主义的构造下来理解。在这样一个构造下，地区民族认同对象不是彼此，而是大国。由于彼此之间欠缺一种相互理解与共同体的意识，岛屿争端发生地区的国家与人民之间的关系更像是维持着一种竞争、对抗的关系，支配的关系；甚至彼此威胁对方、相互敌视、想要侵略或企图并吞对方。在大国强权之下，冲突地区内部仍然缺乏一套属于自己的坐标、自己的认知框架来掌握自己所面临的问题、来决定自己要走的路。在大国霸权秩序的大伞之下，冲突地区国家之间、地区民族之间，以及其与美国等大国之间都还存在着极为错综复杂的利益关系，在很多问题上要看大国的脸色行事、相互掣肘，缺乏互信的基础与氛围来解决自己或外围的事务。随着殖民体系的瓦解，殖民统治已基本消失。但是发达国家对发展中国家的政治干涉从来没有停止过，其主要表现不仅体现为对岛屿争端等地区性民族问题的染指，也体现于价值观念的输出以及代理人的培养。如果天真地认为在全球化的政治体制中，发达资本主义国家仅仅是在灌输所谓"民主、自由、平等"的价值观，而忽略了发展中国家面临的国家、民族利益的威胁和挑战，就不能理解发达国家在全球化政治体制中的强权以及根深蒂固的殖民掠夺特性。

民族利益是影响民族关系的重要因素,地区民族利益与领土和边界问题息息相关,乃是岛屿争端发生地区相关各国关系的焦点和诱发边界军事冲突或局部战争的一个隐患,也是我们考察地区民族与岛屿争端相互关系的一个重要视角。领土是民族国家组成的最基本要素之一,是民族国家主权不可侵犯的象征。发生在当今世界的诸多国家、地区间的矛盾和冲突,无不与领土主权有着直接或间接的关系,而因主权国家间岛屿争端造成的冲突成为战后局部战争的主要类型之一。在和平与发展的主流下,因霸权主义、强权政治和民族分裂主义等实践所导致的局部战争,会将地区性民族问题推向一个新阶段,从而给民族—国家的疆界安全领土主权与地区安全带来威胁。在世界人口不断增加、生存空间相对减少的现今及未来,由于领土主权所引发的矛盾和冲突会越来越多,越来越复杂。如何妥善地解决这些问题,可以说是一个世界性的难题。在复杂的国际环境中,每个国家都会根据自己的国家战略来调适心理和行为,领土争端解决意愿作为国家心理的一部分也不例外。对经济利益和国际地位的关注是战后在多数民族—国家中持续呈现的战略取向。在无政府状态的国际社会中,国家为了保护自己的生存权、领土主权和军事安全总是要追求权力。这些因素使民族国家深切地关注其在国际体系中的权力地位和相对于他国的优势。但是,过分追求国家地位的想法思维往往使某些国家或在某些时候不能准确地定位。高估本国的现有地位或对未来的国际地位存在过高的预期,民族—国家战略取向的偏误往往会导致在处理与别国的领土争端行为的强硬和激烈。当对大国地位的追求成为不容挑战的意识形态时,民族—国家就会对它认为妨碍其获取更高国际地位的国家实行强硬的敌对或进攻性政策,在领土争端问题上则容易引起外交或武装冲突甚至战争。

地区安全是关系地区民族和国家生存与发展的重大战略问题。安全合作是国家在面临"安全困境"情况下的一系列行为,它能缓解国家间的安全困境,促进各国共同利益的实现。在地区民族族际政治生活中,国家不可能取得永久、绝对的安全,因为其所归属的国家只能期望适当的"安全程度"。地区民族安全空间的变动取决于所在国家安全观的性质和国家经济、科技实力与对外政策。只要其他国家或对手继续存在,任何国家都不会有绝对的安全。相对的安全观使每一个国家都认为,他国的强大与自己的虚弱成反比关系,只有将本国变得比对手更强大,才能获得安全感。如何维护族际安全秩序,人们对此并没有达成共识。比较一致的意见是,片面强调以军事实力追逐国家安全,当一国发展军备,只会造成整个国际政治环境的更不安全。对现实主义理论家来说,族际关系的本质是族际间争夺权势的斗争。然而多数现实主义者明白,过度或无限制的族际权益斗争,将损毁民族和国家及其利益本身,损毁它们在其中独立生存的主权国家国际体系。在这个意义上,地区民族根本利益即地区安全的实现,不仅取决于民族自助,也取决于国家安全。地区民族问题可唤起地区危机环境及其蜕变。在和平环境中,地区民族主义通常以一种分散的方式被体验和表达。但是,在某种危机环境里,它可以被强烈唤起,并为解决危机提供有效的出路。因为在危机情况下,存在着多种社会紧张,而原本起社会维系作用的传统惯例(如道德、习俗、组织制度等)都不再发生作用。当人类本体的安全需要随之被惯例的破裂或普遍的焦虑化置于一种危险的境地时,民族象征所提供的公有性就为本体的安全感提供了一种支撑手段。现实主义理论家认为,人类固有的控制他人的心灵和行动的强权欲在国内社会常常受挫,但社会在同时又鼓励个人把受挫的强权欲投射到国际舞台,在那里认同于国家的强权追逐,从中取得替代性的满足,这是民族世界主义的根源。社会稳定性越大,社会成员的安全感越大,集体情感通过侵略性民族主义得以发泄的可能性越小,反之亦然。安全合作是国家在面临"安全困境"情况下的一系列行为,它能缓解国家间的安全困境,促进各国共同利益的实现。当代国际社会处于由"无序"向"有序"进化的无政府状态中,各国由于处境和利益的不同,形成了不同的安全观,并在此基础上采取不同的安全模式来追求安全。探讨地区民族与地区安全相互依赖、相互促进、相互制约的有机联系和特殊规律,从历史与现实、理论与实践的结合上得出有益启示,对指导当前和未来民族国家安全与国防经济发展,实现在宏观运筹和战略指导上的创新和突破将会有所助益。

地区性民族问题与地缘政治形式、地缘政治关系、地缘政治区域和地缘政治内容密切相关。地缘政治是一种极其复杂的人类政治现象,是世界政治的重要组成部分,在国际关系运行中扮演着独特角色。地缘政在地区化进程中从各自的角度出发，完成认同对象的转换，已经成为地区国家和平解决地区性民族问题，进而实现地区安全的基石。

伴随着冷战后地缘政治和地缘经济的再度活跃，与国家主权和民族结构紧密相连的地区性民族问题，在当代国际政治中已成为一种形态敏感多样、影响日益凸显的现象。地区民族作为客观存在已是不争的事实，在相当长的时间里，地区民族作为族际实体不会消失。大量的历史与现实告诉人们，在国际政治舞台上，岛屿争端等地区性民族问题已经成为局部战争的敏感区，而由此引发的地区矛盾和冲突也难以根除。如何理性地认识和处理地区性民族问题，将是相关国家和地区需要特别关注的一个话题。

（刘泓）

附　录

当代世界残存殖民地概观：
以大洋洲为个案

位于太平洋西南部和南部的赤道南北广大海域中的大洋洲，包括东部的波利尼西亚、中部的密克罗尼西亚和西部的美拉尼西亚这三大岛群，还包括澳大利亚、新西兰和新几内亚岛（伊里安岛）。

大洋洲土著均源于东南亚。16 世纪，西班牙、葡萄牙在大洋洲称霸。18 世纪中叶，荷兰、英国、俄国、法国、德国、美国、日本等国先后在此地区争夺。自英国航海家詹姆斯·库克对澳大利亚东部考察并导致英国于 1788 年在澳大利亚建立殖民地之后，整个大洋洲逐渐成为各殖民列强的殖民地。澳大利亚和新西兰分别于 1901 年和 1907 年取得独立之后，20 世纪 60 年代至 90 年代又有一些国家独立。大洋洲至今有 14 个独立国家：澳大利亚、新西兰、萨摩亚、瑙鲁、汤加、斐济、巴布亚新几内亚、所罗门群岛、图瓦卢、基里巴斯、马绍尔群岛、瓦努阿图、密克罗尼西亚联邦、帕劳。此外，大洋洲还有十余个海外属地和其他特殊政区。其中，库克群岛和纽埃已实行内部自治。

1888 年，库克群岛（The Cook Islands）沦为英国保护地；1901 年 6 月，成为新西兰属地；1964 年，在联合国监督下举行全民公决，通过宪法；1965 年 8 月 4 日，宪法生效，实行内部完全自治，享有完全的立法权和行政权，同新西兰自由联系，防务和外交由新西兰负责。岛民既是英国臣民又是新西兰公民。

纽埃（Niue）于 1900 年，成为英国"保护地"；1901 年，作为库克群岛的一部分归属新西兰；1904 年，单独设立行政机构；1974 年 10 月

19日，实行内部自治，同新西兰保持自由联系。纽埃政府享有完全的行政和立法权力，防务和外交事务由新西兰提供协助。新西兰政府在纽埃派驻一名高级专员。纽埃人同时享有纽埃和新西兰双重公民身份。大洋洲还有一些地区至今仍属于殖民地。[①]

按照较为权威的定义，殖民地是指由宗主国统治，没有政治、经济、军事和外交方面的独立权利，完全受宗主国控制的地区。广义的殖民地还包括虽然拥有行政机关、军队等国家机器，但经济、军事、外交等一方面或多方面被别国控制的半殖民地国家和保护国，还有委任统治地、托管地，以及殖民主义国家在这些地区设置的"海外领地""附属地""海外省"等。

到目前为止，全球已经有80多个非自治领土摆脱了殖民统治。在联合国非殖民化委员会近年公布的"非自治领土"名单中，包括17个地区，而大洋洲则有美属萨摩亚（美）、关岛（美）、皮特凯恩岛（英）、托克劳群岛（新西兰）、新喀里多尼亚（法）。[②] 换言之，这5个地区属于殖民地或广义殖民地。

美属萨摩亚[③]

美属萨摩亚（American Samoa），又称"东萨摩亚"（Eastern Samoa），

[①] 参见《最新世界地图集》，中国地图出版社1992年版，第73—80页；《简明不列颠百科全书》（中文版）第2卷，中国大百科全书出版社1985年版，第411页；以及"新华网"的"大洋洲概况"及相关页面（http://news.xinhuanet.com/ziliao/2002-07/04/content_469924.htm），等等。

[②] 参见"维基百科"网站所载"殖民地"词条及其下"联合国非殖民化委员会公布的'非自治领土'名单"，载于http://zh.wikipedia.org/wiki/%E6%AE%96%E6%B0%91%E5%9C%B0 以及"百度百科"下的"非自治领土"词条（http://baike.baidu.com/view/895446.htm）。

[③] "美属萨摩亚"一节除了最后一段之外，主要根据《世界地图册》，中国地图出版社2005年版，第259页；以及雅虎财经频道网站之"雅虎财经各国资料：美属萨摩亚"（http://cn.biz.yahoo.com/050405/16/8ygv.html）；湖北科技合作网之"东萨摩亚"（http://www.hbistc.gov.cn/info.jsp?id=3999）；"维库"网站之"美属萨摩亚"（http://www.wikilib.com/wiki/%E7%BE%8E%E5%B1%AC%E8%96%A9%E6%91%A9%E4%BA%9E）等词条综合而成。

位于中太平洋南部国际日期变更线东侧,属波利尼西亚群岛。面积197平方公里,包括萨摩亚群岛的土土伊拉、奥努乌、罗斯岛,马努阿群岛的塔乌、奥洛塞加、奥福岛及斯温斯岛。人口67084人(2001年),多属波利尼西亚人种,其中萨摩亚人、美国人和其他岛国人约1.7万人,还有少量韩国人和华人。首府帕果帕果。

该地在公元前1000年已有人居住。1722年,荷兰人抵此。19世纪中叶,德国、美国、英国相继侵入萨摩亚群岛。从1889年起,该地由美国、英国和德国共管。1899年,英国将西萨摩亚转让给德国,后来,西萨摩亚被新西兰占领和托管并于1962年独立。东萨摩亚则成为美国殖民地至今。1922年,东萨摩亚成为美国的非建制领土。1951年以前是美国海军基地,由美国海军部管辖。1951年7月,划归美国内政部岛屿事务办公室管辖。

美属萨摩亚设有参众两院。参院有18个席位,参议员采用从选区酋长中推选的传统方法产生,任期2年;众议院有21个席位,其中20席由选举产生,另1席为斯温斯岛代表,任期2年。该群岛在美国国会无代表权,当地人民选举出地方代表常驻美国国会,只在众院各委员会参加表决。总督为最高行政管。有高级法院和地方法院。大法官由美国内政部任命。

关 岛[①]

关岛(Guam)位于北纬13°26′、东经144°43′,在太平洋的马尼拉海湾和珍珠港之间,东距夏威夷5300公里,北距日本2500公里,西距我国台湾2500公里,处于西太平洋的心脏位置。关岛是西太平洋马利亚纳群岛中的最大岛,面积549平方公里。人口15.8万,其中,查莫罗人(西班牙人、密克罗尼西亚人和菲律宾人的混血后裔)约占37%、菲律宾人

---

① "关岛"一节主要根据前述《世界地图册》,中国地图出版社2005年版,第256—257页;以及"大唐资料库"中"关岛"词条(http://info.datang.net/G/G0959.HTM),雅虎财经频道网站之"雅虎财经各国资料:关岛"(http://cn.biz.yahoo.com/050405/16/8ygy.html)转自外交部网站的资料综合而成。

约占 26%、美国移民 10%，其余为密克罗尼西亚人、关岛土著人和亚裔。关岛不仅是美国西太平洋海空交通和通信枢纽，也是美军在西太平洋最重要的一个战略前沿基地。美军军事基地和其他军事设施占地 130 多平方公里，是关岛总面积的 1/4。美军官兵及其家属也占了关岛约 16 万总人口的 1/4。美军在关岛共有 3 个主要基地——安德森空军基地、阿普拉海军基地和阿加尼亚海军航空站。

1521 年，麦哲伦在环球旅行时抵达关岛。1565 年，关岛被西班牙人占领。1688 年成为欧洲移民岛屿，欧洲人在此大肆迫害当地土著（密克罗尼西亚人），使土著人口从 1521 年的 10 万多人锐减至 1741 年的 5000 多人。1898 年美西战争后被割让给美国。1941 年被日本占领，1944 年被美军夺回后成为主要海空军基地，归美海军部管辖。

1950 年，美国通过《关岛组织法》，宣布关岛为其"未合并领土"，赋予关岛地方政府自治权力，归美国内政部管辖。1973 年属美国内务部领地事务局管辖。实行自治，由总督和普选产生的 21 人组成的一院制立法议会管理。1970 年产生了第一任民选总督。按照美国 1972 年一项法律的规定，关岛可向美国众议院选派一名代表（任期 2 年），该代表在众议院下属委员会有投票权，但在众议院无投票权。从 1998 年 11 月起，议会由 21 人缩减至 15 人。法院法官由美国总统任命，任期 8 年。

关岛居民有美国公民权，但不能在全美选举中投票。1976 年的一项公民投票支持关岛维持与美国密切联系的关系。近年来，关岛一直在与美国政府就关岛获得美国联邦领土地位问题进行谈判，并要求美国军方将军事用地归还民用。1994 年，美军将 3200 英亩土地归还民用，1995 年又将位于中央位置的布里菲尔德空军基地交还民用。

托克劳

托克劳（Tokelau）位于中太平洋东南部，南距萨摩亚 480 公里，西为图瓦卢，东面和北面为基里巴斯。面积 12.2 平方公里，由努库诺努、法考福、阿塔富 3 个珊瑚环礁组成。无正式首府。人口约 2000 人，主要为波利尼西亚人，还有少数欧洲人后裔。当地面临人口危机，人数每年递减4.9%，约40%的人口为十四岁及以下儿童。

托克劳岛很早以前就居住着波利尼西亚人，与萨摩亚人关系密切。1877年成为英国保护地。1916年该群岛（当时称联合群岛）被并入英国的吉尔伯特、艾利斯群岛殖民地。1926年英国将该地区行政权移交新西兰。1946年定名为托克劳群岛（Tokelau Islands）。1948年该群岛主权移交新西兰并划入新西兰版图，1962年至1971年新西兰派驻西萨摩亚的高级专员一直兼任托克劳的行政长官。1976年改称托克劳。托克劳人既是英国臣民又是新西兰公民，具有英、新双重国籍。

行政长官由新西兰外交和贸易部长任命，具体事务由设在西萨摩亚首都的托克劳事务办公室代为负责处理。自1944年起，实际行政权已交予费普尔（Faipule，各岛最高行政长官）委员会，元首乌卢（Ulu）由三岛的费普尔轮流出任，任期一年。托克劳无首府，三岛各自设有行政中心，由费普尔、村镇长和岛长老会处理日常行政事务。设有45个议席的托克劳代表大会（General Fono）则是立法机关。

托克劳的立法和司法体系基于1986年的《托克劳法》及其修正案，该法规定英国法律在托克劳继续有效，在没有其他立法适用的情况下，可采用1840年的英格兰和威尔士法。特延新西兰成文法也适用于托克劳。1986年的立法将高级法院民事和刑事管辖转交新西兰，许多案件由各岛的司法专员审理。

库克群岛（Cook Islands）和纽埃（Niue）脱离新西兰之后，托克劳变成新西兰最后一块属地。①

2006年2月11日，托克劳群岛开始就自治与托管国新西兰维持"自由联合"进行了为期5天的全民公投，以决定其是否摆脱新西兰长达80年的托管。这次在联合国监督下举行的公投受到高度赞扬，被称为"专业、公开和透明的全民投票"。② 由于有约1.4万托克劳人居住在新西兰或澳大利亚，他们没有资格参与公投，所以，托克劳三岛只有600多名登

---

① "托克劳"一节至以上内容，主要根据前述《世界地图册》第257页；以及广州市花都区人民政府网站"世界各国资料"栏目下"托可劳"词条（http：//www.huadu.gov.cn：8080/was40/detail？record=202&channelid=22924）等综合而成。

② 参见联合国大会文件A/61/415号，第26页（http：//daccessdds.un.org/doc/UNDOC/GEN/N06/548/81/PDF/N0654881.pdf？OpenElement）。

记选民有资格参加此次公投。如果 2/3 的选民投票支持，那么，该地区将成为主权国家。然而，公投结果显示，只有 349 人投了赞成票，232 人投了反对票，未达到预期的 66% 支持率。

另外，经济上较差自主性的欠缺也是导致此次公投未能取得突破的重要原因。新西兰每年捐助托克劳 350 万英镑，占其年度预算的八成。新西兰还承诺，将通过"自由联合协定"，继续对托克劳提供支持。另外，新西兰已成立一个约 970 万英镑的信托基金，让托克劳岛民得以取得其他国家与国际组织的援助，岛民也仍保有新西兰公民的权利。

此次公投结果公布后，托克劳最高政治领袖特因亚在主岛法考福表示，该群岛将在未来 3 年内组织第二次全民公投。他相信，到时候结果一定会"真正体现托克劳人民的意愿"[①]。

皮特凯恩群岛[②]

皮特凯恩群岛（Pitcairn Islands）位于新西兰和巴拿马之间的东南太平洋上，西北离法属波利尼西亚首府塔希提 2172 公里，属波利尼西亚群岛。该群岛包括皮特凯恩岛及附近的三个环礁——汉德森（Henderson）、迪西（Ducie）和奥埃诺岛（Oeno）。该三个环礁上无人居住。该群岛面积 4.5 平方公里，人口 50 人（据《世界地图集》，中国地图出版社 2005 年版），均为皮特凯恩人。首府亚丹斯敦（Adamstown）。

1767 年，该地区被英国探险家发现时属于无人岛。1790 年，英国"邦蒂"号军舰上 9 名哗变船员和 18 名（男 6 名，女 12 名）塔希提岛居

---

① 参见程浩《托克劳公投未获选民支持》，载《法制日报》2006 年 2 月 25 日；"百度贴吧"之"台北"条下《独立？托克劳群岛 660 人公投》（http://post.baidu.com/f?kz=83293362）。

② "皮特凯恩"一节主要根据"百度百科"网站"皮特凯恩群岛"词条（http://baike.baidu.com/view/83519.htm）、"中国大百科全书在线检索"网站"皮特凯恩群岛"词条（http://www.baicle.com:8080/cp/resource/articles/759/%E7%9A%AE%E7%89%B9%E5%87%AF%E6%81%A9%E7%BE%A4%E5%B2%9B68567.html）、广州花都区政府网站"世界各国资料"栏目下"皮特凯恩群岛"词条（http://www.huadu.gov.cn:8080/was40/detail?record=1&channelid=22924&searchword=%C6%A4%CC%D8%BF%AD%B6%F7）综合而成。

民到此定居。1831年岛上人曾暂时迁至塔希提，1856年全部迁至诺福克岛，至1864年有43名皮特凯恩人返回岛上长期定居。1839年被英国占领。1887年成为英国殖民地。1898年起受英国西太平洋高级专员管辖。1952年行政权转归英属斐济殖民地总督。1970年斐济独立后，英国驻新西兰高级专员兼任皮特凯恩群岛总督。

根据《1964年地方政府法》，岛上成立岛屿委员会，为立法机构，共10个席位。其中6席普选产生，1席由上述6人选出，2席由总督任命，1席属岛屿秘书长（Island Secretary），任期1年。委员会由行政官主持。行政官由民选产生，任期3年。岛屿法院由行政官主持，任期3年，无政党。

经济基础是园艺、渔业、手工业和邮票销售。政府收入来自邮票、钱币的销售、投资利润和英国的不定期赠款，给外国渔船以捕鱼许可权也有一定收入。1992年，政府宣布周围370平方公里海域为专属经济区，并于当年在专属经济区内发现巨大的矿藏。政府重点发展电力、通信及港口、道路建设。由于地处巴拿马至新西兰中途，过往船只都到此加水、补充新鲜水果和蔬菜，居民用以换回所需食品及日用品。岛上居民的主要生活和生产资料归集体所有，集体分配。

皮特开恩群岛属英国的无自治权海外领地（Non-sovereign Overseas territory）。防务由英国负责。现为太平洋共同体（Pacific Community）成员。

新喀里多尼亚

新喀里多尼亚（New Caledonia, Nouvelle-Calédonie，以下简称"新喀"）位于南太平洋，在南纬19°41′—22°31′、东经163°19′—168°41′之间，西距澳大利亚昆士兰东岸1000余公里处。新喀属美拉尼西亚群岛，面积19103平方公里，由新喀里多尼亚岛（又称为"大陆岛"）、沃尔波尔岛、库尼耶岛、洛亚蒂群岛、贝莱普群岛、休恩和瑟普赖斯群岛以及无人居住的切斯特菲尔德群岛组成。人口213679人（2004年7月），其中卡纳克人（美拉尼西亚人）8.2万人，欧洲人后裔6.4万人，其余为南太平洋岛国人和亚洲人。首府努美阿（Nouméa）。

该地区最早的居民来自巴布亚和波利尼西亚群岛。1768 年法国航海家布干维尔（Louis-Antoine de Bougainville）和 1774 年英国航海家库克（James Cook）先后抵此。① 1792 年、1825 年，先后有几个法国人抵达这片岛屿。1840 年，伦敦传教会会员到达洛亚蒂群岛，开始向当地的土著人传播新教；1843 年 12 月，法国传教团在国家和军队的支持下也到达了洛亚蒂群岛，开始向当地土著人传播天主教。

1844 年，第一批法军登上了大陆岛。自 1847 年起，法军开始对当地土著人进行屠杀。1850 年 11 月，当地土著人杀死了 12 名法国船员。为了报复，拿破仑三世下令法军占领这片岛屿。于是，法军从 1853 年 9 月 24 日起从大陆岛开始逐步兼并那里的全部岛屿，新喀遂沦为法国殖民地。此后，该地区曾与塔希提岛合并。1860 年成为独立行政区。1946 年 10 月 27 日通过的法兰西第四共和国宪法规定：前法国殖民地改为法国的海外领地，新喀也被列入其中。1956 年成立第一届领地议会。1976 年 12 月成立政府委员会，享有部分处理内部事务的自治权。法国委派的总督改为高级专员。新喀在法国国民议会有两名代表，在参议院有一名代表。1979 年，法国政府解散新喀政府委员会，将新喀置于法国政府的直接统治下。此后几年，新喀政党与法国政府就新喀独立问题进行多次协商，均未能找出有效的解决方案。1986 年 12 月，联合国大会通过决议，新喀被列入联合国非自治领土名单，从而确定了新喀居民享有自治权。

1988 年 6 月，共和党（保卫喀里多尼亚在共和国内联盟）和卡纳克社会主义民族解放阵线同法国在巴黎签订《马提翁协议》。根据该协议，一年后新喀实行有限的地方自治；新喀成立北方、南方和洛亚蒂群岛 3 个自治省，并于 1998 年举行全民公投来决定新喀是否独立，但公投未能通过。新的投票将于 2014 年举行。从 1989 年 7 月起，法国逐步把大部分权力交给了新选出的 3 个省议会。

1998 年 4 月 21 日，法国政府同卡纳克社会主义民族解放阵线及保卫

---

① 许多文献均记载，是库克首先抵达新喀里多尼亚。然而，也有些文献认为，是布干维尔先于库克抵达新喀里多尼亚，见《最新世界地图集》，中国地图出版社 1992 年版，第 79 页；又见 Encyclopedia of the Nations 网站的 French Pacific Dependencies 词条（http://www.nationsencyclopedia.com/Asia-and-Oceania/French-Pacific-Dependencies-NEW-CALEDONIA.html）。

喀里多尼亚在共和国内联盟，就新喀未来地位问题，在努美阿达成一项政治协议，即《努美阿协议》。该协议的主要内容有法国逐步向新喀移交教育、税收、外贸、交通运输等权力，但仍掌握防务、司法、警察等部门；在今后15年到20年内，新喀将就独立举行全民投票，如有3/5的人选择独立，法国则交出其余权力，如独立被否决，可在随后的四年中再举行两次投票，如在第二次投票中独立又被否决，将重新商议该群岛的前途；承认"法兰西共和国内的新喀里多尼亚公民身份"，日后该群岛若选择独立，这一身份即变成"国籍"。同年5月5日，法国总理若斯潘在努美阿同新喀支持独立和反对独立的各派领导人签署了上述协议。

1998年11月8日，新喀就《努美阿协议》举行公民投票。由于对立的两派政治力量都号召选民投赞成票，该协议以71.9%的赞成票获得通过。独立派认为协议为新喀独立奠定了基础，反独立派则声称新喀"永远不会独立"。舆论一般认为，该协议获得通过有利于新喀今后的社会稳定。12月底，法国国民议会以绝对优势通过了协议草案的全部内容，1999年2月，法国参议院也通过了该协议。①

目前，该地区防务由法国负责。2000年，法国在新喀的军事人员3100人，其中宪兵1050人。②

长期以来，联合国在非殖民化运动中发挥了重要作用。1945年10月24日起生效的《联合国宪章》，其第十一章"关于非自治领土之宣言"和第十二章"国际托管制度"中所含若干条款，为联合国的非殖民化努力，制定了指导方针。其中，第十一章第七十三条（丑）款明确规定"按各领土及其人民特殊之环境，及其进化之阶段，发展自治；对各该人民之政治愿望，予以适当之注意；并助其自由政治制度之逐渐发展"；第十二章第七十六条（丑）款则规定"增进托管领土居民之政治、经济、社会及教育之进展；并以适合各领土及其人民之特殊情形及关系人民自由表示之愿望为原则，且按照各托管协定之条款，增进其趋向自治或独立之逐渐发展"。

---

① 参见王助《新喀里多尼亚的自治与独立之路》，《世界民族》2001年第3期。
② 本节内容还参考了"人民网"的"新喀里多尼亚"词条（http://military.people.com.cn/BIG5/8221/47364/47369/3370985.html）、廊坊市商务局网站转自外交部网站的"新喀里多尼亚"词条（http://www.lfzs.cn/world/xi%27ou/31.htm）。

1960年，联合国特别通过了《给予殖民地人民独立的宣言》，"庄严地宣布需要迅速和无条件地结束一切形式和表现的殖民主义"，其中第五条明确规定"在托管领地和非自治领地以及还没有取得独立的一切其他领地内立即采取步骤，依照这些领地的人民表示自由地意愿，不分种族、信仰或肤色，无条件地和无保留地将所有权力移交给他们，使他们能享受完全的独立和自由"；第六条则明确规定"任何旨在部分地或全面地分裂一个国家的团结和破坏其领土完整的企图都是与联合国宪章的目的和原则相违背的"。

1961年，联合国设立了"关于《给予殖民地国家和人民独立宣言》执行情况特别委员会"（简称"非殖民化特别委员会"，即"第四委员会"）。该特别委员会每年都审查适用《给予殖民地国家和人民独立宣言》的领土名单，并在每届年度会议上都审查《给予殖民地国家和人民独立宣言》在各个领土的执行情况。近年来，该委员会审查的《给予殖民地国家和人民独立宣言》执行情况，多次涉及大洋洲现存殖民地——新喀里多尼亚、托克劳、美属萨摩亚、关岛、皮特凯恩群岛，并通过多个有关的决议草案，提交联合国大会审议。

例如，在2006年10月11日举行的联合国第四委员会第七次会议上，未经表决通过了特别委员会报告第十二章所载题为"托克劳问题"的决议草案（决议草案三）。该决议草案的概况部分高度肯定了解决托克劳问题的意义，"注意到托克劳作为小岛屿领土反映了大多数余下非自治领土的状况，又注意到托克劳作为成功合作促进非殖民化的案例研究，对于联合国努力完成其非殖民化工作具有广泛意义"。整个决议草案共20条，"确认托克劳主动制订2002—2005年期间经济发展战略计划，并注意到正在与新西兰协商拟订2006—2009年期间的战略计划"（第六条）。①

同日举行的该委员会第七次会议上，未经表决通过了特别委员会报告第十二章所载题为"新喀里多尼亚问题"的决议草案（决议草案二，共21条）。该协议草案肯定了"签署《努美阿协议》以来新喀里多尼亚出现的重大事态发展"；并"敦促所有有关各方，以新喀里多尼亚全体人

---

① 参见联合国大会文件 A/61/415 号，第6页，15—17页（http://daccessdds.un.org/doc/UNDOC/GEN/N06/548/81/PDF/N0654881.pdf?OpenElement）。

民的利益为重,本着和谐的精神,在《努美阿协议》的框架内继续开展对话";"确认美拉尼西亚文化中心对保护新喀里多尼亚土著卡纳克文化的贡献";还"决定继续审查由于签署《努美阿协议》而在新喀里多尼亚开展的进程"。①

同日举行的该委员会第七次会议上未经表决通过的特别委员会报告第十二章所载、经口头订正的题为"美属萨摩亚、安圭拉、百慕大、英属维尔京群岛、开曼群岛、关岛、蒙特塞拉特、皮特凯恩、圣赫勒拿、特克斯和凯科斯群岛及美属维尔京群岛问题"的综合决议(决议草案四)。在该决议草案的"B. 各个领土"部分当中的第一节"美属萨摩亚",共包含5条条文,其中第1条和第2条分别写道:"注意到美利坚合众国内政部规定,内政部长对美属萨摩亚拥有行政管辖权"和"也注意到美属萨摩亚仍然是从管理国获得财政援助用于领土政府运作的唯一美国所属领地,并吁请管理国继续协助领土政府使其经济多样化。"② 这清楚地表明,美属萨摩亚现在依然是美国的属地。

上述"决议草案四"的"B. 各个领土"部分当中的第六节为"关岛",共包括5个条款。该节概况部分"回顾在1987年举行的公民投票中,关岛已登记和有资格的选民支持一项《关岛联邦法》草案,草案将为领土与管理国(指美国——笔者)的关系制定新的框架,规定关岛享有更大程度的内部自治,并确认关岛查莫罗人民为领土进行自决的权利",并"认识到管理国与领土政府就《关岛联邦法》草案的谈判已不能继续,关岛已建立了由合格的查莫罗选民投票决定自决的进程";在其正文各条款中,则"再次吁请管理国根据参加1987年全民投票的关岛选民所表示的支持以及根据关岛法律,考虑查莫罗人民所表达的意愿,鼓励管理国和关岛领土政府就此事项进行谈判,并请管理国向秘书长通报这方面的进展情况"(第1条);并"请管理国继续协助领土的民选政府实

---

① 参见联合国大会文件 A/61/415 号,第 6、12—14 页 (http://daccessdds.un.org/doc/UNDOC/GEN/N06/548/81/PDF/N0654881.pdf? OpenElement)。

② 参见联合国大会文件 A/61/415 号,第 6、7、22、23 页 (http://daccessdds.un.org/doc/UNDOC/GEN/N06/548/81/PDF/N0654881.pdf? OpenElement)。

现其政治、经济和社会目标"（第2条）；等等。①

同一决议草案"B. 各个领土"部分当中的第八节"皮特凯恩"的概况部分则指出，"注意到当选政府代表在2004年太平洋区域研讨会上发表的立场，即领土人民没有完全明白所有的可能性，或者他们可能获得的各种自决选项的重要性，并注意到《宪法》审查工作推迟到2006年之后"。同时，该决议草案还"请管理国（指英国——笔者）继续提供援助，改善领土居民的经济、社会、教育和其他方面的情况；继续与皮特凯恩的代表讨论如何更好地支持其经济安全"（第1条）。②

从上述新近决议草案不难看出，大洋洲现存殖民地的非殖民化，在联合国的监督下，仍然处于有关各方不断协商、磨合以求最终解决的进程中。

目前，国际社会的反殖民主义任务仍未最后完成。2001年，联合国大会宣布2001—2010年为根除殖民主义第二个十年。

（姜德顺）

---

① 参见联合国大会文件 A/61/415 号，第 6、7、25、26 页（http://daccessdds.un.org/doc/UNDOC/GEN/N06/548/81/PDF/N0654881.pdf? OpenElement）。

② 参见联合国大会文件 A/61/415 号，第 6、7、27 页（http://daccessdds.un.org/doc/UNDOC/GEN/N06/548/81/PDF/N0654881.pdf? OpenElement）。

参考文献

一　英文论著

Armstrong, John A., *Nationalism, Ethnic Groups, History, Political Activity*, University of North Carolina Press, 1982.

Anderson, Benedict, *Imagined Communities*, London: Verso, 1983.

Balassa, Bela, *The Theory of Economic Integration*, London: Allen and Unwin, 1962.

Balibar, E., Wallerstein, I., *Race, Nation, Class: Ambiguous Identities*, London: Verso, 1991.

Banks, Marcus, *Ethnicity: Anthropological Constructions*, London: Routledge, 1996.

Baranovsky, V., *Russia and Europe*, Oxford: Oxford University Press, 1997.

Bauman, Zigmund, *Modernity and the Holocaust*, Cambridge: Polity Press, 1991.

Bhagwati, Jagdish, Chuman, K. & Aidan Joly, *We are Here Because You are There*, Manchester: Visual Migrant production, 2001.

Billig, M., *Banal Nationalism*, Thousand Oaks-London-New Delhi: Sage Publications, 1995.

Biscop, S., *The European Security Strategy: A Global Agenda for Positive Power*, Aldershot: Ashgate, 2005.

Bonn, M. J., *The Crumbling of Empire*, London, 1938.

Briksen, Thomas H. , *Ethnicity and Nationalism*, London: Pluto Press, 1993.

Brubaker, R. , *Nationalism Refrained: Nationhood and the National Question in the New Europe*, Cambridge University Press, 1996.

Burn, A. R. , *Persia and the Greeks*, New York: 1962.

Burn, E. M. & Ralph, Philip Lee, *World Civilizations: There History and Their Culture*, Vol. I, New York: W. W. Norton & Company Inc. , 1975.

Canovan, M. , *Nationhood and Political Theory*, Cheltenham: Edward Elgar, 1996.

Cassese, Antonio, *Self-Determination of Peoples: A Legal Reappraisal. Modern Law of Self-Determination*, Cambridge University Press, 1998.

Castle, Stephen, *Ethnicity and Globalization*, London: Sage, 2000.

Caygill, Howard, *Walter Benjamin: The Colour of Experience*, London: Routledge, 1998.

Christiano, T. , *The Rule of the Many: Fundamental Issues in Democratic Theory*, Boulder, Colo. : Westview, 1996.

Cipolla, C. M. , *Before the Industrial Revolution*, *European Society and Economy, 1000 – 1700*, New York, 1976.

Church, Clive H. , *European Integration Theory in 1990s*, University of North London, 1996.

Clark, W. K. , *Waging Modern War*, New York: Public Affairs, 2001.

Cohen, Abner, *Custom and Politics in urban Africa*, Berkeley: Berleley University Press, 1969.

Cohen, Steve, *No One is Illegal: Asylum and Immigration Control*, Past and Present, Stoke on Trent: Trentham Books, 2003.

Colley, Linda, *British Forging the Nation 1707 – 1837*, New Haven and London: Yale University Press, 1992.

Gooch, G. P. , *History and Historians in the Nineteenth Century*, London: Longman, 1952edn.

Cormick, G. , Dale, N. , Emond, P. , Sigurdson, S. Glen & Darry Stuart, *Building Consensus for a Sustainable Future: Putting Principles into Practice*, Ottawa: National Round Table on the Environment and the Economy, 1996.

Gross. , Feliks, *The Civic and the Tribal State: the State, ethnicity and the Multi-Ethnic State*, Green Wood Press, 1998)

Davies, N. , *Europe: A History*, London: Pimlico, 1996.

Deutsch, K. W. , *Nationalism and Social Communication: An Inquiry into the Foundations of Nationality*, The Mitpress, 1966.

Deutsch, Karl, *Nationalism and Social Communication*, Cambridge, 1953-1956.

Deutsch, Karl, *Political Community at the International Level*, New York: Basic Books, 1954.

Dumbrell, Jone, *A Special Relationship: Anglo American Relations in the Cold War and After,*, Macmillian, 2001.

Eisenstadt, S. N. , ed. , *The Decline of Empire*, Englewood Cliffs, N. J.: Prentice-Hall, 1967.

Ehrenberg, V. , *The Greek State*, New York: The Norton Library, 1964.

Eric Hobsbawn, *Nations and Nationalism Since 1780*, Cambridge: Cambridge University Press, 1990 .

Eriksen, Thomas Hylland, *Ethnicity and Nationalism Anthropological Perspectives*, London: Pluto Press. , 1993.

Featherstone, Kevin, & Radaelli, Claudio M. , eds. , *The Politics of Europeanization*, Oxford: Oxford University Press, 2003.

Ferro, Marc, *Colonization: A Global History*, London, 1997.

Fieldhouse, D. K. *The Colonial Empires*, London, 1982.

Fleming, W. , *Arts and Ideas*, New York, 1968.

Gellner, Ernest, *Nations and Nationalism*, Oxford: Blackwell, 1990.

Geremek, Bronislaw, *The Common Roots of Europe*, Polity Press, 1996.

Gellner, Ernest, *Reason and Culture*, Oxford: Blackwell, 1992.

Gellner, Ernest, *Encounters with Nationalism*, Oxford: Blackwell, 1994.

Gellner, Ernest, *Conditions of Liberty*, London: Hamish Hamilton, 1994.

Giddens, Anthony, *The Third Way: the Renewal of Social Democracy*, Polity Press, 1998.

Glazer, N. & Moynihan, Daniel P. , *Beyond the Melting Pot: The Negros*,

Puerto Ricans, Jews, Italians and Irish of New York City, Cambridge, MA: MIT Press, 1963.

Gottlieb, Gidon, *Nation Against State: A New Approach to Ethnic Conflicts and the Decline of Sovereignty*, New York: Council on Foreign Relations, 1993.

Gottlieb, Gidon, *Nation against State*, New York: Council on Foreign Relations Press, 1993.

Goulbourne, Harry, *Race and Ethnicity: Critical Concepts in Sociology*, London and New York: Routledge, 2001.

Greenwood, H. Commpston J., *Social Partnership in European Union*, New York: Palgrave Daunt, 2001.

Grosser, A., *The Western Alliance: European-American Relations since 1945*, London: Macmillan, 1980.

Gross, Feliks, *The Civil and the Tribal State: the state, ethnicity and the multiethnic State*, Greenwood Press, 1998.

Gurr, T. & Harff, Barbara, *Ethnic Conflict in World Politics*, Boulder Col.: Westview Press, 1994.

Habermas, Jurgen, *Between Facts and Norms*, Cambridge: Polity, 1997.

Hale, Henry E., *The Foundations of Ethnic Politics, Separatismof States and Nations in Eurasia and the World*, Cambridge University Press 2008.

Hall, Rodney Bruce, *National Collective Identity: Social Constructs and International Systems*, New York: Columbia University Press, 1999.

Hardin, R., *One for All, The Logic of Group Conflict*, Princeton, NJ: Princeton University Press, 1985.

Hass, Ernst B, *Nationalism, Liberalism, and Progress (Vol.1): The Rise and Decline of Nationalism*, Cornell University Press, 1997.

Hirschman, Albert O., *Exit, Voice and Loyalty: Responses to Decline in Firms, Organizations, and States*, Cambridge, Mass: Harvard University Press, 1970.

Hobsbawn, Eric, & Ranger, T., eds., *The Invention of Tradition*, Cambridge: Cambridge University Press, 1983.

Hoffmann, Stanley, ed., *Conditions of World Orde*, New York, 1960.

Howard, Michael, *Empires, Nations and Wars*, The History Press Ltd Press, 2007.

Hutchinson, S. John & Smith, Anthony D., eds., *Ethnicity*, Oxford and New York: Oxford University Press, 1996.

Ignatieff, Michael, *Blood and Belonging*, London: BBC Books and Chatto and Windus, 1993.

Jahn, E., Lemaitre P. &. O. Waever, *European Security: Problems of Research on non-military Aspects*, Copenhagen: Centre for Pease and Conflict Research, 1987.

Jones, A. H. M., *The Decline of Ancient World*, London: Longman, 1966.

Jordan, Bill, & Düvell, Frank, *Migration: the Boundaries of Equality and Justice*, Cambridge: Polity, 2003.

Katzenstein, Peter J. ed., *The Culture of National Security: Norms and Identity in World Politics*, New York: Cornell University Press, 1996.

Knox, Robert, *The Race of Men: A Fragment*, Miami: Mnemosyne edn, 1969.

Knorr, Klaus E. ed., *British Colonial Theories*, London, 1963.

Kohn, Hans, *Nationalism: its Meaning and History*, New York: Van Nostrand Reinhold Company, 1965.

Kohn, Hans & Calhoun, Craig J., *The Idea of Nationalism: A Study in its Origins and Background*, New Brunswick, 2005.

Kymlicka, W. *Contemporary Political Philosophy: an Introduction*, Second Edition, Oxford: Clarendon Press., 2002.

Kymlicka, W., ed., *The Rights of Minority Cultures*, Oxford: Oxford University Press., 1995.

Kymlicka, Will, *Multicultural Citizenship: A Liberal Theory of Minority Right*, New York: Oxford University Press, 2001.

Laidin, David D., *Nations, States and Violence*, Oxford University, 2007.

Leonard, Krieger, *Kings and Philosophers 1689–1789*, London, 1971.

Lerche, Charles & Said, Abdul, *Concepts of International Politics*, Prentice-Hall, 1970.

Levinson, David, *Ethnic Groups Worldwide: A Ready Reference Handbook*, Phoenix Arizona: The Oryx Press, 1998.

Levenson, J. R., ed., *Eyropean Expansion and the Counter-Example of Asia, 1300 – 1600*, Englewood Ciffs, N. J.: Prentice-Hall, 1967.

Lévy, Jean-Philippe, *The Economic Life of the Ancient World*, Chicago: Chicago University, 1965.

Lewellen, Ted C., *Political Anthropology: An Introduction*, Westport, C. T.: Bergin & Garvey, 1992.

Lundestad, Geir, *East, West, North, South — Major Developments in International Politics since 1945*, New York: Oxford University Press, 1999.

MacCormick, Neil, *The Scottish Debate: Essays on Scottish Nationalism*, London: OUP, 1970.

MacCormick, Neil, *Legal Right and Social Democracy*, Oxford: Clarendon Press, 1982.

MacCormick, N., with O. Weinberger, *An Institutional Theory of Law*, Dordrecht: D. Reidel, 1986.

MacCormick, Neil, *Questioning Sovereignty: Law, State and Nation in the European Commonwealth*, Oxford University Press, 1999.

Massey, Douglas S., Arango, J., Hugo, G., Kouaouci, A., Pellegrino, A. & J. Taylor Edward, *Worlds in Motion: Understanding International Migration at the End of the Millennium*, Oxford: Cllarendon Press, 1998.

McClitock, Anne*Imperial Leather: Race, Gender, and Sexuality in Colonial Contest*, London: Routledge, 1995.

McKim, R. & McMahan, J., eds., *The Morality of Nationalism*, Oxford: Oxford University Press., 1997.

Miller, D., *On Nationality*, Oxford: Oxford University Press, 1995.

McNeill, W. H., *The Rise of the West*, Chicago: Chicago University, 1963.

Mikkeli, Heikki, *European Idea and an Identity*, London: Macmillan Press Ltd., 1998.

Miller, David, *On Nationality*, Oxford: Charendon Press, 1995.

Miscevic, N., ed., *Nationalism and Ethnic Conflict. Philosophical Perspectives*,

La Salle and Chicago: Open Court, 2000.

Mitrany, David, *The Functional Theory of Politics*, London: London School and Political Science, 1975.

Moore, M., ed., *National Self-Determination and Secession*, Oxford: Oxford University Press, 1998.

Moravcsik, Andrew, *The Choice for Europe: Social Purpose and State Power from Messina to Maastricht*, Ithaca: Cornell University Press, 1998.

Morgenthau, H. J., edn, *Politics among Nations: the Struggle for Power and Peace*, New York, Knopf, 1978.

Mosse, Geoge L., *Towards the Final Solution*, London: Dent, 1978.

Motyl, A., ed., *Encyclopedia of Nationalism*, Vol. I, New York: Academic Press: 2000.

Mougenthau, Hans, *Politics Among Nations: Struggle for Power and Peace*, New York: Alfred Knopf, 1985.

Nairn, Tom, *The Break-Up of Britain*, London: NLB, 1977.

Nell MacCormick, *Legal Right and Social Democracy*, Oxford: Clarendon Press, 1982.

Nugent, Neill. *The Government and Politics of the European Union*, Palgrave, 2003.

Nuttall, Simon J., *European Foreign Policy*, Oxford: Oxford University Press, 2000.

OZKIRIMLI, U., *Theories of Nationalism: A Critical Introduction*, Basingstoke, Palgrave Macmillan, 2010.

Paterson, L. et al., *New Scotland, New Politics?* Edinburgh: Polygon, 2001.

Phlipps, E. D., *The Royal Hordes: Nomad Peoples of the Steppes*, London: Thames & Hudson, 1965.

Petersen, William, *Ethnicity Counts*, New Brunswick and New Jersey: Transaction Publishers, 1996.

Potter, G. R. *The New Cambridge Modern History*, Cambridge University Press, 1971.

Prosser, Tony, *The Limits of Competition Law-Market and Public Service*, Oxford University Press, 2005.

Ranis, Gustav, EDT) /Vreeland, James Raymond (EDT) /Kosack, Stephen (EDT), *Globalization And The Nation State*, Routledge, 2005.

Rogers, H., ed., *The Works of Edmound Burk*, Vol. 2, London, 1850.

Roger, J., Montesquieu: *Lettres persanes*, London, 1964.

Rose, R., Understanding the United Kingdom, The Territorial Dimension in Government, London: Longman, 1982.

Rosen, M. & Wolff, J., eds., *Political Thought*, Oxford: Oxford University Press, 1999.

Rustow, Dankwart, "Nation" in the International Encyclopedia of the Social Sciences, New York: Crpwell, Collerand Macmillan, 1968.

Sandholtz, Wayne & Sweet, Alec Stone, eds., *European Integration and Supranational Governance*, Oxford University Press, 1998.

Seton-Watson, Hugh, *Nation and State: An Enquiry the Origins of Nation and the Politics of Nationalism*, Boulder (Colo.): Westview Press, 1977.

Shapiro, I. & Kymlicka, W., eds., *Ethnicity and Group Rights*, Nomos XXXIX, New York: New York University Press, 1997.

Smith, A., *Nationalism and Modernism*, London: Routledge., 1998.

Smith, A., *National Identity*, London: Penguin., 1991.

Smith, A., *Nations and Nationalism in a Global Era*, Cambridge: Polity, 1995.

Smith, M. P., & Feagin, J., eds., *The Bubbling Cauldron: Race, Ethnicity and the Urban Crisis*, Minneapolis: University of Minnesota, 1995.

Smith, K. E., *European Foreign Policy in a Changing World*, Oxford and Malden, MA: Polity, 2003.

Southern, R. W., *The Making of Middle Ages*, London: Hutchinson, 1953.

Stavirianos, C. S., *Global Rift*, New York, 1981.

Stalker, Peter, *Workers without Frontiers: the Impact of Globalization on International Migration*, London, Geneva: Lynne Rienner, ILO, 2000.

Steiner, H. An *Essay on Rights*, Oxford: Blackwell, 1994.

Stringer P. & Robinson, G., eds., *Social Attitudes in Northern Ireland*, Belfast: Blackstaff, 1991.

Stoler, Ann Laurer, *Race and the Education of Desire: Foucault's History of Sexuality and Colonial Order of Things*, Durham, NC, and London: Duke University press, 1995.

Sullivan, M. & Gunther, Gerald, *Constitutional Law*, New York: Foundation Press, 2001.

Symonolewicz, Konstantin Symons, *Nationalism-Movements*, Maplewood Press, 1970.

Tajfel, H., *Human Groups and Social Categories*, Cambridge: Cambridge University Press, 1981.

Tamir, Yael, *Liberal Nationalism*, Princeton University Press, 1995.

Taylor, Charles, *Multiculturalism and "The Politics of Recongnization"*, Princeton: Princeton University Press, 1992.

Tamir, Y., *Liberal Nationalism*, N J: Princeton University Press, 1993.

Thompson, E. P., *Beyond the Cold War*, London: Merlin Press/European Nuclear Disarmament, 1982.

Thompson, J. B., *The Media and Modernity: Social Theory of Media*, Cambridge: Polity Press, 1995.

Tipton, Beryl, *Conflict and Change*, London: Hutchinson, 1973.

Tishkov, Valery, *Ethnicity, Nationalism and Conflict in and after the Soviet Union: The Mind Aflame*, SAGE Publications Ltd. in association with United Nations Research Institute of Social Development, 1997.

Tivey, Leonard, *The Nation State*, New York: St Martin's Press, 1992.

Tivey, Leonard, ed., *The Nation-State: The Formation of Modern Politics*, Oxford: Martin Robertson, 1981.

Todorov, Tzvetan, *On Human Diversity: Nationalism, Racism and Exoticism in French Thought*, Cambridge, MA: Harvard University Press, 1993.

Toynbee, A. J., *A Study of History*, Oxford University Press, 1961.

Twining, W., ed., *Issues of Self-Determination*, Aberdeen: Aberdeen University Press, 1991.

Viotti, Paul R. & Kaupi, Mark V., *International Relations Theory: Realism*,

Pluralism and Globalism, Boston: Allyn and Bacon, 1999.

Waever, O., Buzan, B., Kelstrup, M. & Pierre Lemaitre, *Identity, Migration and the New Security Agenda in Europe*, New York: St. Martin Press, 1999.

Wandycz, Piotr, *The Price of Freedom: A History of East Central Europe from the Middle Ages to the Present*, London, Routledge, 1992.

Warleigh, Alex, *Understanding European Union*, London and New York: Routledge, 2002.

Weindling, Paul, *Health, Race and German Politics between National Unification and Nazism, 1870 – 1945*, Cambridge: Cambridge University press, 1989.

White, Lynn T., *Medieval Technology and Social Change*, New York: Oxford University Press, 1962.

Zweig, S., *The World of Yesterday: an autobiography*, London: Cassell, 1943.

二 英文论文

Baliba, Etienne, "Is There a Neo-racism ?" in Etienne Baliba and Emmanuel Wallerstein (eds), *Race, Nation, Class: Ambiguous Identity*, London: Verso, 1998.

Bendyshe, Thomas (ed.), "The History of Anthropology, in *Anthropological Society of London, Memoirs*, Vol. 1, 1863 – 1864.

Berlin, I., "Nationalism: Past neglect and Present Power", in *Against the Current*, New York Penguin, 1979.

Bhagwati, Jagdish "Borders Beyond Control", *Foreign Affairs*, 2003.

Bohman, J., "Constitution Making and Democratic Innovation and the European Union and Transnational of Political Theory", in *European Journal of Political Theory*, Vol. 3, No. 3, 2004.

Buchanan, James M. "The Domain of Constitutional Economics", *Constitutional Political Economy*, 1990.

Calleo, David P., "A New Era of Overstretch?" in *World Policy Journal*, Vol. 15, No. 1, Spring 1998.

Calleo, David P., "Restarting the Marxism Clock: The Economy Fragility of the West", in *World Policy Journal*, Vol. XIII, No. 2, Summer 1996.

Casper, Gerhard, "The Karlsruhe Republic", *German Law Journal*, 2001.

Christiansen, J., "Social construction and integration", *Journal of European Public Policy*, 1999.

Cohen, R., "Ethnicity: Problem and Focus in Anthropology", *Annual Review of Anthropology*, 1978.

Connolly, Mathew & Kennedy, P., "Must It Be the Rest Against the West?" *Atlantic Monthly*, 1994.

Connor, Walker, "Self-Determination: The New Phrase", *World Politics*, 1967.

Connor, Walker, "The Politics of Ethnonationalism", *Journal of International Affairs*, No. 1, 1973.

Coleman, J. & Harding, S., "Citizenship, the Demands of Justice and the Moral Relevanceof Political Borders", in Warren Schwartz (ed.), *Justice in Immigration*, Cambridge: Cambridge University Press, 1995.

Cormick, Mc, "The English Constitution, the British State and the Scottish Anomaly" (1997 British Academy Lecture), *Scottish Affairs*, Special Issue, Understanding Constitutional Change, Edinburgh, 1998.

Delcourt, Christine, "The Acquis Communautaire: Has the Concept Had Its Day?" 38 *CMLRev.*, 2001.

Dijk, Teun A. van, "Elite Discourse and racism", in Iris M. Zavala et al. (eds.), Approach to Discourse: Poetics and Psychiatry, Amsterdam: John Bejamins, 1987.

Drake, Sara. "Twenty Years after Von Colson: The Impact of Indirect Effect on the Protec-tion of the Individual s Community Rights", *European Law Review*, Vol. 30, No. 3, 2005.

Engberson, Godfried, "Panopticum Europe and the Criminalisation of Undocumented Immigrants", Paper presented to the 6th International Metropolis Conference, 2001.

Héritier, Adrienne, "New Modes of Governance in Europe: Increasing Political Capacity and Policy Effectiveness?" in *the State of the European Union*, ed. Tanja A. Borzel and Rachel A.

Hill, C. , "The Capability-Expectation Gap, or Conceptualizing Europe's International Role", *Journal of Common Market Studies*, 1993.

Hill C. & Wallace, W. , "Introduction: Actors and Actions ", in C. Hill (ed.), *The Actors in Europe's Foreign Policy*, London: Routledge, 1996.

Hoffman, S. , "Obstinate or Obsolete? The Fate of the Nation-state and the Case of the Western Europe", in *Journal of the American Academy of Art and Sciences*, 1966.

Howell, Kerry E. , Developing Conceptualization of Europeanization: mixing Methodogical Approaches, *Queen's Paper on Europeanization*, No. 3, 2004.

Huddy, L, Khatib, N. American Patriotism, "National Identity and Political Involvement", *American Journal of Political Science*, 2007.

Hurd, D. "Political Cooperation", *International Affairs*, 1981.

Jeffery, Charlie, " Sub-National Mobilization and European Integration: Does it Make Any Difference", *Journal of Common Market Studies*, Vol. 38, No. 1, 2000.

Krasner, Stephen D. "Rethinking the Sovereign State Model", *Review of International Studies*, 27 (2001).

Lenaert, Koen, "Constitutionalism and the Many Faces of Federalism", 38 Am. J. Comp. L. (1990).

Linz, Juan, "Easily State-Building and Late Peripheral Nationalisms against the State", in the UNESCO, *Conference on Nation-Building*, Normandy, August 1970.

Lorimer, Douglas A. "Race, Science and Culture: Historical Continuities and Discontinuities, 1850 – 1814", in Shearer West (ed.), *The Victorians and Race*, Aldersshot: Scolar Press, 1996.

Mann, Michael, "Nations States in Europe and other Continent", *Daedalus*, Vol. 122, 1993.

Moravcsik, Andrew, "Reassessing Legitimacy in the Europe-an Union",

Journal of Common Market Studies, Vol. 40, No. 4, 2002.

Moravcsik, Andrew, "Despotismin in Brussels? Misreading the European Union", Larry Siedentop's Democracy in Europe, in *Foreign Affairs*, 2001.

Pippa Norris, "Global Governance and Cosmopolitan Citizens", in *Governance in a Globalizing World*, ed. Joseph S. Nye and John Donahue, Washington, DC: Brookings Institution Press, 2000.

Rodriguez, Nestor, "The Battle for the Border: Notes on Autonomous Migration Transnational Communities and the State", *Social Justice*, 1996.

Smith, T. W., S. Kim, "World Opinion, National Pride in Comparative Perspective: 1995/1996a and 2003/2004", *International Journal of Public Opinion Reaseach*, 2006.

Stepan, Nancy Leys, "Race and gender: The Analogy of Science", in David. T. Goldberg (ed.), *Anatomy of Racism*, Minneapolis: University of Minneapolis Press, 1994.

Twining, W., "Beyond the Sovereign State", *Modern Law Review* 56, 1993.

Twining, W., "What Place for Nationalism in the Modern World", in Hume Papers on Public Policy (2/1994).

Twining, W., "The Maastricht-Urteil: Sovereignty Now", *European Law Journal*, 1995.

Veen, A. Maurits van der, "Determinants of European Identity: A Preliminary Investigation Using Eurobarometer Data", http://www.isanet.org/noarchive/vanderveen.html.

Vertovec, Steven, "Berlin Multikulti: Germany, 'Foreigners' and 'World-openness'", New Community, 1996.

Vesterdorp, "The Community Court System Ten Years from Now and Beyond: Challenges and Possibilities", *ELRev*, 2003.

Waltz, Kenneth N., "The Emerging Structure of International Policy", in *International Politics*, Fall 1993.

Weiler, J. H. H., "Europe: The Case against the Case for Statehood", 4 *ELJ*, 1998.

Wieviorka, Michel, "Is Multiculturalism the Solution?", *Ethnic and Racial*

Studies, 1998.

Waever, O., "Culture and identity in the Baltic Sea Region", in P. Joenniemi (ed.), *Cooperation in Baltic Sea Region: Needs and Prospects*, New York: Taylor and Francis, 1992.

三 英文官方文件、研究报告及其他

Commission of the European Communities, *Reforming the Commission: A White Paper*, 1 March, 2000, http://europa.eu.int/comm./off/white/index_en.htm.

Commission of the European Communities, *European Governance*, Luxembourg: Office for Offical Publication of European Communities, 2001.

Commission of the European Communities, *Reforming the Commission: Recruitment of Senior Managers to the Commission Staff* (2002a), http://europa.eu.int/comm./reform/2002/selection/index_en.htm.

Catherine Soanes, ed., *Paperback Oxford English Dictionary*, Oxford University Press, 2002.

Churchill, Winston, A Speech on 19 September 1946, Zurich University, 1946.

Curtin, Deirdre M., "Postnational Democracy: The European Union in Search of Political Philosophy", Inaugural lecture at University of Utrech, 1997.

Duffy, M., Evans, G., "Class, community polarization and politics", in L. Dowd set al., *Social Attitudes in Northern Ireland*, The Six Report (Belfast: Appletree) 1997.

Dyer, Gwynne, "Where Does Europe End?" in *Baltic Times*, May 10, 2004, http://www.baltictimes.com/art.php?art_id=9963.

Eurobarometer. http://europa.eu.int/comm/public-opinion/archives/eb-arch-en.htm.

Hensel, Paul R., *Charting a Course to Conflict: Territorial Issues and Interstate Conflict, 1816 – 1992*, http://gar-net.acns.fsu.edu/~phensel/Research/chart98.pdf.

老师和朋友们的帮助。值此，特向他们表示真挚的谢意。在课题的设计方面，我要感谢中国社会科学院院长助理、中国世界民族学会会长郝时远研究员和中国社会科学院民族学与人类学研究所朱伦研究员，他们从繁忙的工作中专门抽出时间，对我们的研究计划提出了宝贵的建议和意见，对其最终完成发挥了至关重要的作用。在本书的写作过程中，我要感谢中国社会科学院民族学与人类学研究所阮西湖研究员、中国社会科学院亚太所王树英研究员和中国社会科学院美国所杨达洲研究员，他们对我们的写作都曾提出过宝贵的意见，在此真诚地向他们表示敬意和谢意。特别要致谢的是中国社会科学院民族学与人类学研究所已经去世的葛公尚研究员，他曾经给予我们的教诲和鼓励，将成为我们永久的记忆。

受学力、才识等方面限制，书中难免存有舛误疏漏，诚望专家和读者能够予以批评指正。

刘　泓
2015 年 5 月于北京